U0553730

素养为纲的高中课程

新时代科学教育
跨学科科创课程的
探索与实践

刘招川 何方圆等 著

华东师范大学出版社
·上海·

图书在版编目(CIP)数据

素养为纲的高中课程:新时代科学教育跨学科科创课程的探索与实践/刘招川等著. —上海:华东师范大学出版社,2025. —ISBN 978 - 7 - 5760 - 5935 - 9

Ⅰ. G633.72

中国国家版本馆 CIP 数据核字第 2025RF0577 号

素养为纲的高中课程

新时代科学教育跨学科科创课程的探索与实践

著　　者　刘招川　何方圆　等
策划编辑　彭呈军
责任编辑　吴　伟
责任校对　张　筝　时东明
装帧设计　卢晓红

出版发行　华东师范大学出版社
社　　址　上海市中山北路 3663 号　邮编 200062
网　　址　www.ecnupress.com.cn
电　　话　021 - 60821666　行政传真 021 - 62572105
客服电话　021 - 62865537　门市(邮购)电话 021 - 62869887
地　　址　上海市中山北路 3663 号华东师范大学校内先锋路口
网　　店　http://hdsdcbs.tmall.com

印 刷 者　上海景条印刷有限公司
开　　本　787 毫米×1092 毫米　1/16
插　　页　2
印　　张　13.75
字　　数　308 千字
版　　次　2025 年 5 月第 1 版
印　　次　2025 年 5 月第 1 次
书　　号　ISBN 978 - 7 - 5760 - 5935 - 9
定　　价　58.00 元

出 版 人　王　焰

卓然独立

越而胜己

目　录

第二部分　设计与实施：跨学科科创课程的校本建构

第三部分　案例与反思：跨学科科创课程的实践探索

前　言

　　面对百年未有之大变局,新时代科学教育的设计与实施被提升至国家战略层面,已成为构筑未来科技实力的关键基石。2023 年 5 月,由教育部等十八部门联合发布的《关于加强新时代中小学科学教育工作的意见》(以下简称《意见》)指出要"以学生为本,因材施教,推进基于探究实践的科学教育",强调在"双减"中做好科学教育加法,鼓励学生在面对新情境中的现实问题时,能够像专家一样,整合跨学科的知识,进行自主而高效的学习,从而全面提升学生科学素养。《意见》特别提倡学校根据自身特点和需求,探索和发展校本化科学教育教学新模式。以《意见》的发布为标志,我国科学教育改革进入新征程。

　　在这样的时代背景下,我们认识到科学教育正面临着前所未有的新要求和新挑战,当然这也是一个新机遇。因此,我校选择以正在积极推进的科创课程建设为研究对象,阐述新时代中学科学教育改革背景下,如何基于跨学科视角实施高中科创课程,提升学生科学素养。本书梳理了当前科学教育的理论研究和实践成果,这既是对当前国家层面提出的两个新要求——"双新"背景下新课标的新要求,新时代科学教育改革的新要求——的积极回应,也是华东师范大学第二附属中学普陀校区(以下简称"华二普陀")阶段性教育教学成果的总结。自 2020 年成立以来,华二普陀秉承华东师范大学第二附属中学(以下简称"二附中")中的"一校多区"管理模式,同时也沿用"一体两翼"的办学模式。科创课程作为这"两翼"中的关键一翼,不仅是学校课程体系的重要组成部分,更是二附中在上海市高中教育领域独树一帜的标志性成就。在科创课程的初期建设中,华二普陀校区借鉴了二附中本部的丰富经验和成功做法,构建起一套日趋成熟的课程体系。同时,鉴于校情和学情的差异性,普陀校区并未简单复制本部的模式,而是在吸收经验的基础上,根据实际情况进行了调整和创新。

　　因此,本书的出版,一方面是希望通过系统总结我校在科创课程建设过程中的经验和教训,为其他尚处于科创课程建设初期的学校或同行提供参考与借鉴。另一方面,也是期待能够为那些致力于科学教育创新的同行们,提供一些关于跨学科、科创课程的新的梳理与见解,起到抛砖引玉的作用,共同推动新时代科学教育改革事业的发展。

　　通过深入研究国内外科学教育的发展历程,我们认识到科学教育改革承担着双重重要任务:一方面,它致力于培养具有科学素养的公民,使其能够在个人、社会和环境问题上做出明智的决策,从而提升国民整体的科学素养,推动社会建设和决策的科学化进程。另一方面,更为关键的是,它着眼于培育未来的科学家,以支持新时代国家的强盛建设,满足国家对高端科技创新人才的迫切需求,同时激发人类对自然界持续探索的兴趣、理想和抱负。科创课程凭借其独特的课程属性,成为实现这些目标的理想途径。该课程以学生主导的小课题研究为核心路线,鼓励学生自主提出问题、分析问题并解决问题。这种在真实研究环境中的学习体验,类似于"在游泳池中学习游泳",不仅能够激发学生的内在学习动力,还能够发掘和培养具有科研潜力的学生,同时加强他们对科学的理解力和鉴赏力。此外,学生在科创课程中面临的实际问题往往涉及跨学科、跨领域的知识,这促使他们在学科学习之外,有机会并且有意识地将不同领域的知识融会贯通,实现理论与实践的完美结合。科创课程的灵活性和适应性,使其能够超越一般的学科课程标准的局限,与新时代科学教育改革的要求相契合,为学生的全面发展和未来的科研能力提升奠定坚实的基础。

基于学校科创辅导团对科学教育的理论把握,以及我校这几年科创课程实践中的实际经验,我们对其进行系统梳理,形成了本书的三个部分。

第一部分是"背景与问题:跨学科科创课程的时代使命"。这部分内容从"李约瑟之谜"开始,探讨了科学教育的时代使命,分析了中国历史上科技发展与现代科学教育的关系,以及科学教育在国家战略中的重要地位。科创课程作为科学教育中的重要课程模式,我们对其起源、发展历程及其在科学教育中的地位和作用进行了分析。跨学科是科创课程的天然属性,但也是最容易被忽视的方面。因此,通过分析跨学科在科创课程中的价值,我们认为科创课程的跨学科属性需要外显化,才能更好地发挥应有的教学效果。当前科创课程在实际执行中仍然存在很多挑战和困难,通过对其加以梳理,我们能更好地直面并解决问题。

第二部分是"设计与实施:跨学科科创课程的校本建构"。这部分内容主要介绍了我校科创课程在过去几年中的实操过程与经验,包括课程理念、教学模式、课程框架、实施路径、评价与支撑体系等。我校科创课程的核心理念是帮助学生构建跨学科"思维工具箱",采用跨学科QMCC教学模式(QMCC内涵阐释见本书第六章),提升学生三方面的科学素养,即提问素养、运用科学方法的素养以及跨学科概念的理解与建构素养。课程结构采用模块化设计,将科学素养的培育融入系列子课程,如钱学森课程、费曼课程、天工课程、图灵课程等。根据学生课题研究周期,课程内容覆盖从夏令营体验、开题、中期到结题阶段的全过程。同时,课程建设中也积极探索丰富、多元的评价体系,包括过程性评价和增值性评价,以丰富、完善当前科创评价系统。此外,学校也关注科创教师队伍建设、校园实验室建设以及科创资源管理与数据分析平台建设等方面的工作,这些基础工作可以为科创课程的有效实施提供保障。

第三部分是"案例与反思:跨学科科创课程的实践探索"。在我校,科创课程面向全体高一学生,在导师的悉心指导下,每位学生在学年结束时都能完成一篇小课题论文。经过数年的实践,科创辅导导师团队积累了较为丰富的课程材料。本部分通过七个精选案例,展示了不同研究领域的导师们在指导学生进行课题研究时所积累的经验和方法。这些案例分别从四个角度展示课程理念与效果:兴趣是最好的老师、导师是课题的引路人、跨学科教学需显性化、多课程融合实现"跨·学科"。通过这些案例的介绍,我们希望为读者提供更为直观的视角,了解我校科创课程的实施方式。当然,鉴于课程建设仍在探索阶段,这些经验仍在不断积累和完善中,期待与同仁们进行更深入的交流和探讨。

华二普陀自办学以来,始终秉持"三课"理念,即"课堂·课程·课题",将课堂作为教学改革的着力点,课程作为连接理论与实践的纽带,而课题则是课堂和课程研究的原动力。在此理念指引下,我校在前一阶段中,对"双新"背景下围绕核心素养的"课堂"做了深入的研究,于2023年出版了《素养为纲的高中课堂:全面实施"双新"背景下普通高中学科核心素养教育教学实践研究》一书。本书作为该书的姊妹篇,旨在继续践行"三课",对新时代科学教育背景下的"课程"建设做进一步的研究与梳理。我们始终相信每所学校都拥有其独特的基因,在创校起始阶段,植入卓越的基因至关重要,它能为学校发展奠定优良基础。在迈向成熟阶段,更需要注入源源不断的动力与养分,与国家的宏观教育方针相融合,确保教育方向的前瞻性与创新性,避免陷入僵化与陈旧。只有这样,学校的学生与教师才能不断激发内驱力,深挖潜能,实现教学相长。

本书的策划与统稿工作由我和何方圆博士共同完成。本书的撰稿团队由一群充满热情的科创辅导团导师组成,他们对科学教育理论研究和科创教学实践操作都有着浓厚的兴趣。自学校发起本书的撰著工作后,科创辅导团的导师们积极响应,以极高的效率和丰富的热情参与其中,他们将所思、所想、所见、所做都精心整理、融入本书,促成了本书与广大读者见面。在此,我们要特别感谢华东师范大学的唐汉卫教授以及二附中原教科研主任周敬山博士,他们在本书的构思和审稿阶段提供了大量宝贵的建议与支持。感谢二附中汤晨毅博士在跨学科概念部分提供的富有建设性的意见和建议。同时,我们也感谢李梅、张蒙、张也冬、林雨菲几位老师辛勤参与审稿工作,以及刁志瑞和王思琪两位老师参与校对工作。在编写本书的过程中,我们参考了大量的文献和案例,虽然我们尽力一一列出,但仍有可能存在疏漏,对此我们深表歉意,并在此向所有文献和案例的作者表示衷心感谢。

本书作为上海市教育科学研究一般项目"新时代科学教育跨学科教学模式的构建与实践研究"和普陀区教育科研重点课题"新时代科学教育背景下应用QFT策略提升高中生问题形成能力的实践研究"的成果,得到了市、区级科研管理部门的大力支持,在此一并致谢。最后,本书能够顺利出版,还要感谢华东师范大学出版社的编辑,他们严谨负责的精神令人感动。

当然,由于时间紧迫,加之理论和实践经验都还在完善中,因此错误之处在所难免,恳请广大读者批评指正。

刘招川

2025 年 1 月

第一部分

背景与问题:跨学科科创课程的

时代使命

在浩瀚的知识海洋中，科学犹如一盏明灯，照亮了人类探索未知世界的道路。科学教育对科学的发展功不可没。为了深入探究科学教育这一领域，我们必须追溯其源流，洞察其演进轨迹，以预见其未来走向。本部分通过五个章节，系统梳理了科学教育的历史脉络、现状与发展趋势，力图构建一个多维度的科学教育全景图。从古代的自然哲学到现代的跨学科科创课程，我们回顾了科学教育的演变历程，也关注其在新时代背景下的使命与挑战。希望通过这些理论研究，为后续科学教育课程的校本化构建与实施提供坚实的理论基础。同时，也为读者提供一个清晰的视角来理解新时代科学教育的内涵，进而掌握其在培养创新人才、推动科学教育改革方面的关键作用。

第一章 使命与追问：
从"李约瑟之谜"看科学教育的时代使命

党的二十大报告提出"教育、科技、人才是全面建设社会主义现代化国家的基础性、战略性支撑"，指出"必须坚持科技是第一生产力"，强调"深入实施科教兴国战略、人才强国战略、创新驱动发展战略"。2023 年 5 月，教育部等十八部门联合发布《关于加强新时代中小学科学教育工作的意见》（以下简称《意见》），强调在教育"双减"中做好科学教育加法，推进基于探究实践的科学教育，引导学生自觉获取科学知识、培养科学精神、提升科学素养。这些目标的实现很大程度上将依赖于科学教育的改革及其成效。科学教育改革要建立在科学教育研究的基础上，发达国家正是凭借其领先的科学教育研究，为科学教育改革源源不断地提供理论基础、课程框架、实践方法等支持。高中阶段是培养创新人才的关键时期，深入探索科学教育背后的原理和规律是时代赋予我们高中教师的重要使命。

第一节 "李约瑟之谜"对科学教育的启示

尽管中国目前被归为发展中国家，但根据经济史学家安格斯·麦迪森（Angus Maddison）的研究，直到 19 世纪，中国还是全球最强大的经济体之一，经济总量占全球三分之一[①]。然而，一个令人费解的问题是：为什么一个曾经在经济和科技领域都领先的国家，在近代社会却未能保持其优势，反而在多个方面显得相对落后？ 这个问题就是英国学者李约瑟（Joseph Needham）在其著作《中国科学技术史》中提出的著名谜题——"李约瑟之谜"。这一谜题引发了广泛的思考和多种解释的涌现，包括文化决定论、高水平均衡陷阱假说、国家竞争假说以及专利保护说等。在众多解释中，科学革命假说为我们提供了最为深刻的洞见之一，它不仅解释了历史的变迁，而且与当前我们迫切需要推进的科学教育改革紧密相连。

一、"李约瑟之谜"的提出与探析

18 世纪以前，人类整体发展非常缓慢，每年人均 GDP 的增长速度只有 0.05%，要经过

[①] Angus Maddison. The World Economy [M]. Paris: Organisation for Economic Co-operation and Development, 2006.

1400 年,人均收入才能翻一番。然而,历史的车轮在 18 世纪中叶迎来了转折点,工业革命的爆发性增长将这一翻倍时间急剧缩短至 70 年,甚至在某些情况下仅需 35 年。根据科学革命假说,中国之所以在 19 世纪中叶后迅速落后于西方,直接原因是西方在 18 世纪发生了工业革命,而促使工业革命发生的根本原因是在此前的两个世纪里,西方发生了科学革命。科学革命为工业革命奠定了技术创新的基础,它所带来的知识突破和思维方式的变革,为工业革命的技术革新提供了理论支撑和实践指导。科学革命解放了人类对自然界的认知,推动了一系列颠覆性的发明和创新,从而引发了生产力的巨大飞跃。而中国在这一时期未能同步经历类似的科学革命,错失技术革新和社会转型的先机,最终导致了与西方的发展差距。

那么,为什么中国未能与西方同步经历科学革命呢? 要探讨该问题的原因,就要回顾中国前现代社会的科技发展历程。8—12 世纪,中国的科技水平曾一度领先全球,标志是包括四大发明——火药、指南针、印刷术、造纸术在内的各种先进技术的出现。前现代社会的科技创新机制是基于劳动人民偶然发生的"经验范式"。得益于中国天然的地理资源禀赋,农业发达,人口多,能够基于经验、试错的机会就多,从而科技创新成果也多。然而,到了 15—16 世纪,西方社会发展出了以数学和可控制科学实验为基础的"实验范式"。科学家在实验室中能试错的机会大大超过劳动人民偶然出现的"经验范式",此时人口多不再是中国科技创新的优势。从"经验范式"向"实验范式"的转变,实质上是一场科学方法论的革命。"经验范式"依赖于个别发现,缺乏系统性的理论指导,而"实验范式"在理论上更具可重复性和可验证性,直接推动了现代科学的持续进步。这一变革不仅深刻改变了人类对自然界的认知方式,而且对社会生产关系的结构产生了深远的影响。西方社会在完成这一方法论转变后,迅速地将科技与经济发展水平推向了新的高度,而中国则逐渐落后于世界潮流。那么,为什么中国不能像西方那样,从"经验范式"自发地转变为"实验范式",从而引发科学革命和工业革命呢? 这个问题正是今天的科学教育工作者需要深思的。

二、从科学教育土壤缺失解读"李约瑟之谜"

在前现代社会,中国的社会文化和教育体系深受儒家思想的影响,儒家文化强调道德修养、社会秩序及人与自然的和谐。"礼学"作为儒家文化的核心,倡导通过礼仪来规范个人行为和社会关系,以此达到社会稳定与和谐的目的。在这种文化背景下,教育的目标更多地集中在培养人的道德品质和治理能力上,而非探索自然界的奥秘。科举制度作为中国古代选拔官员的主要方式,进一步强化了儒家文化对教育的影响。科举考试的内容主要集中在四书五经上,这些经典著作涵盖了儒家的伦理道德、政治哲学和社会治理等思想。对于数学和自然科学的学习,科举制度并没有给予足够的重视和鼓励。这种教育体制一方面限制了人们对自然科学的探索,另一方面,由于科举考试准备的时间极其漫长,且即便科举及第后依然还要花很多时间和精力维护官本位关系,这些都使得过去的中国人缺乏学习和发展数学与自然科学的意愿和条件。此外,儒家文化中的"实用主义"倾向也影响了中国古代科技发展的方向。在儒家看来,知识的价值在于其对社会和国家的实用意义,而对于数学和自然科学的纯粹探索则被视为是次要的。这种实用主义倾向导致了中国古代科技发展的不平衡,一些与日常生活和国家治理密切相关的技术得到了发展,如农业技术、水利工程等,而对基础科学的研究则相对滞后。诚然,儒家文化中也有对自然的尊重,如《大学》中强调"格物致知",这与探索自然界的奥义并不完全冲突,但由于特定历史的导向,社会整体依旧还是倾向于实用性知识,而非纯粹的科学研究。

但在西方社会,贵族世袭制度下的人们崇尚自由和个人主义,他们坚信"知识即自由",这种理念认为,知识的获取和传播是实现个人自由和社会进步的关键[①]。在这样的文化氛围中,数学和自然科学得到了极大的重视和发展。西方社会认为数学模型不仅能够以一种精确和系统的方式描述自然规律,而且能够使复杂的自然现象变得清晰易懂。数学的语言是普适的,它跨越了地域和文化的界限,为知识的传播和交流提供了一种通用媒介。通过数学,人们能够将观察到的现象转化为可量化的数据和公式,这种转化不仅使得复杂的自然现象变得井然有序,而且为深入分析和理解这些现象提供了坚实的基础。更为重要的是,数学的应用帮助人们跨越经验的界限,进入那些仅凭直观经验难以触及的领域进行探索。在这些未知的领域中,数学模型和理论预测指导着研究的方向,帮助人们发现新的规律和联系。这些发现随后被用来反馈和修正现有的知识体系,推动科学知识的进步和完善。因此,数学是现代科学中探索未知、验证假设、发展理论不可或缺的工具,它使人们能够以前所未有的清晰度和深度洞察自然界的奥秘。

与此同时,西方社会还对可控制科学实验给予了高度的重视,这为科学方法论的发展奠定了坚实基础。在实验室环境中,科学家们通过精心设计和精确实施的实验,窥探世界在自然条件下不会轻易释放出的"特质";通过提出假设、控制实验、收集数据的路径,验证或推翻已有理论。可控实验的魅力在于它能在短时间内大大缩小可能性空间的搜索范围,从而加速科学发现的步伐。随着科学方法论的不断演化,科学家们现在能够更加迅速和准确地分辨出哪些解释是合理的,哪些则是站不住脚的。这种能力极大地优化了科学探索的效率,确保了科学进步的方向和速度。通过这种方法论的实践,科学界能够不断自我修正和完善,以证据为基础,构建起更加稳固和全面的知识体系。

这种以数学和可控制实验为基础的方法论,不仅提供了一种全新的观察和理解世界的方式,也为社会的发展带来了深远的影响。基于该方法论,科学家能够更深入地探索自然界的奥秘,发现新的科学原理和技术,从而进一步推动现代科技的飞速发展。同时,这也促进了科学知识的平权化,知识的传播不再局限于少数精英,而是变得更加普及和开放。这不仅加速了西方国家科学发现的速度,也激发了社会各阶层对科学和创新的兴趣。可以说,中西方在方法论上的根本差异塑造了各自独特的社会发展轨迹。西方的科学革命,以其对数学和可控制实验

---

① 吴国盛. 什么是科学(第二版)[M]. 北京:北京商务印书馆,2023.

的重视，为科学革命提供了最为关键的催化剂。通过将可控制的实验作为探索未知和纠正错误的主要手段，科学家们极大地提升了知识探索的效率和精确性，这远远超越了依赖个体经验的传统试错方法。更为关键的是，在技术创新遭遇障碍时，人类能够借助基础科学的深入研究来深化对自然界的理解，从而为科学革命注入新的活力。

到目前为止，西方社会在全球范围内引领了数次工业革命，每一次革命的兴起都与科学方法论的突破紧密相连。从第一次工业革命的蒸汽机，到第二次工业革命的电力普及，再到第三次工业革命的信息技术，每一次技术的飞跃都极大地提升了生产效率，促进了经济的增长和社会的繁荣。直至今日，这种以科学方法论为驱动的技术革新和发展仍在持续进行，其潜力和影响似乎没有尽头。这一系列革命性的变化，不仅重塑了人类的生产和生活方式，也重新定义了人们与世界的关系。因此，科学方法论的革命不仅是技术进步的引擎，更是社会发展和文明进步的基石。它教会我们如何以一种系统、严谨和创新的方式来探索世界、解决问题并创造未来。

诚然，科举制度在古代中国社会中有其优越性，通过科举考试，各个朝代不断吸纳有才能和志向的人才进入统治阶层，这不仅为统治阶级注入了新鲜血液，也促进了社会的稳定与和谐，成为前现代中国社会高度发达的重要原因之一。然而，由于科举考试的内容主要集中在儒家经典上，对于数学和自然科学的探索并没有给予足够的重视，这抑制了人们对科学探究的兴趣和科学精神的培养。这种偏向导致了科学教育在社会中的持续影响力受限，使得中国在科学革命和工业革命的浪潮中错失了先机。科学教育的缺位不仅影响了当时社会对科学的认知和发展，也对中国长期的科技进步和现代化进程产生了深远的影响。它揭示了一个重要的历史教训：科学教育制度和激励机制的设计，对于一个国家能否抓住科技发展的机遇至关重要。

第二节　新时代科学教育的责任与使命

基于历史经验，新中国成立以来，党和国家就对科学教育非常重视。自 1951 年首次全国课程改革，科学教育就一直贯穿于课程教学中。然而每个阶段的科学教育都更强调科学知识内容的学习，而对科学精神和科学方法论的教育着墨不多，存在一定程度的忽视。为响应新时代科学教育改革号召，我们有必要重新梳理传统科学教育的特点，并审视新时代背景下科学教育的使命。

一、传统科学教育的特点

（一）重知识内容，轻思维方法

在我国传统科学教育体系中，教师普遍将科学知识的传授作为教学的中心任务，这种教学模式在一定程度上确保了学生对科学理论的掌握，但也暴露出对科学方法和思维能力培养不足的问题。课堂上,学生往往被引导去记忆和理解科学概念,却很少有机会去探索这些概念背后的原理和它们在现实生活中的应用,这种现象导致了学生对科学理论的认识停留在表层,缺乏深入的理解和应用能力。此外,传统科学教育在培养学生的科学方法论方面存在明显的短板。科学探究的基本方法,如观察、假设、实验、分析和论证等,很少成为教学的重点。学生缺少通过实践活动来验证科学理论的机会,这既限制了他们科学思维的发展,也影响其解决实际问题的能力。大部分学生对科学理论的认识处于知其然而不知其所以然的状态,这与学界对科学教育提倡的主流理念相违背,也不符合学生科学学习的认知规律。

与此同时,有人认为我国中学阶段的物理、化学、生物等科学课程内容在很多情况下显得滞后,大量知识点仍然停留在几百年前的水平,与国际上先进的科学教育相比,存在一定的时间差。这种课程内容的滞后性,加上教学中对解题技巧的过分强调,使得学生在解决实际问题时显得力不从心,无法有效地将所学知识与现实世界的挑战相结合。

(二)分科式,标准化

分科式教学和标准化教育是我国传统科学教育的另一大特点。分科式教学是一种历史悠久的教学模式,它基于知识体系的细分,将学术领域划分为若干个独立的学科进行专门化教学。在这种模式下,学校课程被划分成数学、物理、化学、生物等不同的学科领域,每个学科都拥有自己独特的教学大纲、理论体系和内容重点。这种方法的核心优势在于其能够让学生们对特定学科进行深入挖掘,系统地掌握该领域的基础知识、核心概念和专业技能,从而在专业领域内建立起坚实的理论基础和认知框架。

然而,分科式教学也存在一些不容忽视的局限性。首先,由于学科之间的界限被明确划分,学生在学习过程中往往难以看到不同学科间的联系和相互影响。这种隔离限制了学生从更广阔的视角理解科学的整体性和综合性,使得他们难以形成跨学科的思考模式。其次,过分强调学科独立性可能导致学生在面对现实世界中的复杂问题时,缺乏综合运用多学科知识进行创新性解决问题的能力。这种局限性在当今这个跨学科问题日益增多的社会中表现得尤为明显。此外,分科式教学可能还会导致学生对知识的片面理解,忽视了知识的实际应用和与其他领域的关联性。例如,一个物理学的发现可能对化学领域产生深远影响,但在分科式教学中,学生可能没有机会及时了解这种跨学科的互动。同样,生物学中的进化论不仅对生物学本身具有重要意义,也对心理学、社会学乃至哲学等领域有着深刻的启示,但在分科式教学中,这种跨学科的联系未能得到充分的强调和探讨。

标准化教育是一种以统一的课程标准和知识点为核心,对教学和评估过程进行规范的教育模式。在这种体系下,教学内容和考核方式都严格依据既定的课程标准来设计,每个知识点都被赋予了明确的教学目标和评估标准。这种模式的优势在于能够确保学生对核心知识的掌握,并通过标准化测试来客观评价学生的学习成果。然而,标准化教育也存在局限性,例如它可能会割裂知识与现实世界的有机联系,忽视培养学生将知识应用于实际情境的能力,导致学生缺乏解决复杂问题的经验。而且标准化教育可能会抑制学生的创造性和批判性思维。

当教学和评估都围绕着标准答案展开时,学生可能会逐渐习惯于寻找唯一正确的答案,而不是探索多种可能的解决方案。

(三) 理论为主,实践为辅

我国传统科学教育更为重视科学理论教育而相对忽视科学实践。尽管硬件设施如科学实验仪器设备在许多中小学校得到了普及,但实际的实验教学开展情况并不理想。尤其是一些学校面临师资短缺的困境,这直接影响了理科实验课的开设和质量。例如2023年,陕西师范大学现代教学技术教育部重点实验室和中国教育学会科学教育分会联合实施并完成了《中国小学科学教育发展状况调研报告》,发现基础教育阶段的探究式教学和论证式教学相对不足,43.20%的学生反映课堂中自己设计实验的机会较少,38.39%的学生反映课堂中自己动手做实验的机会较少①。根据2017年国家义务教育科学教育质量监测数据,在基础教育阶段,有高达54.6%的四年级学生在一个学期内很少或从未进行过动手实验②。这反映出在科学教育中,实验教学并没有得到与其重要性相匹配的重视和资源投入。

实验教学的薄弱不仅限制了学生将理论知识应用于实践的机会,也影响了他们科学探究能力和创新思维的培养。实验是科学学习不可或缺的组成部分,它能够帮助学生更直观地理解科学原理,培养观察、假设、实验、分析和论证等科学探究的基本技能。缺乏实验教学,学生很难体会到科学探究的过程和乐趣,也难以形成对科学的深刻理解和全面认识。此外,实验教学的缺失还可能导致学生对科学的片面理解,使他们认为科学只是抽象的公式和理论,而不是与现实世界紧密相连的实践活动。这种理解上的偏差可能会削弱学生对科学学习的兴趣和动力,也限制了他们未来在科学领域的发展潜力。

以上探讨了传统科学教育的"特点"而非"问题",实际上这些特点是在特定历史时期内形成的必然现象。然而,随着时代的演进,那些曾经被认为是固有特点的元素,现在逐渐显露出它们的问题所在。这些问题需要教育界的同仁们共同面对和努力克服,以确保科学教育能够适应时代的发展,满足新的需求和挑战。

科学教育培养的人才类型和特点与特定时期的社会需求紧密相连,同时也与科学技术在当代社会的发展机制密切相关。科学技术变迁或创新主要有自主研发和从国外引进两种机制,技术创新是指在下一次生产时,所用的技术比现在好,效率比现在高,不一定要求使用最新的技术。不同的国家在技术变迁的方式上可以有不同的选择,像美国、日本、德国等这些目前世界上较为发达的国家,人均收入高,技术水平处于世界前沿,要想取得技术创新几乎只能依靠自己的力量进行研发。而对于一个发展中国家来说,技术水平与发达国家有较大差距,在多数产业中都可以通过向行业内比自己领先的国家进行技术引进、模仿和购买专利来实现自己

---

① 胡卫平. 科学课程高质量发展的关键问题[J]. 中小学校长,2024(6):8-12.
② 朱之文. 抓好基础教育阶段科学教育,全面提升青少年儿童科学素养[N]. 人民政协报,2021-11-10 (10).

的技术创新。

改革开放以来,中国的经济和科技迅猛发展,很大程度上得益于"技术引进"机制。这一机制允许我们从发达国家获取先进技术和经验,以较低成本快速实现技术革新。这不仅提升了生产效率,增加了资本回报,而且通过迅速地进行资本积累,推动了产业升级和经济的持续增长,使中国在现代化进程中享有后发优势。

在这一时期,科学教育的目标是培养能够迅速掌握特定学科知识的标准化和专业化人才,以满足国家快速引进先进科技的需求。这些人才并不需要具备高度创新能力,只要具备专业知识,学习能力强,能够实现标准化即可。这一传统科学教育机制取得了一定的成效,培养了大量人才,为中国的经济和技术增长提供了强大动力。然而,随着国际形势的变化,特别是西方国家对中国的经济和科技发展感到忌惮,试图通过"小院高墙"等政策限制中国在科学和经济领域的发展,阻断中国引进高端科学人才和技术的渠道。这使得过去的"引进"机制逐渐失效,中国必须依靠自身培养本土人才,通过自主研发和原始创新来推动经济和科技的发展。

面对这种国内外形势的变化,科学教育机制也必须相应变革。我们不仅需要培养掌握特定知识的人才,更需要培养具有个性化、批判性思维和跨学科综合创新能力的人才。只有这样,才能满足新时代国家对人才的需求,为中国的持续发展提供坚实的人才支撑。因此,在新的时代背景下,科学教育改革被置于教育发展的重要议程之上。当前,学校教育在一定程度上仍偏向量的扩张而非质的提升,特别是在中小学科学教育领域,这种倾向可能阻碍了创新人才的培养。正如前文所述,技术创新是推动经济发展的关键动力,无论是通过引进技术还是实现自主创新,都离不开人才的支撑。而这些人才的孕育和成长,从根本上依赖于教育,尤其是科学教育的深度与广度。

二、新时代科学教育的方向

党的二十大报告明确强调了创新在推进国家现代化进程中的核心作用,将教育、科技、人才定位为全面建设社会主义现代化国家的基石和战略支撑。会议设定了到2035年建成教育强国、科技强国、人才强国的宏伟目标。2024年7月召开的党的二十届三中全会上,进一步提出了构建全面创新体系的体制机制,协调推进教育、科技、人才领域的体制机制改革,完善新型举国体制,以提升国家创新体系的整体效能。这一系列新的部署和要求,深刻体现了党中央对教育、创新本质和规律的深入理解和精准把握。《意见》要求落实跨学科主题学习原则上应不少于10%的教学要求,提倡学校根据自身特点和需求,探索和发展适合本校学生的校本化科学教育新模式。以《意见》的发布为标志,我国进入新时代科学教育改革征程。

围绕《意见》中提出的改革方向,科学教育必须进行深刻的变革以适应当前国内外形势转变。总体来说,科学教育方向应当从单一的知识传授,转向培养学生的创新能力和跨学科思维,以激发他们的原创精神和解决复杂问题的能力。我们需要构建一个更加灵活和开放的教育体系,鼓励学生进行探索性学习和批判性思考,从而培养出能够在全球竞争中引领科技创新和经济发展的原始创新人才。这种教育改革不仅是对外部挑战的回应，更是我们实现可持续发展、提升国家竞争力的内在要求。通过科学教育改革，我们可以更好地挖掘和培养每个学生的潜力，为国家的繁荣和进步打下坚实的基础。

从传统科学教育的特点出发，结合新时代科学教育的改革要求，我们认为新时代科学教育应当聚焦三个方面：第一，从"重知识"转向"重素养"；第二，从"分科式，标准化"转向"跨学科，个性化"；第三，从"重理论，轻实践"转向"在实践中深化理论"。

（一）从"重知识"转向"重素养"

科学知识会不断发展、演变、更新，随着时间的推移，学生所学的一些具体科学事实可能会逐渐从记忆中淡出。然而，科学精神和科学方法的核心理念却能够深深植根于思想之中伴随一生。这些理念不仅能帮助学生回顾和理解过去的科学发现，而且能够激发好奇心和探索欲，引导他们去发现新的科学范式，推动知识的边界不断拓展。科技进步带来了知识的爆炸式增长，科学哲学家和科学社会学家对科学知识的本质也提出了新的观点。他们认为，科学不仅仅是一系列静态的结论，而且是一个充满动态的探索过程和一种社会建制[1][2]。科学知识的产生并非一个孤立的过程，其是在不同科学家、学派和团体之间的讨论、交流和争辩中逐渐形成的。这些科学知识的演进与科学家所处的社会文化环境、经济发展水平，以及科学家个人的信仰和态度都有着密不可分的联系。因此，科学知识不应被视为一成不变的客观事实，其形成与社会文化紧密相连，这个过程也是一个不断发展变化的过程。

基于这种理解，在科学教育中，一方面要让学生了解科学知识的形成过程，另一方面还要帮助他们体验并理解这一过程，这就要求学生改变对科学知识的单一认识，培养他们对科学复杂性的理解。新时代科学教育的核心不在于单纯讲授所谓的客观"科学知识"，而在于引导学生认识到科学是一种认识世界的方法和思维，一种不断进化并适应社会需求的知识体系，这意味着科学教育必须从以知识内容为核心向以科学方法和科学思维为重点进行转变。通过这样的科学教育，学生能够学会批判性思维，理解科学知识的不确定性和开放性，以及科学探究方法的多样性和创造性。这将有助于学生在未来的学习和工作中，适应快速变化的科技环境，积极参与到科学知识的创造和发展中去。

（二）从"分科式，标准化"转向"跨学科，个性化"

未来的人才更需要拥有跨学科思维和个性化特质才能适应时代变迁，特别是人工智能主导下的社会变化。科学的本质在于不断探索和创新，它是一个动态发展的过程，常常带来颠覆性的变化。在科学的世界里，标准答案往往只是通往更深层次理解的基础，而非终点。如果没有对非标准答案的探索，我们就无法获得更卓越和全面的认识。非标准答案往往包含了批判性、创造性、多维度和个性化的特质，它们代表了对现有知识的深入反思和超越。

---

① ［美］托马斯·库恩.科学革命的结构［M］.张卜天，译.北京：北京大学出版社，2022.
② ［美］宋普.科学哲学·科学家的视角［M］.朱玉彬，刘洋，译.合肥：安徽科学技术出版社，2024.

例如,牛顿的经典力学为宏观世界的物体运动提供了精确的描述,成为工程和日常物理现象分析的基石。但在微观尺度,量子力学揭示了一个与宏观经验截然不同的现象世界,其中粒子可以同时处于多个状态,直到被观测时才坍缩到一个确定的状态。这种量子行为展示了科学知识在不同层面上的多样性和复杂性。再如,生物学中的进化论也是一个不断进化的概念。达尔文的自然选择理论为生物多样性和物种起源提供了一个解释框架,但随着遗传学、分子生物学和生态学的发展,我们对进化过程的理解变得更加深入和复杂。现代综合进化论整合了基因、环境和行为等多个层面的相互作用,揭示了生物进化的复杂性和动态性。

正如在工业生产中,非标准化的零件因其独特性和定制化而更为昂贵,而标准化零件则因大规模生产而成本较低。在教育中,我们也应该意识到,虽然标准化教育能够高效地传授知识,但它不能完全取代那些能够激发学生个性和创造力的非标准化教育实践。为了克服标准化教育的局限性,我们需要在教学中融入更多的探究性学习、跨学科学习、科学方法论学习和批判性思维训练。通过这种方式,学生不仅能够掌握必要的知识,还能够学会如何在多变的现实世界中运用这些知识,培养他们面对未知挑战时的适应性和创新能力。教育的目标应该是培养能够独立思考、勇于创新并具有社会责任感的公民,而不仅仅是只能复述标准答案的学生。

(三)从"重理论,轻实践"转向"在实践中深化理论"

理论知识固然是构建知识体系的基石,但若不将其置于实践的熔炉中加以锤炼,就难以实现其真正的价值和深度。正如在泳池中才能真正学会游泳一样,理论知识也需要在实际应用中得到检验和提升。通过参与研究项目、解决实际问题和在鼓励创新的环境中不断尝试,学生能够将抽象的概念转化为具体的解决方案,从而深化对理论的理解和掌握。

在实践中深化理论,意味着我们要打破理论与实践之间的壁垒,让学生在真实的情境中学习,通过动手操作、实验验证和项目实施来巩固和拓展他们的知识。这种学习方式不仅能够提高学生解决复杂问题的能力,还能够激发他们的好奇心和探索欲,培养他们的批判性思维和创新能力。此外,实践还是培养学生团队协作能力和沟通能力的绝佳途径。在团队项目中,学生需要学会倾听、表达和协作,这些技能对于他们未来的职业生涯和社会生活同样至关重要。通过在实践中深化理论,我们能够培育出既有深厚理论基础,又具备实践能力和创新精神的原创人才,为社会的发展贡献新鲜血液和动力。

发达国家对中小学生科学实践活动的重视程度非常高,他们通过系列设计和实施策略来培养孩子们对科学的兴趣和实践能力。例如,美国于 2011 年发布《K—12 科学教育框架:实践、跨学科概念和核心概念》,将跨学科概念与核心概念以及科学实践并列为三大维度,整合形成 K—12 科学课程标准即《新一代科学标准》(Next Generation Science Standards,NGSS)①。

---

① NGSS Lead States. Next Generation Science Standards:For States,By States [M]. Washington,DC: The National Academies Press,2013.

该科学课程为 K—12 年级整体设计,确保不同年级的学生都能够接触到适合其认知水平的科学知识。这些标准不仅涵盖了基础科学原理,还包括并着重强调了科学探究和实践在课程教学中的地位。近年来,STEM 教育和基于问题形成技术的教育正日益受到重视。STEM 教育鼓励学生们在解决实际问题的过程中运用科学的方法论,培养实践能力和跨学科问题解决能力。基于问题形成技术的教学模式以心理学理论为支撑,通过系统的提问训练引导学生学会如何自主提出问题,帮助学生发展批判性思维。

我国新时代科学教育应合理引进国际上这些先进的综合性科学教育理念与技术,提升学生跨学科实践能力。在当前时代,知识不仅多而且增长快,学校里的课程越来越难以承载不断增长的知识,科学方法论和跨学科思维的融入显得更加有价值。既然我们不能做到把世界上的一切知识教给学生,那么,我们可以让学生知道人类的智慧是怎么看待世界的,主要的思想观念是什么,主要的思维方式是什么。实现从理论层面认识世界逐步转向从实践层面改造世界。

历史上的特殊原因导致中国未能在早期就踏入科学和工业革命的浪潮,然而当代中国人通过学习数学和可控制实验的科学范式已取得卓越成效。但是,我们也需要承认,现阶段的成果主要是基于“引进”西方世界科学革命的经验才取得的,而当前西方世界已对中国的高速发展表现出警惕和阻挠,比如在人工智能、量子力学和生物医药等前沿科技领域对我国采取限制措施,阻止先进技术流向我国。全球正在经历第四次以智能化为标志的工业革命,科技变革的速度、规模和尺度空前。在“引进”策略阻力重重时,中国必须紧紧抓住第四次科学革命机遇,加强“自主研发”,主动引领世界“科学号”火车持续前进。

因此,就新时代科学教育的目标而言,一方面要培养具备科学素养的公民,使其能够在面对涉及个人、社会和环境的决策时做出明智的选择,提升整体国民科学素养,促进社会建设和决策的科学水平。另一方面,更关键的是要培养未来的科学家,服务新时代强国建设,以满足国家对高端科技创新人才的需求,以及人类对自然持续探索的兴趣、理想与抱负。我们需要从科学教育层面优化未来人才对科学的底层认知,培养卓越的“自主研发”科技创新人才,从而获得对新一轮科学范式转变的洞察力,避免陷入新时代的“李约瑟之谜”。

第二章　历史与进展：
　　　　科创课程的发展历程

　　科学教育的发展历程不仅映射了社会对科学知识的内在需求，而且揭示了教育观念与策略的历史嬗变。作为科学教育实践的关键环节，科创课程的改革与发展在一定程度上体现了科学教育的成果与转向。本书立足于新时代科学教育的背景，探讨科学教育的新路径——跨学科科创课程的建设。因此，弄清楚"科创课程的发展历程"这一问题，不仅有助于我们明晰新时代科学教育的目标与方向，更有利于梳理"科创课程建设目标"的理论和实践逻辑，锚定"科创课程"建设实然与应然的差距，为我们的科创教育工作提供指导与借鉴。

第一节　国际科学教育的两次转向

　　自人类文明初始阶段的自然哲学时期，到文艺复兴之后的科学革命时期，再到现代科学教育的崛起，直至二战后科学教育的全球化和现代化，科学教育的发展历程发生了两次重要的转向，即"科学知识教育—科学技术教育—科学创造教育"。

一、科学教育从知识导向到技术导向

　　以 19 世纪 60 年代后期至 20 世纪初发生的第二次工业革命为界，在此之前的自然哲学时期，科学教育主要依赖于口头教学和师徒制的模式，以自然哲学的形式，对自然界进行初步的探索和理解。进入文艺复兴之后的科学革命时期，科学教育开始形成系统的教育模式，如大学和研究机构的设立，确立了以数学和可控制实验为支撑的科学范式，使得科学教育的规模化和专业化成为可能，并为日后科学的进步奠定了坚实的基础。这一历史时期的科学研究关注对自然现象的客观解释，追求知识的精确性和可证伪性，仍旧属于人们认识客观物质世界的范畴。第一次工业革命前后，各种技术的进步更多依靠人们的实践经验，而非科学理论的指导，这种认识与实践的割裂使得科学教育更加注重纯粹科学知识的传授，而非在现实生活中的应用，因此，"科学即知识"是这一时期科学教育的主要特征。

　　随着第二次工业革命带来大量的科学和技术创新，社会需要熟练掌握科学知识和技术能力的人才来推动工业发展，人们逐渐把科学与技术紧密联系起来。因此，教育体系开始重视职业教育和技术教育，致力于培养技术工人和工程师等专业人才，以此满足工业化进程中对人

才的需求,而这一要求直接促进了现代职业教育和科学教育的兴起。于是,"科学教育"逐步拓展为"科技教育"。科学理论和科学技术的辩证关系给我们带来的思考是:一方面,科学技术在实践过程中产生了新的生产需求,为科学理论的发展提供了问题来源;另一方面,科学理论的进步给科学技术的发展提供了直接具体的指导,进一步促进了生产力的发展。这种重视科学、技术在社会生产、人们生活中的应用,标志着科学教育进入到更加系统化和标准化的发展阶段中。到20世纪中期第三次工业革命时,原子能、电子计算机、空间技术和生物工程的发明促使科学技术的应用越来越被各国所需要,进而展现出科学技术化、技术科学化的趋势。在此背景下,美国于80年代提出了"2061计划",作为对科学、数学和技术教育改革所面临挑战的一个回答。1989年发布的《面向全体美国人的科学》报告作为该计划第一阶段的成果,对所有K—12学生毕业时应该知道和掌握的科学、数学和技术方面的知识和技能提出了建议。这一阶段强调科学教育与实践相结合,培养学生的实际操作技能和实验能力,并把"技术的性质"作为单独的一章,说明"科学即技术"成为这一阶段科学教育的重要特征。但是作为一项国家重视、全民参与、长期坚持、不断发展的教育计划,技术的应用已是时代必然,在之后的第二、第三阶段,科学素养的培育成为新的趋势。

二、科学教育从技术导向到素养导向

如果科学教育仅仅停留在技术层面,那么社会需要的仅仅是高级技术工人而非科学家。二战结束后,越来越多的事实证明,在波诡云谲的当代社会,想要获得全球竞争力,不仅需要高精尖技术的应用,更需要新技术的研发与创造,而这背后蕴含的内在逻辑便是公民科学素养的跃升。因此,科学的"秘密"不能只是实验室中少数精英的生活,而更应该是一种大众生活。

美国于20世纪50年代最早提出科学素养的概念,1986年,美国国家科学委员会发布《本科的科学、数学和工程教育》报告,首次明确提出"科学、技术、工程和数学教育集成"的纲领性建议,简称为 STEM(Science Technology Engineering Mathematics)教育,这也是 STEM 教育的开端。20世纪后期,各国政府和教育部门加大了对科学教育的投入,制定了相关的教学计划和课程标准,推动了科学教育的普及和提升。例如,美国1996年正式出版的《国家科学教育标准》中明确提到教育内容要包括统一的科学概念和过程、科学的个人和社会视野、科学的历史与本质[1];英国在1989年正式颁布英国历史上首部国家科学教育课程标准——《国家科学教育课程标准》中,也明确说明科学探究主要包括科学思想、科学证据的本质和重要性以及调查研究的主要技能[2]。进入21世纪,随着信息技术和科学技术的快速发展,现代科学教育不断创新和改进,拓展了培养学生的方法和途径。从 STEM 教育到添加社会因素的 STS

---

① National Research Council. National Science Education Standards [M]. Washington, DC: The National Academic Press, 1996.

② 胡献忠. 新版英国《国家科学教育课程标准》及其启示[J]. 全球教育展望,2001(3):44—49.

(Science Technology Society)教育,再到添加艺术领域的 STEAM(A 为 Art)教育,这些教育模式的兴起证明了科学教育开始涉及更广泛的领域,其教育目标更加强调创新能力、解决问题能力的提升,科学素养、科学精神的培育等。

在不断拓展科学教育内容边界,改革教育目标的同时,教育方法的变革也在交织进行,比如在教育过程中要有更多的探究,更多的真实性和情境性实践,更多的知识应用与融合,最后到更多的学生主动创造①,这些都在呼唤着以科学素养为核心的教育模式。我国在《面向二十一世纪发展我国科学教育的建议》中,明确了科学教育的概念:"科学教育不单是指科学知识的简单传授,也不是仅限于教育手段和教学方法的科学化,更不是专指科学技术专业人才的培养,而是关注科学技术时代的现代人所必需的科学素养的一种养成教育;是将科学知识、科学思想、科学方法、科学精神作为整体的体系,使其内化成为受教育者的信念和行为的教育过程,从而使科学态度与每个公民的日常生活息息相关,让科学精神和人文精神在现代文明中交融贯通。"②

由此,"科创教育"作为承托科学素质和科学精神培育目标的新科学教育体系应运而生。科创教育并非语义上的改变,它与以往科学教育的不同在于更新了科学教育的价值指向,即并非仅仅关注科学知识传授或技能技术培训,而是更深层次地致力于培养创新精神和跨学科思维能力。宋乃庆等认为,科创教育是以创新为要义,以培养学生的科学核心素养为宗旨,促进学生关于客观现象与规律知识系统的形成以及创造性应用的教育活动③。朱永新认为,新科学教育以求真和创新为宗旨,以培养并提升科学素养为目标,包括科学知识与观念、科学思维与方法、科学精神与社会责任感、提出问题与解决问题的能力等多个维度④。项华等认为,科创教育是一种旨在培养智慧社会创新人才的技术密集型探究实践科学教育活动,是科学教育的第三个发展阶段⑤。由此可见,科创教育旨在激发学生对发现、探索和解决问题的兴趣与热情,引导他们学会运用科学和技术的理念与方法,以创造性的方式去理解和改造世界。

三、科学教育"兴趣导向"的萌发

如今,科创教育的发展逐渐生发出"兴趣导向",即培养学生的科研兴趣,激发学生科学研究的好奇心。这除了"需求端"变化的原因,也有"生产端"要求的因素。一方面,需求端即社会竞争带来新科学教育内容和方向的变革,这需要全社会的投入和依托,各国政府的教育改革就是最好的印证;另一方面,生产端即学生根据对未来发展预期的判断,产生对科学本质探究的内驱力,倒逼科学教育的改革。具体而言,在国际局势发生深刻变化、教育资源实现质的飞

① 郑太年.大力推进科创教育　促进学校教育的创新发展[J].教育发展研究,2024(6):3.
② 中国科学院学部.面向二十一世纪发展我国科学教育的建议[J].科学新闻周刊,2000(36):2.
③ 宋乃庆,徐春浪,郑智勇.科创教育:中小学科学教育发展的时代路向[J].人民教育,2024(1):43—46.
④ 朱永新.新教育实验关于新科学教育的思考[J].中国教育科学,2019(4):109—120.
⑤ 项华,雷丽媛.从科学知识传授走向科创教育[J].中小学信息技术教育,2022(8):5—6.

跃、人工智能取得重大突破的当下,青少年自身产生了对科学研究的需要与兴趣,使得科学教育的内容及评价体系也发生了新的变化。在科创教育活动中,学习是以专业工作者的真实实践方式进行的,这是很多国家的教育改革政策中所呈现出来的新趋势①。《PISA 2025 科学素养评估框架》在"科学态度"的基础上生发出"科学身份"维度,凸显学生对科学身份的认同感与归属感②,这也进一步印证相关趋势的走向。

以往的科学教育从需求端进行研讨和生发,即思考"培养什么样的人"以适应社会的发展,这样的教育并不能真正实现理论与实践的统一,因为我们教授的知识、技术、方法都是预设的,而非个人主体发现的。但《PISA 2025 科学素养评估框架》中提出的科学身份是指学生以"科学家"的身份投身于科学的相关研究,并由此产生认同感和归属感,这打破了学生与科学之间原有的主客体二元对立的关系。学生以"科学家"的身份学习和理解科学相关的知识与技能,更能凸显学生将科学视为自己的身份和使命,能使学生的职业取向与科学发展保持"同频共振"的关系。相对于我们所熟悉的教育实践范式而言,以兴趣为导向的科创教育表现出很大的不同,如学生的学习活动更有内驱力,问题意识与解决能力、知识应用能力、设计能力、思维能力、动手能力等都会得到更好的锻炼,成果预期会有更大的提高;为了应对真实问题,学生需要脱离具体的学科知识,主动打破知识壁垒寻求应对策略,实现多学科知识的综合应用;在这个过程中,体会、交流、探索、为了共同目标而通力合作的精神,以及由于关注真实问题进一步提升社会责任感等,正是培育时代新人值得关注的具体目标。这种兴趣导向为我国科学教育的高质量发展提供了有益参考。

第二节　国内外科创课程体系的比较分析

回顾我国科学教育的发展历程,可以明显看到,古代科学教育是零散与贫乏的,近现代科学教育是外生与舶来的。直到改革开放,随着我国社会经济的快速发展和科技进步的需求日益增长,科学教育的重要性逐渐提升,其理论与实践的研究也得到了相应的增强,逐渐衍生出符合我国教育现实和科学发展的科学教育体系。

科创课程作为落实科学教育的重要实践环节,在不同时期的课程改革中都强调了其设计与实施的重要作用,为我国的科技创新和人才培养提供了重要的支撑。然而,与西方自二战后逐步实现科学教育专业化、系统化、标准化的进程相比,我们在师资培养、课程设置、教学方法等方面仍然存在着一定的差距,但同时,这也为我们进一步实现科学教育的发展提供了良好

---

① 裴新宁,郑太年. 国际科学教育发展的对比研究——理念、主题与实践的革新[J]. 中国科学院院刊,2021(7):771—778.
② 孙立会,刘俊杰,周亮. PISA 2025 科学身份评估推动科学教育高质量发展[J]. 中国远程教育,2024(7):72—82.

的契机。

一、领跑：指向全球竞争力的国外科创课程的典型样态

科创课程是科创教育的实践依托，包括课程设计、课程实施与课程评价三个环节。科创课程的前身起源于20世纪初的美国，被视作培养21世纪关键能力育人目标的典型教育样态，经历了从实验课程到综合课程再到独立课程的发展过程。其教学活动的直接目标是解决问题、应对挑战、创制人工制品，是"产出型"的，而不是接受和理解既有知识的"输入型"的。从欧美等西方国家的科创课程发展历程来看，要取得有益成果不外乎顶层设计的大力支持、社会教育资源的依托、学校教育的改革以及学生自主性的激发这四大因素。这些因素都在不同程度上决定科创课程实施的成效以及未来改革的方向。但是社会意识的传导并不是线性的，每个阶段的落实都需要各方的合力，其中最重要的便是教育理念及方法的转变与落实。下文将从课程设计与实施两个方面，具体介绍STEM课程、SSI教育、PBL教学三种指向全球竞争力的国外科创课程的典型样态，课程评价（PISA评价体系）将在本书第九章详细介绍。

（一）STEM课程

STEM教育是一种整合了科学（Science）、技术（Technology）、工程（Engineering）和数学（Mathematics）的综合教育方法。STEM教育的目的是培养学生的问题解决能力、创新思维和综合能力，让学生能够将所学知识和技能应用到现实生活中，解决实际问题。20世纪60年代，为了应对冷战时期的太空竞赛和科技发展的挑战，美国开始大力推动以STEM教育为核心的科学教育体系。进入21世纪，美国加紧推进科学教育的战略化进程，将科学教育上升到国家战略高度。2011年，美国国家科学院主导制定了《K—12科学教育框架：实践、跨学科概念和核心概念》，后续在该框架的基础上制订了《新一代科学标准》。《K—12科学教育框架：实践、跨学科概念和核心概念》中指出："面向真实情境问题，可以让学生更有机会像科学家和工程师那样展开实践、探索和运用学科核心概念，并通过跨学科共通概念在各个领域的学科内容之间建立联系。"[①]基于真实情境问题的"学科核心概念""跨学科概念""科学与工程实践"的三维整合架构便是该理念在美国科创教育实践中的重要体现，强调学生不仅仅需要掌握科学的核心概念，更要积极参与科学与工程实践，培养解决实际问题的能力。

杨开城等总结了STEM教育的特征："成熟的STEM教育需要具备四个外部特征——问题解决、创中学、设计制造、协作探究，以及两个内部特征——知识的真实性与整合性应用，科学精神的熏陶与强化。"[②]鉴于这些特征，我们不能简单地把STEM课程当作"大手工课"来设计，而是需要关注其内在的结构化标准。如，要整合相关STEM的知识用以设计STEM主题，

---

① National Research Council. A Framework for K - 12 Science Education: Practices, Crosscutting Concepts, and Core Ideas [M]. Washington: The National Academies Press, 2012.

② 杨开城,公平. 论STEM教育何以特殊[J]. 中国远程教育,2022(4):48—54.

在学生展开自主学习的过程中,老师也需要提供支架的设计,把握科创方向等,课程的标准化是提高确定性、降低实践成本的必由之路,同时也有利于避免科创过程中的随意性,实现更好的管理和评价。

需要说明的是,STEM 教育具有非常明显的与时俱进的特征。从 2013 年开始,美国国际开发署每 5 年制定 1 份科学教育国家战略规划,统筹推进美国科学教育战略目标、实现路径、资源协调等。迄今为止,美国已发布 2 份国家科学教育战略规划,美国国会、联邦政府机构等也纷纷出台 STEM 相关法案,加大 STEM 项目支持等,形成了美国科学教育的政策体系(如表2.1)。

表 2.1　美国科学教育规划报告及重要标准文件①

序号	政策文件名称	发布时间(年)
1	《面向全体美国人的科学》*Science for All Americans*	1989
2	《科学素养的基准》*Benchmarks for Science Literacy*	1993
3	《国家科学教育标准》*National Science Education Standards*，NSES	1996
4	《K—12 科学教育框架:实践、跨学科概念和核心概念》*A Framework for K - 12 Science Education Practices，Crosscutting Concepts，and Core Ideas*	2011
5	《协调联邦 STEM 教育投资进展报告》*Coordinating Federal STEM Education Investments：Progress Report*	2012
6	《新一代科学标准》*Next Generation Science Standards，NGSS*	2013
7	《联邦科学、技术、工程和数学(STEM)教育五年战略规划》*Federal Science，Technology，Engineering，and Mathematics（STEM）Education 5-Year Strategic Plan*	2013
8	《绘制成功之路:美国 STEM 教育战略》*Charting a Course for Success：America's Strategy for STEM Education*	2018
9	《联邦 STEM 教育战略规划进展评估报告》*Progress Report on the Federal Implementation of the STEM Education Strategic Plan*	2019
10	《联邦 STEM 教育战略规划进展评估报告》*Progress Report on the Implementation of the Federal STEM Education Strategic Plan*	2020

---

① 王颖等.美国科学教育战略举措的经验与启示[J].智库理论与实践,2023(5):35—46.

序号	政策文件名称	发布时间(年)
11	《联邦 STEM 教育战略规划进展评估报告》 *Progress Report on the Implementation of the Federal STEM Education Strategic Plan*	2021
12	《融合教育:跨学科 STEM 学习与教学指南》 *Convergence Education: a Guide to Transdisciplinary STEM Learning and Teaching*	2022

　　近年来,STEM 内涵愈加丰富,外延逐渐拓展,出现了 STEAM、STEMx、STEM＋等变名,使它囊括了艺术、人文等内容。STEAM 是在 STEM 的基础上增加了 Art,即人文艺术类课程,以提高 STEM 教育的趣味性,增强学生创新能力,更好地实现数字、科技、人才的教育目标。2018 年,美国发布的《绘制成功之路:美国 STEM 教育战略》首次将"数字素养"和培养学生的"计算思维"作为 STEM 素养的核心内容,提出将计算技能、计算思维、数字素养融入全面的教育体系中,使每个学习者均能通过使用数据和逻辑来评估信息、分解问题并制定解决方案。STEMx 中的"x"就是计算机科学、计算思维、调查研究、创造与革新、全球沟通、协助及其他不断涌现的 21 世纪所需知识与技能的表示,它强调技术领域学习的综合性①。2023 年 3 月,GPT － 4 发布后,可汗学院(Khan Academy)已使用 GPT － 4 为其人工智能助手"Khanmigo"提供技术支撑,开展 STEM 个性化、互动式学习,提升 STEM 教育的学习效率和兴趣。此外,由我国率先提出的 STEM＋概念,其"＋"部分不仅涵盖了科学、技术、工程和数学,更融入了人文精神、艺术素养以及社会价值观。这一理念特别强调了科学素养与人文精神、社会价值观的培养。因此,STEM＋所体现的,不只是学科知识的扩展,更是一种教育理念的升华。无论 STEM 教育的内涵如何扩展,其目的都是为了培养具有高阶思维能力和实践操作能力的数字科技人才,以应对在数字化和智能化时代背景下科学技术高速发展给人类社会带来的挑战。与此同时,这也说明了,一种教育模式或教育理念的实践,即使已经取得很好的成果,也要因地制宜,因时而变,更加要注意追踪过程,不断地根据实践过程修订内容和方法,实现教育效果的螺旋上升。

(二) SSI 教育

　　人与科学技术的协调发展是科学教育的重要命题之一。自马克思提出异化劳动至今的一个半世纪,人们依旧没有跳出"异化"的命题,只不过对象从劳动变成了科学技术。伴随着科学技术的发展,势必会引起一系列与社会伦理道德观念紧密相关的社会性问题,这就是社会性科学议题(Socio-Scientific Issues,以下简称 SSI)诞生的背景。

---

① 王建华,胡茜. STEM 教育的全球发展[N].光明日报,2024 － 01 － 18(14).

如果说 STEM 教育是美西方确保科学技术处于世界领先水平的教育保障，那么，SSI 就是西方科学教育试图减少科学技术潜在负面效果的积极尝试。例如，克隆技术发展带来动物伦理和社会伦理的问题，社会生产力极大跃升带来贫富差距激化社会矛盾的问题，人工智能技术实现突破性进展带来人机分工的问题，技术带来资源损耗和生态破坏的问题……能够看到和预见的是，这些问题与科学技术的发展如影相随。西方发达国家在学校里开设以科技议题为导向的 SSI 课程，目的就在于让学生了解科学、科技、社会和环境之间的关联与影响，深入探讨科技研究开发所衍生出的与生活有关的争议性课题，以培养他们解决问题和判断思考的能力，在此基础上了解科学的价值、社会人文层面的意义和科学的有限性[①]。从这个角度上看，SSI 和 STEM 就是从不同角度引导学生理解科学对于人、对于社会的意义，从而提升学生的科学素养，为将来学生实现更好、更优质的创造奠定基础。

SSI 区别于传统科学教学呈现主题，在课程标准中要求科学教师帮助学生获得论述、辩论、决策和评估信息来源有效性的能力。如，美国《国家科学教育标准》（National Science Education Standards）列出的 8 个教育目标以及 4 项科学素养中都包含了"个人与社会中的科学"维度，它将科学过程纳入个人选择、理智地参与公共性演讲、对科学事件以及技术应用讨论，同时还提出其他具体的教学内容。英、法等国从社会可持续发展的战略视角出发，对社会性科学议题在科学教育中所起的作用也予以高度重视。如《英国国家课程》（The National Curriculum for England）认为，学生应对"科学与技术发展带来的，包括人类环境、个体健康和生活质量的正面和负面影响以及相关伦理问题给予正当的解释与适当的价值取舍"[②]。两国积极主张采取实际行动改变现今科学教育过于集中于概念教学的状况，让学生尽可能地养成参与有关现代科学议题的决策能力。因此，SSI 是从哲学社会科学的视角对科学本质的重新阐释，课程更加注重培养学生的非形式推理和参与课堂社会性讨论的能力，更加关注学生的文化背景与科学世界观。

（三）PBL 教学

项目式学习（Project-Based Learning，PBL）强调以问题为基础的教学，是在问题情境中用以提高学生高级思维的一种教学。项目式学习突出的特征是问题的真实性、开放性和跨学科性；解决问题过程中的合作性；学生活动方式的成人模拟性，其教育目标是使学生成为独立和自主的学习者。与传统的讲授式教学相比，项目式学习强调学生的主动参与和实践操作，鼓励学生在解决实际问题的过程中学习和应用科学知识。这种教学方法能够有效提升学生的学习兴趣和创新能力，已成为国际科创课程设计的重要组成部分。例如，新加坡的"未来学校"（Future School）计划在 20 世纪 90 年代初开设的科创课程，就是旨在通过项目学习的方式，激

---

① 孟献华，李广洲. 国外"社会性科学议题"课程及其研究综述[J]. 比较教育研究，2010(11)：31—36.

② Qualification and Curriculum Authority. The National Curriculum for England: Key Stages 14 [J]. Department for Education, London: Crown, 1999:57.

发学生的创新思维和实践能力。在这种教学模式中,教师的作用是提出问题并帮助学生进行研究和讨论。教师在教学过程中为学生提供一个"脚手架",以此促进学生的探究活动和智力发展。在 PBL 中,教师必须为学生创设一个开放的和真诚的思想交流的环境,以便教学活动的顺利进行。同时,教师为学生提供一个真实的并且对学生来说是有意义的问题情境,学生以此情境为出发点进行研究和探索①。

学生面对现实中的真实问题进行研究,一方面能够帮助学生更加关注现实问题,寻找针对真实问题的可行性高、具有建设性的解决方法,而不是纸上谈兵;另一方面,因为面对的是现实生活中的真问题,不存在实验室状态或理想状态,因此这样的问题一定是天然的跨学科问题,即使教师可能是以某一特殊学科为中心而设计的(如以自然科学、社会研究等不同学科为中心),但实际在解决问题的研究过程中,很大程度上会要求学生运用多学科的知识或视角,这为学生提升综合素质开辟了一个良好的起点。

学生们在学习过程中,必须对这种现实问题进行分析,并根据这种分析做出初步的假设和预测,进一步收集和分析资料,进行实验(或者实地考察),做出推断,最后获得问题解决的结论。同时,这些问题所寻求的并不是简单的回答或唯一的标准答案,甚至有时候所得出的答案可以是相互矛盾的。这会促使学生从多个角度、多个维度理解理论与实践的统一,看到世界多样性的可能,在掌握科学知识和科学技术的基础上,培养更加坚实的科学态度和科学精神。此外,为了适应这种教育模式的变化,教师们也开始接受相关的专业培训,学习如何整合不同学科的知识和方法,以及如何运用新的教育技术来支持科创教育。学校和教育机构也开始引入更多的实验设备和创新实验室,为学生提供更多实践和探索的机会。与此同时,还要说明的一点是,在 PBL 科创课程中,虽然学生面对真实问题,学习利用跨学科的方法,提高解决问题的能力,但由于问题意识更多来源于教师,所以问题"源发"与问题驱动相对较弱,"项目"与"任务"驱动更加明显,团队合作与实践操作相对更强。

二、跟跑:对标国际水平的国内科创课程体系深化变革

由于现代科学是在救亡图存的特殊背景下传入中国的,因此在我国的科学教育中,对科学知识的掌握和科学技术应用的重视程度往往高于对科学方法、科学态度和科学精神的培养。甚至在某些情况下,还会出现与科学理念和精神相悖的教育方法。这种倾向也是导致当前我们在科学教育中对科学方法、态度和精神认识不足的根本原因。改革开放以后,中国的科学教育才真正迎来了春天。在邓小平提出"科学技术是第一生产力"的指导思想下,科学教育被重新定位,成为国家发展的重要战略。在这一时期,中国科学教育的主要成就包括实施九年义务教育、提出"科教兴国"战略,以及每一个五年计划的提出,这些政策都强调了科学教育的重要性。科学教育的变革不仅仅是内容的更新,还包括了教学方法和目标的改变,具体可以分

---

① 高向斌. 美国中小学教学中的 PBI 模式研究[J]. 外国教育研究,2002(2):32—36.

为以下三个阶段。

（一）起步与制度化发展阶段：19 世纪末至改革开放前期

中国近代意义上的普通中小学科学教育始于 1878 年，张焕纶在上海创办的正蒙书院（后更名为梅溪书院），将数学和格致作为常设课程，这标志着中国近代普通中小学科学教育的正式发端。从 1902 年"壬寅学制"颁布起到 1915 年新文化运动爆发，中国近代的普通中小学科学教育逐步走上了规范化的发展道路。"癸卯学制"与"壬子癸丑学制"的颁布施行，使得科学教育课程的开设、内容选择、学时规定、教科书编撰、教师培养等方面开始规范化。1915 年新文化运动爆发后，"民主"与"科学"成为引领教育变革的两面旗帜，科学教育开始重视培养学生的主动精神和科学精神。另外，受到美国科学教育的影响，我们引入了杜威"做中学"的实用主义、设计教学法和道尔顿制等先进的教学方法。在这一时期，我国的科创教育主要以"兴趣小组""科技创新活动"等形式存在，课程内容和形式都较为简单。科创课程主要以普及科学知识、培养学生的科学兴趣为主，尚未形成系统的教学体系。

（二）全面发展阶段：改革开放至 2017 年

改革开放以来，中国科学教育得到迅速恢复和发展。1978 年，邓小平在全国科学大会上强调要大力发展科学教育事业，明确提出"科学技术是生产力""四个现代化，关键是科学技术的现代化"等重要论断，此后一系列政策措施和法律法规的推出，使得科学教育的体制和内容都趋于稳定。21 世纪初，随着全球对科技与创新人才需求的增加，STEM 教育理念被引入中国，科创教育开始受到重视。依据国务院 1999 年批准的《面向 21 世纪教育振兴行动计划》，2001 年，我国开始进行新一轮的课程改革，将沿用了半个世纪的小学"自然"课更名为"科学"课，起始年级从一年级变为三年级，逐步形成了与国际小学科学课程接轨的学校教育标准和体系，为中小学综合科学课程的开发与正式实施提供了有效参照。同年，教育部编写的《全日制义务教育科学（3—6 年级）课程标准（实验稿）》，明确将课程性质定位在科学素养的培养上，并在课程目标中强调提高每个学生的科学素养。2014 年，我国科学课程与教学改革开始以发展学生科学核心素养为基本目标，并对教育模式、教育方法、评价体系进行改革，我国科学教育由此进入"核心素养立意"的创新探索阶段。2016 年，《教育信息化"十三五"规划》提出探索STEM 教育，以提高学生的创新能力。科创课程逐渐显露出从传统的知识传授到动手实操的转向，以进一步实现科学素养的培育。

（三）新时代科学教育深化阶段：2017 年至今

随着课程改革的深入，科创课程开始作为一个独立的模块被纳入中小学科学课程中。在当前大力推进"工业 4.0""教育 4.0"的智能时代，STEM 教育的推进也进一步加快，国务院的《全民科学素质行动计划纲要实施方案（2016—2020 年）》和教育部的《教育信息化"十三五"规划》，以及《义务教育小学科学课程标准》都倡导中小学教师可在教学实践中探索开展以 STEM 为代表的科学创新与技术实践的跨学科探究活动。其中，《义务教育小学科学课程标准》明确将培养科学素养纳入小学科学课程的总目标，这标志着我国小学科学教育在新课程标准的引领下迈向科学核心素养培育的新阶段。

近年来,科创课程作为素质教育的重要组成部分,与前沿科技紧密结合,数字化优势明显。在这个阶段,科创课程开始与信息技术、编程、机器人学等前沿科技紧密结合,形成了跨学科的科创教育模式。学生们不再只是学习科学理论,更是通过实际操作和项目研究,来理解和应用这些理论。例如,编程课程开始被引入中小学,学生们可以通过编程来解决实际问题,设计自己的软件或游戏,这不仅增强了他们的逻辑思维能力,也提高了他们的创新能力和团队协作能力。同时,科创课程的评价方式也进一步发展和完善。除了传统的笔试、实验操作、项目制作外,现在还引入了科创竞赛、创新创业比赛等多元化评价方式。这些评价方式不仅能够全面评估学生的知识和技能,还能激发他们的学习兴趣和创新精神。此外,学校和教育部门也开始重视科创课程的教师培训,提供更多的专业发展机会,以提升教师的教学能力和水平。与此同时,国际合作与交流也成为推动科创教育发展的重要途径。通过国际项目、研讨会和工作坊,教育工作者和学生们有机会学习国际上最新科创趋势和教育资源,并将其应用于中国的教育实践。

在这个阶段,科创课程已经从一个辅助性的课程,发展成为一个核心的、独立的教育模块。它不仅培养了学生的科学素养,也培养了他们的创新精神和实践能力,为他们未来的学习和发展打下了坚实的基础。2022年,教育部发布《义务教育科学课程标准(2022年版)》,明确规定要培育学生的"科学观念""科学思维""探究实践"和"态度责任"四项科学核心素养。2023年5月,《意见》的发布进一步指出要在教育"双减"中做好科学教育加法,推动各项措施全面落地,有机整合各方资源,完善中小学科学教育体系,提高科学教育质量。由此可见,顺应全球科学教育发展新格局,将科技前沿与国家重大战略需求和经济社会发展目标相结合,推动科学教育高质量发展,已成为国家战略层面的核心关切。

然而,科学教育的改革并非没有挑战。由于传统的教育观念和考试导向的压力,科学教育改革的步伐并未能如其所愿全面落实。此外,科学教育资源的不均衡分配、教师专业发展的限制,以及课程内容的合理性等问题,都是当前科学教育改革需要面对的难题。

综上所述,中国现代科学教育发展历程和变革是一个充满挑战与机遇的过程。在这个过程中,中国不断吸收和借鉴国际先进的教育理念和实践,同时也不断探索适合国情的科学教育发展道路。未来,随着教育改革的深入,中国的科学教育有望实现更加全面和深入的发展。

三、国内外科创课程体系的比较分析

在比较分析国内外科创课程体系时,我们首先应当认识到,中国传统的科学教育在历史长河中积累了丰富的经验和独特的优势,它强调扎实掌握基础知识和严谨的学术训练,为学生奠定了坚实的学科基础。然而,在全球化和知识经济的背景下,我们也意识到,传统的科学教育课程体系在培养学生的创新能力和跨学科思维方面存在一定的局限性。与此同时,国外的科学教育课程发展呈现出多样化的特点,它们在激发学生的探究兴趣、鼓励跨学科学习以

及促进实践能力培养等方面有着显著的成就。这些课程模式往往更加注重学生的主动参与和个性化发展，为学生提供了更为广阔的思维和创造空间。在进行比较分析的过程中，我们应当以开放的心态，既不盲目自满，也不完全否定。中国传统科学教育课程的某些优势值得我们继续发扬光大，而国外科学教育中的一些创新做法和教育理念同样值得我们学习和借鉴。通过这种平衡的视角，我们可以更好地理解和吸收不同教育体系中的精华，以构建一个更加全面、多元和富有活力的科创课程体系。

第一，从课程设置上来看，我国基础教育阶段的科创课程设置往往以学科为中心，课程内容主要集中于基础科学理论的传授和科学知识的系统性学习。学生通常在完成所有理论学习后进行实践，这样的教学有助于学生牢固掌握理论知识，这也是我国学生在国际学生评估项目（PISA）中表现十分优异的原因。但这样的课程多在实验室环境中操作，这种理想化的理论状态难以完全转化为实际应用场景，这在一定程度上限制了理论与实践相结合的可能性。我们也应该看到，这种课程设计在一个人口大国，在高考的指挥棒下，在科学教育的普及阶段，也很难避免。与此同时，我国高等教育的科创课程中，也缺少灵活的选课制度，学生的选择面相对狭窄，这限制了学生的个性化发展。国际知名学府的课程设置则显示出跨学科、集成性的特点。例如，哈佛大学的"认知发展、教育与脑"课程就是一个典型的跨学科课程，它涉及心理学、教育学、神经科学与遗传学等领域，强调学生的整合性思维能力培养。这种课程设计有助于学生全面理解和应用多学科知识，以解决复杂的教育问题。

第二，从教学方法上来看，我国的科创课程仍然多采用以教师为中心的讲授式教学，强调知识的系统性和逻辑性，操作技术的规范性。教师在授课过程中设计问题链、逻辑链，试图帮助学生搭设各种思考支架，在实验过程中标准化、规范化学生的行为，这样确实可以节省实践教育的成本，但可能会限制学生的创新思维和独立思考能力的培养。在实际操作中，我们发现在学生进入科创大门时，通常都是由教师带领，或直接做导师研究领域的子课题，自身的主动性和创造性很容易被老师的"灌输"而消磨掉。西方则更注重以学生为中心，鼓励学生自主提问、自由探索、自我创造，通过实际操作和实验探究来深化理解，而这个过程中一定会将脱离情境的具体学科、具体领域的知识扩展开来，实现跨学科知识的综合应用，而不是只关注单一学科具体知识的理解、记忆与解题式应用，这种方法更有助于学生形成独立分析问题和解决问题的能力。

第三，从科学精神的培养方面看，虽然我国从21世纪以来就强调科学教育的社会价值，但受制于各种因素，与科学知识的传授相比，这一点依旧会弱化一些。回顾我国科学教育的发展历史，我们对于科学教育（广义）的重视程度不可谓不高，对其重要性的认识不可谓不深，从"学好数理化，走遍天下都不怕"的豪迈口号，到基础教育阶段学校师生及家长、社会对于理科教育的大力投入，加上高等教育阶段理工类学科的地位，都显示了举国上下对于科学教育的偏爱和重视。因此，我国的科创课程大多数是由成绩、竞赛驱动，更侧重于应试教育、升学评价或世俗意义上的成功，展现出较为功利化的一面。西方教育则更强调科学探究的过程，鼓励学生发展批判性思维、怀疑精神和科学伦理。这种科学精神的培养是对科学知识学习的重要补充,有助于学生在未来的学术研究或职业生涯中发挥更大的潜力。

第四,从实验教学的角度来看,我国科学教育中的实验课程比例较低,学生的动手实践机会有限,这可能影响学生对科学概念的深入理解和科学探究能力的培养。相反,西方的科学教育中,实验课程占据了重要位置,学生通过大量的实验操作加深对科学原理的理解,这种做法有助于学生综合运用知识,提高实践操作能力。

袁振国 1999 年在《反思科学教育》中指出,面对科学知识,我们"重结果甚于重过程;重标准答案甚于重智慧开发;重教育者对知识重要性的看法甚于重社会、市场对知识的需要;重稳定的知识甚于重新兴的知识"①。直至今天,文章中的很多问题依旧是科学教育改革的症结。中国的科学教育普遍存在对科学素养关注不够的问题,这与教育资源的分配、教育体制的特点以及传统的教育观念有关。科学教育发展不平衡也是中国面临的一个重要问题,这体现在城乡差距、地区差距以及文理科课程设置的不平衡等方面。中国教育体制虽需改进但适合国情,而且我们有理由相信,未来发展的前景会更好。因此,上述这些差异反映了不同教育体系对科学教育目标和方法的不同理解与实践。

未来,我国科学教育的发展需要在尊重我国国情的基础上,不断吸收不同教育体系的优点,借鉴国际科学教育实践验证的典型样态,形成更加全面和有效的教学模式,以培养具有创新精神和实践能力的科学人才。

---

① 袁振国.反思科学教育[J].中小学管理,1999(12):2—4.

第三章　政策与理念：
　　　　跨学科科创课程的基本依据

理论是实践的先导，政策则是实践的依据。梳理 21 世纪以来，我国关于科学教育、科学素养提升的相关政策文件，从中能够看到我国为了应对百年未有之大变局、培育时代新人而做出的顶层设计的改变，即从关注传统学科知识的科学教育转向聚焦创新能力的科创教育。这一转变不仅明确了教育工作的改革方向，更确立了以培育科学素养为目标的教育理念，为今后的科学教育、科创课程设计提供了良好的社会环境和政策依托。

第一节　从微观学科教育到宏观科学教育的顶层设计

从国家竞争力的角度来看，我国创新能力在近十年中实现了质的飞跃。根据世界知识产权组织发布的《2023 年全球创新指数(GII)》报告，中国作为中等收入经济体中的佼佼者，成功进入创新型国家行列，位列第 11 位，这是中国自 2013 年起全球创新指数排名连续 9 年稳步上升的结果①。此外，报告还显示，过去十年中，包括中国在内的多个中等收入经济体在 GII 排行榜上的攀升速度非常快，中国是前 30 名中唯一的中等收入经济体，展现了我国在科学教育和创造型大国征程上的有效成果。从科学教育国际评价体系来看，自 2009 年上海开始参加 PISA 测试后，北京、江苏、广东、浙江四省市也先后参加，成绩遥遥领先，令国际社会惊叹不已。尤其是数学和科学成绩，常常高出第二名数十分，而其他国家(地区)之间往往只有数分之差。这些成果的取得并非一朝一夕之功，一部门一学校之劳。各国实践表明，如果没有相关主体在顶层设计层面达成共识，是无法实现自上而下的、符合本国实际情况的科学教育行动的。经过多年的投入，我国科学教育的相关单位和机构已经积累了一定的科创教育资源和内容，结合国际科学教育的趋势，已经基本实现从知识导向到技术导向的转变，同时通过科创课程这一实践环节，逐步引导以素养和兴趣为导向的科学教育趋向，提升整体公民科学素养。这样的转向首先离不开我国从国家战略高度出台的各项相关支持和发展政策，以及采取的各项改革行动。

---

① WIPO. Global Innovation Index 2023 Innovation in the Face of Uncertainty [EB/OL]. https://www.wipo.int/edocs/pubdocs/en/wipo-pub-2000-2023-en-global-innovation-index-2023-16th-edition.pdf.

一、国家科技政策顶层设计促进科学教育目标转化

改革开放后,中国强调科技进步是经济社会发展的主要推动力,科学教育逐渐步入正轨。1995 年,中共中央、国务院《关于加速科学技术进步的决定》中提出实施"科教兴国"战略,全面落实科学技术是第一生产力的思想,把科技和教育摆在经济、社会发展的重要位置,增强国家的科技实力及向现实生产力转化的能力。此时虽然已经提出了要提高全民族的科技文化素质,但更加强调科学技术的学习与应用,目的是把经济建设转移到依靠科技进步和提高劳动者素质的轨道上来。为了应对世界格局的变化及实现 21 世纪关键能力的培育,2001 年的课程改革中,《全日制义务教育科学(3—6 年级)课程标准(实验稿)》明确将课程性质定位在科学素养的培养便是这一发展目标的教育传导。2006 年,国务院《全民科学素质行动计划纲要(2006—2010—2020 年)》的发布,确立了科学教育在整个社会发展中的重要地位,并提出了重点实施未成年人科学素质行动计划、科学教育与培训工程、科普基础设施工程。

2016 年 5 月,中共中央、国务院印发《国家创新驱动发展战略纲要》作为新时期推进创新工作的纲领性文件,是我国建设创新型国家的行动指南。2018 年 1 月,《国务院关于全面加强基础科学研究的若干意见》明确了中国基础科学研究"三步走"的发展目标,提出到 21 世纪中叶,把中国建设成为世界重要科学中心和创新高地,涌现出一批重大原创性科学成果和国际顶尖水平的科学大师,为建成富强民主文明和谐美丽的社会主义现代化强国和世界科技强国提供强大的科学支撑。2022 年 9 月,中共中央办公厅、国务院办公厅印发了《关于新时代进一步加强科学技术普及工作的意见》,从制度上统筹推进科普和科技创新工作。文件提出到 2025 年,科普服务创新发展的作用显著提升,科学普及与科技创新同等重要的制度安排基本形成。文件主要从 3 个方面进行部署。一是持续完善科普法律法规体系,强化科普工作统筹协调。二是不断强化关键部门的主体责任。三是调动广大科技工作者和公民的积极性。这些政策和法规体现了中国在科学技术领域的战略规划和具体实施步骤,旨在通过教育改革和科普活动,激发学生的科学兴趣,培养创新精神和实践能力,提高全民科学素养,以适应新时代的发展需求。

此外,美国逆全球化与"脱钩论"甚嚣尘上的时代背景下,我国从中央到地方都清醒认识到,在独立自主、自力更生的忧患思维基础上,必须加大对外合作和对外开放的范围和深度。教育,尤其科创教育作为一项战略性的事业,其顶层设计理所应当在一种开放性的发展思维和理念下进行。科创教育的国际合作与交流的意义和价值,不仅在于能够促进中外处于不同社会文化背景的青少年彼此加深了解,更重要的是能够推动教师、基础教育学校、科创教育研究者、高校及科研院所之间的学习、交流与合作,从而达到促进科创教育借鉴、发展和改革的目的。这就要求政府出台一系列推动科创教育国际合作的鼓励和支持举措,围绕着学习和引进优质的科创教育资源这一核心命题开展科创教育国际合作。比如,2023 年颁布的《关于进一步加强青年科技人才培养和使用的若干措施》中提出,要加大力度支持青年科技人才开展国

际科技交流合作。与此同时，党的十八大以来，全国人大常委会和国务院在科技立法方面取得积极进展，为科技创新保护与国际标准对接提供法律支持，主要包括 2015 年 8 月 29 日通过修订后的《中华人民共和国促进科技成果转化法》、2021 年 12 月 24 日通过修订后的《中华人民共和国科学技术进步法》、2020 年 10 月国务院公布修订后的《国家科学技术奖励条例》等。

从新中国成立后的"向科学进军"到改革开放后的"科学的春天"，从"科学技术是第一生产力"到"创新是引领发展的第一动力"，从"科学技术现代化"到"建设世界科技强国"，国家对于科技创新的顶层设计都将更加尊重科学研究和技术创新的内在规律和要求作为科学教育的发展要求，提倡问题意识、创新能力、科学精神等，这为科学教育理念、目标和方法的改革提供了宏观政策的支持。

二、教育改革彰显科学教育理念转换

进入 21 世纪，中共中央、国务院《关于深化教育改革全面推进素质教育的决定》和 2001 年《基础教育课程改革纲要（试行）》两项课改政策的颁布，推动了小学科学教育与国际接轨，尤其是科学教育课程标准的颁布为中小学综合科学课程的开发与实施提供了有效参照，推动了科学教育的改革，标志着我国基础教育改革进入新阶段，科学教育开始注重学生科学素养的培养。2001 年，教育部颁发《全日制义务教育科学（3—6 年级）课程标准（实验稿）》，明确指出小学科学课程的总目标是培养学生的科学素养并为他们继续学习成为合格公民和终身发展奠定良好的基础，为我国科创课程的设计提供了基础框架，但是此时科学教育被融于科学学科教育中，并没有展现其特殊和关键地位。在这个过程中，有些学校简单地将科学教育窄化为"科学课"或"数理化生"课程，认为学好单一的学科知识就是做好了科学教育。邓晖指出，"提前预设的学科课程，与日新月异的科学技术发展之间存在难以调和的矛盾，这从根本上决定了科学教育不能简单等同于'上好科学课'"①。因此，从指向科学知识的学科教育，势必要转向科学方法、科学精神、跨学科解决问题的能力培养。

2014 年，教育部印发《关于全面深化课程改革落实立德树人根本任务的意见》（以下简称《意见 2》），提出要研制学生发展核心素养体系，我国科学课程与教学改革开始以发展学生科学核心素养为基本目标，进行教育模式、方法、评价体系的改革。《义务教育课程方案（2022 年版）》确立的培育目标为"有理想，有本领，有担当"，其中"有本领"指出学生要学会在真实情境中发现问题、解决问题，具有研究能力和创新精神。这种从学科教育目标到学段培育目标，从学科知识教育到发现真实问题、解决真实问题的转向展示了科学教育的研究意义，它不仅仅是对科学知识的传授，更是对学生综合能力的培养。通过科学教育，学生可以学会如何运用科学方法来分析问题、解决问题，这对于培养学生的创新意识和实践能力具有重要作用。同时，科学态度的培养使学生能够形成客观、理性、严谨的思维方式，而科学精神的培养则有助于激

---

① 邓晖. 中小学科学教育，如何从"解题"转向"解决问题"[N]. 光明日报，2024 - 04 - 09(13).

发学生的探索欲和求知欲,培养他们的批判性思维。

近年来,STEM 教育作为科学教育的新形态受到重视,它强调跨学科整合,促进学生个性与潜能发展,帮助学生建立合理的知识体系和能力架构。2017 年,中国教育科学研究院发布《中国 STEM 教育白皮书》,该白皮书指出了 STEM 教育在中国的发展现状和面临的挑战,并提出了包括促进 STEM 教育政策顶层设计、实施 STEM 人才培养畅通计划、建设资源整合和师资培养平台等在内的"中国 STEM 教育 2029 创新行动计划"。2019 年,国务院印发的《中国教育现代化 2035》指出了要创新人才培养方式,推行启发式、探究式、参与式、合作式等教学方式以及走班制、选课制等教学组织模式,培养学生创新精神与实践能力。2023 年,《意见》提出深化学校教学改革,提升科学教育质量的具体措施,包括加强教学管理,实施启发式、探究式教学,探索项目式、跨学科学习等,旨在提升学生的问题解决能力和科学素养。2024 年,中国教育发展战略学会发布《STEM 教育 2035 行动计划》,该计划提出了到 2035 年构建适应中国国情的 STEM 教育研究与实践体系、探索 STEM 人才贯通培养机制、开发高质量 STEM 教育资源等目标和任务。

值得一提的是,党的十八大以来,国家越来越重视教育公平对提升公民整体科学素养的重要作用。在公平的教育体系下,国家基于顶层设计实施素质教育,从科学普及到科学教育,最大程度提升学生的科学兴趣,最终实现提高学生科学素质,培育具备科学家潜质、愿意献身科学研究事业的青少年群体的教育目标[①]。2022 年的 PISA 分析报告提到教育投资与学生的平均表现之间的关系,指出学生从 6 岁到 15 岁的累积教育支出达到每人 75 000 美元(PPP—Purchasing Power Parity 购买力平价)的阈值之前,投资与表现呈正相关。但研究也发现,对于许多 OECD 国家来说,当教育投资超出这个阈值时,经费投入并未带来学生成绩的相应提升。因此,教育投资与学生表现之间的关联并非总是线性的,而是存在一个上限,中国的基础教育投资占 GDP 的比重已经连续 11 年保持在 4% 以上。教育部公布的 2023 年全国教育经费执行情况统计快报显示,2023 年全国教育经费总投入为 64 595 亿元,同比增长 5.3%。其中,国家财政性教育经费首次超过 5 万亿元,这一数据显示了国家对教育事业的重视和投入的持续增长[②]。虽然人均教育投入与该指标相比还有一定距离,但是由此也说明了,在确保一定教育投入的前提下,如何提高教育质量是问题的关键。

目前,科创课程已经成为我国基础教育的重要组成部分,其内容和形式都更加丰富和系统,能够看到的比较成熟的三种培育路径是:第一,面向全体学生的素质教育;第二,通过各类拔尖人才计划实现对个别学生的培育;第三,针对极少数超常儿童,直接实现科学精英的跃升。要想实现我们上述的教育目标,需要对三条路径进行综合利用,因为当前拔尖人才培养项目

① 教育部等十八部门. 教育部等十八部门关于加强新时代中小学科学教育工作的意见[EB/OL].(2023 - 05 - 26)[2024 - 08 - 10]. http://www.moe.gov.cn/srcsite/A29/202305/t20230529_1061838.html.
② 陈鑫. 强基础增投入 加快建设高质量教育体系[N]. 光明日报,2024 - 07 - 30(02).

（如"翱翔计划""春笋计划"等）存在结构性发展瓶颈，其短期化培养周期与模块化课程架构，导致参训学生普遍呈现出体验式学习的倾向，在科研范式系统建构及持续性创新能力培养方面亟待优化；针对极少数天才学生的教育，其本身的特殊性要远大于教育的普遍性，并没有可复制可推广的经验。因此，要实现"培育具备科学家潜质、愿意献身科学研究事业的青少年群体"这一教育目标，仅从概率上看，需要我们打造一个巨大的平台，使得越来越多的青少年具备成为科学家的潜质，逐渐成长为能够推动社会发展的科学精英。《意见》明确从改进学校教学与服务、用好社会大课堂、做好相关改革衔接、加强组织领导四个方面提出了具体的改进措施和方法，就是为营造这样的社会科学研究的氛围而做出的努力。

第二节　新时代科创课程强调以跨学科为核心的课程设计

在新的历史时期做好科学教育，要从"一门课程"转向"完整生活"，从"一本教材"转向"整个世界"，将"静态课程内容"与"动态科学创新"融为一体，引导学生参与到火热的科学实践中去，在现实世界中发现、研究、解决科学问题。但如今科创教育在认知结构和行为倾向上的重塑，首先面临的挑战是学科界限的界定问题。无论是在高等教育还是基础教育层面，无论是在发达国家还是发展中国家，科创教育的学科定位都需要超越传统学科设置的理论和实践。我国的学科设置传统中，科创教育几乎无迹可寻，更不用说相应的教材、课程和师资培训等教育要素了。由于缺乏一个成熟的科创教育学科体系，我们在是否应该专门设立科创教育学科，还是将其融入物理、化学、生物、信息技术等现有学科中，常常犹豫不决。这种不确定性导致了科创教育的碎片化、表面化和效率低下等问题。

习近平总书记 2021 年在清华大学考察时强调，要用好学科交叉融合的"催化剂"，加强基础学科培养能力，打破学科专业壁垒。这预示着跨学科的教育改革是加快培养既有较深专业知识，又有广博知识面的"T"型知识结构人才的重要举措。随后，《义务教育课程方案（2022 年版）》明确指出："各门课程用不少于 10％的课时设计跨学科主题学习，加强课程内容与学生经验、社会生活的联系，强化学科内知识整合。"这一要求不仅强化了跨学科主题学习在义务教育阶段的重要地位，也体现了教育政策对于跨学科教育的实质性支持，旨在通过整合不同学科的知识和方法，来培养学生的综合素养和创新能力，以更好地适应未来社会的复杂性和多样性。这些政策变化表明，我国正致力于推动跨学科教育的发展，以应对时代变革对人才培养的新要求。通过加强学科间的交叉融合，打破传统学科界限，我国教育系统正努力培养具备全面素养和创新能力的新一代人才。

既然是改革，就要打破传统学科设置的成规，打破束缚我国未来科创教育行动的学科界限，构建有中国特色的注重"破、立、师、评"的科创教育学科体系。所谓"破"是指"破除传统学科设置壁垒"，从科学发展史的趋势和科学技术发展的时代特征，改革传统学科设置中不科学、不与时俱进的部分，开始实施启发式、探究式教学，提升作业设计水平，培养学生深度思维。探索项目式、跨学科学习,提升学生解决问题的能力。如 2023 年教育部发布的《意见》又一次强调了应当开展实验和探究实践活动,落实跨学科主题学习原则上应不少于 10％的教学要求。2020 年教育部推动未来技术学院建设工作,在《未来技术学院建设指南(试行)》中明确指出:要主动打破传统专业学科壁垒,推动专业学科交叉融合,鼓励各高校依据学科优势特色,聚焦一个或多个未来技术领域,构建协调可持续发展的专业学科体系,促进基础、应用等学科复合,探索人才培养新模式。现代科学技术的发展越来越需要跨学科的复合型人才,这既是社会生产的现实需要,又是科学技术向前推进的理论要求,这也给跨学科课程的设计提供了现实和理论依据。

所谓"立"是指确立不同学段的青少年科创教育培养目标,并围绕培养目标建立科创教育课程、教材、项目与实践内容体系,从空间和时间上建立大中小一体化的科创教育体系。如2023 年的《意见》中指出,试点建设科技高中,加强大学与高中教育在人才培养方面的衔接,实现联合培养或教育资源共享。在"立"的过程中,不仅需要一套完整的课程设计,还需要教育理念在不同学段的传递,"立"不仅指知识与知识之间的逻辑、深度与广度的确立,还指学生自我学习能力、创新意识、科学精神在不断实践过程中的确立,不仅涉及知识与技能,还涉及态度与价值观。

所谓"师"是指科学教师的全生命周期培训,以多元路径加强科学教师、科技辅导员队伍建设,指导和支持师范院校、综合大学、科研院所、科技企业以及社会机构开展科学教师和科技辅导员的综合素质培养与培训。如 2023 年的《意见》指出加强师资队伍建设,发挥教师主导作用;增加并建强一批培养中小学科学类课程教师的师范类专业,强化实验教学能力;探索选拔和培养一批高水平、复合型的高中阶段理科专业教师;逐步推动实现每所小学至少配备 1 名具有理工类硕士学位的科学教师等;发挥各地区高校的辐射作用,实现高中科创课程"双导师"制,即校内科创教师与大学导师的联合培养,充分利用高校、企业及社会资源。

所谓"评"是指制定科学素养、意识、精神、能力的多维青少年科创教育评价标准,要从传统的、单一的知识考察转向关注学生科学综合素质表现的考察,增添更多过程性评价的内容。除了传统的笔试、实验操作、项目制作外,现在还引入科创竞赛、创新创业比赛等多元化评价方式,丰富评价体系。

第三节 "大中小一体化"构建:横向贯通与纵向衔接

一、科创课程"大中小"学段纵向衔接

"大中小"学段纵向衔接的科创课程指的是在小学、中学和大学不同教育阶段之间,建立一种连贯的、递进的科学教育课程体系。这种课程设计注重学生科学素养和创新能力的持续培养和发展,具体实施时要注意以下内容:(1)课程内容的连贯性:确保不同学段的科创课程内容相互衔接,前一学段的学习为后一学段打下基础。(2)教学目标的递进性:从小学到大学,逐步提升学生的学习深度和广度，由浅入深地引导学生探索科学问题，但应该确定围绕某几个核心素养。（3）教学方法的适应性：根据学生在不同年龄阶段的认知特点，采用适宜的教学方法，如小学阶段注重兴趣培养，中学阶段强调知识学习和实践操作，大学阶段则更注重创新思维和科研能力的培养。（4）教育资源的共享性：鼓励各学段之间共享科创教育资源，如实验室、科研设备、专家学者等。2023 年的《意见》指出，鼓励高校和科研院所主动对接中小学，引领科学教育发展。鼓励和支持高校、科研院所建立激励机制，引导科学家（科技工作者）研究和参与中小学科学教育，安排实验室等科技资源向中小学生适当开放，协同组织科学夏（冬）令营等，为科学实践活动提供有力保障。青少年进入高校科研实验室的"学习经历对他们心中科学家的刻板印象能够产生显著的改善，同时还可以增加学生对科学家本人及其工作环境的了解，对他们的科学从业意愿产生积极影响"[①]，为学生提供了与科技工作者近距离互动的机会，让他们能够一窥科技专家的研究领域和个人爱好，并洞察其日常生活，从而消除了科技专家"遥不可及"的固有成见。（5）评价机制的一致性：建立统一的科创教育评价体系，评价学生在不同学段的学习成果和能力提升。（6）师资队伍的协同性：加强各学段教师之间的交流与合作，形成一支跨学段的科创教育师资队伍。《意见》倡导联合共建创新实验室、科普站、人才培育班，探索大学、中学双导师制，进行因材施教。高校科技工作者与中小学进行合作，打造丰富多彩的青少年科学项目化实践课程，如上海大学环境与化工学院和上海大学附属中学深度合作推出针对青少年的工程教育等系列项目化课程、北京科技大学教师在附小开设科学类课程，以"大手牵小手"的模式共享高低学段的优质教育资源。（7）学生发展的连续性：关注学生从小学至大学的持续发展，帮助学生建立长远的科学学习目标和职业规划。（8）项目学习的连贯性：通过项目式学习，让学生在不同学段参与到连贯的科研项目中，体验从问题提出到解决的全过程。

通过这种纵向衔接的科创课程设计，可以更有效地培养学生的科学素养和创新能力，为学生的终身学习和职业发展奠定基础。当然这样的体系建设不会一蹴而就，这需要制定统一的课程标准、开展跨学段的课程设计、建立科创课程的发展脉络、关注学生的个性化需求、建立反馈和调整机制，还要整合社会和产业资源等，这将是一个宏大而漫长的过程。

二、科创课程"大中小"社会环境横向贯通

科创课程的"大中小"社会环境横向贯通是指通过结合不同层次的科创教育资源和平台，实现科技创新教育的全方位发展和优质提升。虽然基础教育学校是青少年科创教育的主阵地，但这绝对不能成为科学教师和科技辅导员的孤军奋战。从社会层面构建科创教育共同体是重视校外科创教育学习环境育人功能的现实要求。如果不能建立校内外多元科创教育主体的协同育人机制，那么不同学段的青少年必然会被隔断在各个自说自话、自娱自乐的科创教育场域当中，也就不可能实现跨学段的、纵向持续的科创教育与横向拓展的跨学科内容的

---

① 关韶峰，杨田. 科创教育的国际动向及其经验启示[J]. 教育发展研究，2024(6)：1—9.

深度整合。科创课程的"大中小"社会环境的建设内涵包括以下几个方面。

首先,"大"环境包括政府政策支持、高校科研实力、企业创新资源等方面。通过政府引导和支持,建立健全科技创新生态系统,为教育机构和学生提供更广阔的科技创新空间和平台,使得各部门形成资源的合力。《意见》鼓励各有关部门、单位建立"科学教育社会课堂"专家团队,开发适合中小学生的科学教育课程和项目。各地要积极动员各类企业,尤其是与高精尖技术密切相关的企业,以企业捐资、挂牌、冠名等形式,为薄弱地区、薄弱学校援建科学教育场所,提供设备、器材、图书、软件等,培训专业讲解人员。由国家智慧教育公共服务平台等链接科学教育资源,鼓励社会各界制作上线"科学公开课""家庭科学教育指导课"等,不断丰富平台资源。

其次,科创教育的"中"平台,是指由高校、科研院所、企业等机构共同构建的科技创新实践平台。这些平台不仅是学生实践操作的场所,更是他们接触前沿科技、激发创新思维的重要渠道。通过这些平台,学生可以直接参与到真实的科研项目中,从而将理论知识与实践技能相结合,增强解决实际问题的能力。这些平台的建设,需要高校发挥科研优势,将科研成果转化为教学内容,同时企业则提供技术需求和实践场景。例如,高校可以与企业合作,共同开发适合中小学生的科学教育课程和项目,企业可以为学校提供先进的设备和技术支持,甚至参与到课程的教学中来。此外,这些平台还应当鼓励学生参与到科技创新的全过程,从问题的发现、方案的设计、实验的执行到结果的分析,每一个环节都是培养学生创新能力和实践能力的重要机会。通过这种方式,学生能够在实际操作中学习科学方法,体验科研的乐趣,同时也能够更好地理解科学知识的实际应用价值。

最后,科创教育的"小"实践聚焦于学生个体的个性化发展,包括一系列针对性的科技创新活动。这些活动不仅包括各类科技创新竞赛,如机器人挑战赛、编程马拉松、科学博览会等,也包括参与教师或研究团队的科研项目,以及鼓励学生自主发起的科技创业项目。通过参与这些实践活动,学生能够在动手操作中学习科学原理,应用技术手段,解决实际问题。例如,在科技创新竞赛中,学生需要通过团队合作,设计并制造出具有创新性的作品或解决方案,这不仅考验了他们的技术能力,也锻炼了他们的团队协作和项目管理能力。在科研项目中,学生有机会深入探索自己感兴趣的科学问题,体验科研的过程,包括文献综述、实验设计、数据收集与分析、报告撰写等。这种经历对于培养学生的科研兴趣和批判性思维至关重要。总之,"小"实践是科创教育中不可或缺的一环,它通过提供多样化的实践机会,激发学生的创新潜能,锻炼他们的实践技能,为培养未来的科技创新人才打下坚实的基础。

在实践中,我们认为科创课程应该将"大中小"一体化构建与衔接相结合,通过政府、教育机构、企业等多方合作,建立科技创新生态系统,打通"大、中、小"之间的衔接通路,为学生提供多层次、全方位的科技创新教育支持,促进科技创新教育的健康发展。上述这些文件和政策为我国科学教育的发展指明了方向,提出了具体的任务和举措,为学校和教师在推进科学教育方面提供了重要的指导和支持。同时,学校和教育部门也需要结合实际情况,积极探索科学教育改革的路径,不断提升学生的科学素养和实践能力。

第四章 意义与价值：
科创课程何以需要跨学科设计

在前三章的探讨中，我们详细阐述了科学教育的历史背景和发展脉络，以及科创课程的演变、相关政策和理念基础。这些理论梳理使我们明白，科创课程的构建不仅是对传统科学教育模式的重要补充，更是对新时代科学教育背景和"双新"课改背景下人才培养需求的积极回应。新时代科学教育改革强调开发启发式和探究式的教学方法，而科创课程正是以学生主导的小课题研究为核心，它天然地跨越了学科界限，有助于学生培养解决实际问题的能力。基于跨学科理念的科创课程建设不仅是时代的呼唤，也是推动科学教育改革的关键突破口。

跨学科的科创课程要求我们打破学科间的壁垒，促进知识的融合与创新。它旨在培养学生运用科学方法的能力、领悟科学精神的能力以及进行创新实践的能力，以适应这个快速变化的世界，并满足未来社会的需要。通过这样的课程设计，我们能够更好地帮助学生面对未来的挑战。基于此，本章将深入探讨跨学科设计在整个科创课程中的重要性和必要性。我们将分析跨学科设计如何拓宽学生的学习视野，激发创新思维，提高解决复杂问题的能力，并促进学生科学素养的提升。通过跨学科设计，科创课程旨在为学生提供一个更加丰富、多元和具有挑战性的学习环境，以培养他们成为未来社会的创新者和领导者。

第一节 跨学科教学的研究历程与价值

长期以来，传统学科体系由于其分科化、指向标准化考试等特点，学科之间的内容交集很少，学生难以综合所学知识、处理现实世界的真实问题。而在融合数字技术、智能技术以及其他相关技术的信息时代中，随着新一轮科技革命的推进，传统学科体系正经历深刻的重构与转型，这对学科间的深度交叉与融合提出了新要求，对创新型、复合型及应用型人才的需求达到了前所未有的高度。为有效应对上述挑战、把握科技发展机遇，国务院学位委员会正式批准设立"交叉学科"这一全新学科门类，标志着我国教育界在学科布局上的重大创新与调整[①]。

[①] 国务院学位委员会，教育部. 国务院学位委员会教育部关于设置"交叉学科"门类、"集成电路科学与工程"和"国家安全学"一级学科的通知[EB/OL]. (2020 - 12 - 30)[2024 - 07 - 23]. http://www. moe. gov. cn/srcsite/A22/yjss_xwgl/xwgl_xwsy/202101/t20210113_509633. html.

中学阶段的科创活动作为加强科学教育课程和协同育人的重要板块，是培养学生科学素养的重要载体。但是，目前国内的科创课程时长占比少，跨学科这一属性也没有被显性化或系统化地呈现出来，对于学生开展综合性的学习活动、发展跨学科素养的作用程度有限。

"跨学科"指的是超越某个单一学科边界而进行的涉及两个或更多学科的知识创造活动。这一概念不仅承载着将知识与生活实践、科学理性与人文情怀，以及不同学科领域无缝对接的价值追求，还映射出当代社会对于知识整合与创新的时代精神。综合当前研究，跨学科教学可分为三个层次：在知识层面，多学科知识点融合强调以一种动态的、互动的、建构的知识生成方式，鼓励师生通过合作探究，跨越传统学科壁垒，共同探索未知领域；在素养层面，强调学科素养和思维范式的构建，倡导采用多元化、跨学科的研究工具与策略，以实现对复杂问题的全面剖析与深入理解；在元认知层面，促进学生通过跨学科的课程学习和探索，构建有关世界底层认知的知识框架和方法论。然而，当前中小学跨学科教学实践的主要形式集中在知识层面的学科交叉融合，对学生素养层面和元认知层面的实践不足。

一、跨学科教学的研究历程

跨学科研究最早起源于 20 世纪 20 年代中期的美国，哥伦比亚大学心理学家伍德沃斯（Woodworth）在美国社会科学研究理事会提出"跨学科"的概念，即跨学科是超越一个已知学科的边界、综合两个以上学科的研究领域，此后跨学科研究逐渐获得国际关注[①]。詹奇（Jantsch）认为跨学科涉及不同学科高层或底层逻辑的相互作用，形成了学科层次之间的交叉联结，进一步阐述并补充了跨学科教学的含义[②]。在 1968 年，以跨学科为主题的国际研讨会上，柯斯特（Koster）编著的标志性著作《超越还原论：阿尔巴赫问题论丛》，为跨学科研究奠定了理论基础[③]。随后，1970 年法国尼斯大学的会议中，皮亚杰的《跨学科关系的知识论》进一步推动了跨学科运动的发展[③]。至 1976 年，德国成立了国际"跨学科学研究会"，标志着跨学科研究进入组织化阶段。进入 21 世纪，跨学科教育得到更多重视，如德国自 2002 年起强调跨学科教学，并设立综合性中学，要求在教学中围绕中心主题，融合多学科知识进行教学设计。2010 年，《牛津跨学科手册》的出版，则标志着国际跨学科运动迈入了一个全新的发展阶段，强调了跨学科研究与实践的广度与深度[④]。

在国际跨学科研究浪潮的影响之下，我国于 20 世纪 80 年代初期开始了跨学科研究。国务院在 1984 年通过的《关于科学工作的六条方针》中提出"自然学科中有与社会科学交叉的学科，不要搞批判"，提出需要客观、全面地看待"跨学科"的问题。1985 年，我国在北京召开首届

① 刘仲林.交叉科学时代的交叉研究[J].科学学研究，1993(2)：11—18＋4.
② Jantsch E. Inter- and Transdisciplinary University: A Systems Approach to Education and Innovation [J]. Policy Sciences, 1970(1)：403 - 428.
③ 郑梅.跨学科学习研究综述[J].江苏教育，2020(83)：7—10.
④ 张华.论理解本位跨学科学习[J].基础教育课程，2018(22)：7—13.

跨学科学术讨论会,学者们深入剖析了我国当时跨科学发展的形势和重要成果,指出国家应当"迎接交叉学科的新时代"。此后,我国关于交叉学科的研究逐渐开展。刘仲林首次提出跨学科的内涵和基本问题,并于1990年在《跨学科学导论》中详细介绍当时国际上跨学科学研究的主要类型、特点和发展趋势,为我国"跨学科教育"的科学研究作出了开创性的、划时代的贡献①。王树宏提出,以个别学科为主导学科并联结其他课程内容,可以促使学生解决真实情境的问题并系统构建知识体系②。

目前,我国对于跨学科课程开发的研究主要有两种形式,一是根据课程本身所具有的特点对原有的课程进行二次整合与开发,二是根据培养目标的需求开发新的跨学科课程,这两种形式本质上都是突出学科知识的交叉融合。然而,从全国范围来看,当前在基础教育改革中,跨学科课程的实践发展步伐缓慢、实践难度大,仍然面临许多现实问题,如田娟等指出的教学内容"拼盘化"、教学形式"杂糅化"和教学方法"研究化"等现象,制约着跨学科课程模式的有效实施③。2023年6月,教育部印发《基础教育课程教学改革深化行动方案》,提出在当前课程改革过程中,"跨学科学习"这一模式是需要攻坚克难的重点之一,开展基于跨学科学习的理论探讨和实践创新研究尤为迫切④。

二、跨学科教学的研究价值

在应对当代社会复杂多变的问题时,单学科视角的局限性日益凸显,而跨学科设计作为现代教育的重要趋势之一,揭示了多学科知识的内部联系,构建了整体逻辑框架,符合教育变革的迫切需求。教育部于2014年印发《意见2》,指出"要充分发挥学科间综合育人功能,开展跨学科主题教育教学活动",体现了跨学科教学在培养学生的综合创新能力和全面的科学素养方面具有重要意义和深远价值⑤。这一设计理念不仅推动了教育内容与教学方法的创新,也为培养适应未来社会需求的创新型人才提供了强有力的支撑。

作为一种课程与学习范式,"跨学科"的核心在于整合不同学科的理念、方法及思维模式,以解决真实世界的问题为导向,促进跨学科理解的生成。吴刚平在《跨学科主题学习的意义与设计思路》中指出,跨学科学习模式不仅促进了学生构建起跨领域的综合性知识网络,显著提高了他们的知识迁移和应用能力,而且这种模式还极大地丰富了教学内容,拓展了学生的认

① 刘仲林. 跨学科学导论[M]. 杭州:浙江教育出版社,1990.
② 王树宏. 跨学科课程整合校内外协同育人实践[J]. 小学教学研究,2022(5):23—26.
③ 田娟,孙振东. 跨学科教学的误区及理性回归[J]. 中国教育学刊,2019(4):63—67.
④ 教育部办公厅. 基础教育课程教学改革深化行动方案[EB/OL]. (2023 - 05 - 26)[2024 - 08 - 12]. http://www. moe. gov. cn/srcsite/A26/jcj_kcjcgh/202306/t20230601_1062380. html.
⑤ 中华人民共和国教育部. 教育部关于全面深化课程改革落实立德树人根本任务的意见[EB/OL]. (2014 - 04 - 08)[2024 - 08 - 12]. http://www. moe. gov. cn/srcsite/A26/jcj_kcjcgh/202306/t20230601_1062380. html.

知边界和思维深度,有效打破了传统教育中因学科划分而形成的知识孤岛①。从目标层面分析,它旨在充分发挥学生的主观能动性,强化跨学科意识,并提升学生创造性解决问题的能力。在方法层面,跨学科学习则是一种策略性选择,它综合运用多元信息、知识、技术和手段,将学科知识置于真实情境中,以解决复杂问题为目标。生成跨学科理解、运用跨学科思维、实现学科间无缝衔接,这些构成了跨学科学习的基本特征与价值判断标准,体现了以真实问题解决为核心的深度学习路径。

中小学开展跨学科的教学模式,首先需要考虑学生处于不同年段的心理发展特点与个体差异性,并在教学体系中促使学生融合多学科的学习视角、构建思维框架、掌握基础知识和基本技能,在实践教学过程或互联网资源中授以学生学术研究的基本方法,帮助学生逐渐提炼科学研究的方法论。教师在开展跨学科的教学过程中,应当从学生主体出发,以立德树人为根本任务,融合素质教育与核心素养培育的理念,重新审视并革新教学实践的本质。这一过程的关键在于以整体性和系统性为出发点来引导学生,深入剖析学习发生机制的内在要素,推动学习方式的根本性变革,构建以学习者为中心的学习环境,明确学习目标、丰富学习内容、创新教学方法,并优化学校治理生态,从而促进学生开展以探究性、协同性和反思性为特征的跨学科学习活动。

第二节　跨学科设计在高中生科创课程中的作用

《义务教育课程方案(2022年版)》明确规定,各门课程需分配不少于10%的课时用于设计跨学科主题学习活动,这一举措从根本上保障了跨学科学习在教学实践中的落地实施,凸显了我国对跨学科设计的重视②。在科创课程中,跨学科设计的作用尤为显著。科创课程以学生主导的小课题研究为载体,具有突出的跨领域、跨学科属性,通过有意识的跨学科课程设计,将这一属性显性化、系统化、集中化地展示出来,对新时代科创课程建设和科学教育课程改革具有重要的创新意义,表现在以下三个方面。

一、拓宽课程内容,增强项目趣味性

传统的科创课程往往局限于某一学科领域、内容单一,而跨学科的设计能够拓宽课程内容、打破传统课程的枯燥与单一范式,将多种学科知识融入科创课程中。深度融合的学科内容、严谨的实验环节和丰富的实践经历,拓宽了课程的广度和深度,增强了学生对科创课程的兴趣和热情。

跨学科教育模式在高中生科创活动中的实施,是对传统教育模式的革新。徐士强在《为高

---

① 吴刚平.跨学科主题学习的意义与设计思路[J].课程·教材·教法,2022(9):53—55.
② 中华人民共和国教育部.义务教育课程方案(2022年版)[S].北京:北京师范大学出版社,2022.

中学生的科创素养高质量奠基》一文中提到,通过跨学科的项目式学习,学生能够在解决实际问题的过程中获得成就感,进而提高学习动力①。刘鹏飞等在"海岛电波"跨学科项目中指出,学生了解了电子通信的基本原理,在此基础上还广泛学习了地理、物理、数学等多学科知识,通过实践探索逐步解决海岛通信难题,将所学应用到实践中,充分感受到多个学科知识的交融以及理论与现实世界的联结②。当学生面对与自己生活息息相关的实际问题时,更容易产生探究的欲望。跨学科设计将不同学科的知识有机融合到科创课程中,不仅增强了知识的联系,更点燃、激发了学生的思维火花和浓厚兴趣,为学生在后续项目研究中的表现提供不竭动力。

二、立足学科素养,深化学科技能

高中生的科创课程依旧需要立足于高中学科的核心素养及其涵盖的核心知识和能力,不能偏离高中生的认知发展规律。跨学科的科创课程呈现真实而复杂的问题,以适合高中生研究的项目、课题为载体,学生在深入学习和探究的基础上对多个学科内容进行整合,建立起自己的跨学科立场分析能力,在不同的学科视野中寻找关联、冲突,形成创造性的新见解,最终提升各个学科的学习能力,解决真实世界的情境问题。

学生在研究和开展跨学科的科创课题时,首先需要明晰真实问题包含的学科种类,并在开展课题研究的过程中逐渐深化学科中与真实问题有关的知识与能力,再运用学科的知识与能力以解决跨学科的问题。随着项目化学习的深化推进,也可以在原有的学科分析基础上纳入新的学科。各学科的组合是灵活的、有机融合的、可调整的,学生在解决问题的逻辑链中产生学科间的创造性关联,不仅对高中学科内容进行了纵向知识的深挖,也实现了横向知识的联结。

跨学科科创课程作为连接课堂知识与现实世界的桥梁,其核心在于选择并实施适切的学习路径,为学生提供更加灵活多样的学习框架,鼓励学生在项目探究、实验操作、小课题研究及情境模拟等活动中,激发个人潜能,培养主动探索与批判性思维的能力。鉴于社会生活的整体性与复杂性,学校教育亦需构建与之相匹配的完整学习生态系统,借助跨学科,可以使学生在更加真实的社会情境中学习,获得更加丰富有趣的学习体验。

三、形成整合性成果,实现学科内容的"新理解"

在跨学科项目化学习中,"新理解"反映在项目成果中,项目成果应超越单独学科知识的界限,整合学科中互补的部分,并用创造性的方式将这种新理解聚合与可视化。在科创课程中,跨学科设计能够为学生提供多样化的学习体验和探究机会,鼓励学生创造性地提出问题、改

---

① 徐士强. 为高中学生的科创素养高质量奠基[J]. 上海教育,2020(27):28.
② 刘鹏飞,刘敏聪,郑展文等. 多元融合视角下科创课程的设计与开发——以"海岛电波"跨学科项目为例[J]. 中小学信息技术教育,2023(10):91—92.

善方法,将想法创新性地应用到现实生活中去,最终实现创新思维和创造能力等科学素养的培养。跨学科项目结束后,学生需要进行成果展示和反思总结,撰写课题报告。学生在撰写项目论文和课题报告的过程中,也能锻炼科学写作能力和语言表达能力。通过梳理和回顾整个项目过程,让学生感悟其个人在知识层面、精神层面的成长。

在新时代科学教育背景下,项目式、任务式及主题式的科创课程,能够有效促进科学教育范式从教师中心、知识本位、标准化向学生中心、素养本位、个性化深刻转型。这一转型不仅加速了新课程标准向教学实践的渗透与转化,还能实现从单纯的知识积累向知识内涵理解、应用能力构建及跨学科资源整合协作的飞跃。

四、满足个性发展,促进教育公平

在跨学科设计中,学生的研究特长、背景、面向的领域各不相同,区别于单学科的固定评价体系,跨学科的科创项目所面向的问题是复杂的,且涉及不同领域。跨学科的科创课程凭借其包容性,综合考虑了每个学生在不同年段的身心发展特点及其个体差异性特质,评价体系以学生为主体,以动态发展的角度多层次地评价学生的创造力、探究能力等。在"数智技术"时代背景下开展跨学科的科创课程,可以为学生搭建创新实验室生态,保证每一位学生在一定程度上习得知识、发展技能,从而促进教育公平。

因此,跨学科的科创活动作为一种先进的教学范式,旨在通过精心设计的主题教学活动,深度融合两种或多种学科的核心内容,促进学生跨学科素养的全面发展。根据最新的义务教育阶段课程方案的战略部署,跨学科主题学习被置于提升教育质量、增强学生综合素质的关键位置。《义务教育课程方案(2022 年版)》明确强调,在"增强综合素质"这一总体目标的指引下,需将"加强课程综合,注重关联"确立为基本教育原则,这不仅要求教育体系内各门课程之间的有机融合,还需要统筹规划跨学科的学习模式与综合的课程设计,以实现知识的有机整合与学生能力的多维提升。

第三节　跨学科设计对提升高中生科学素养的意义

《意见 2》指出跨学科主题教育教学活动对于充分发挥学科间综合育人功能的重要性,这一理念在《义务教育课程方案(2022 年版)》中得到了更为明确和深入的阐述,该课程方案不仅强调了课程内容需紧密关联学生个人经验与社会生活实际,还明确提出了强化学科内部知识整合及统筹规划综合课程与跨学科主题学习的要求①。这一转变标志着跨学科主题学习已成

---

① 中华人民共和国教育部. 教育部关于全面深化课程改革落实立德树人根本任务的意见[EB/OL].
　　(2014 - 04 - 08)[2014 - 08 - 21]. http://www. moe. gov. cn/srcsite/A26/jcj _ kcjcgh/202306/
　　t20230601_1062380. html.

为推动课程与教学回归其育人本质价值、引领教学方式革新的核心动力。

跨学科的科创课程注重课程内容与学生个人经验、社会生活的紧密联系，通过情境化学习、项目式学习等方式，使学生在解决实际问题的过程中，不仅能够掌握跨学科的知识与技能，更能深刻理解其背后的价值意义。学生通过科学提问，基于科学的方法，探索科学本质，构建自己的科学思维体系，感悟科学之美，从"知识"层面，到"素养"层面，再到"精神"层面实现成长。

一、深度融合知识，拓展科学视角

通过跨学科设计，高中生的科创课程能够精准对接学生个性化、多样化的学习需求，通过引导学生参与跨学科项目研究，促使中学生深入了解科学知识的产生和发展过程。跨学科设计则鼓励学生跳出传统思维框架、发挥主观能动性，从而用更为科学的视角看待世界、提出问题、解决问题，有效促进学生深度学习。

跨学科的科创课程，在知识层面上使原本孤立的知识点相互关联，形成一个紧密相连、高度结构化的知识体系，在项目层面上显著展现了综合性、实践性、探究性、开放性与操作性等多重特征，为教育创新注入新的活力。麦克科马斯（McComas）从哲学、心理学、教育学、实证主义角度，分别剖析了跨学科项目模式下学生的成长路径，即促进学生理解知识本质的统一性、连续性，感知不同学科之间的关联，进一步打破学科的界限，再将多元的知识和真实的生活体验有意义地连接起来①。跨学科的科创课程促进了学生知识结构的综合化，有助于学生运用全面的视角和灵活的思维模式去观察客观世界、发现问题、提出算法、有效解决现实中复杂多变的问题。李小函指出，学生通过参与跨学科项目实践，掌握了多个学科的核心概念和原理，深刻感悟到科学知识的产生和发展过程以及科学方法在现实生活中的重要性②。

科创课程中跨学科的设计通过引入多元化的学科视角与工具，也为学生提供了更为广阔的思维空间与解决方案。比如在考察海滩水治理的项目化学习中，学生起初针对以生物、地理、化学为主线的跨学科项目进行探究，但是在查阅资料和实践的过程中，学生在历史事件中找到灵感，进而加以人文、历史的眼光去研究，产生了新的视角，即以人为本，对开发海滩或保留海滩原貌进行决策③。如在"保护生态环境资源的前提下如何脱贫致富"的项目中，若分别从生物学家、经济学家、政治学家的视角出发，对问题的理解将会大相径庭。而这些不同的视角，又会促进学生更深入、全面地理解问题，并且提出真实可行的解决方案。

如雷普克（Repko）所说，跨学科中的视野选取要求我们用学科专家的眼光看待世界，哪怕是模拟的，哪怕只是一小会儿。跨学科的科创项目由于研究视角的变化，会引起真实世界中科学、人文视角的冲突，从不同角度切入便有不同的着手点和研究成果。因此，在跨学科的科创

---

① 蔡铁权，陈丽华. 科学教育中的科学本质［M］. 桂林：广西师范大学出版社，2014.
② 李小函. 基于 STEM 的小学综合实践活动课程教学项目设计研究［D］. 曲阜师范大学，2021.
③ 夏雪梅. 跨学科项目化学习：内涵、设计逻辑与实践原型［J］. 课程·教材·教法，2022（10）：78—84.

活动中,学生持续深入地学习学科知识,同时用全面的视角去剖析和解决问题。

二、运用科学方法,感悟科学精神

科学素养的核心是对科学本质的理解,不仅包括对科学知识的理解和掌握,还涵盖科学方法、科学思维、科学伦理等多个方面。跨学科设计能够让学生全面接触和了解科学的不同领域和方面,多样化的学习内容、学习活动和评价方式,有助于培养学生的综合科学素养。

跨学科教育促进了学生知识结构的综合化,使得不同学科的"知识孤岛"相互关联,形成一个紧密相连、高度结构化的知识体系。夏雪梅在《跨学科学习的多维探索与创新实践》中强调了跨学科设计的基本设计逻辑,包含了组合、递进、冲突三种基本的实践原型,并指出跨学科学习为学生提供了多元化的思维工具与问题解决的策略,有效促进学生整合不同学科内容,构建自己的科学方法体系[①]。张晓晖等在《新工科背景下的"科研+科创"课程探索与实践》中提到,学生通过参与系列的科研项目或者科创活动,不仅学习了专业知识,还学会了如何提出问题、设计实验、收集数据和分析结果等科学研究的基本方法[②]。通过多个跨学科项目研究的开展和问题的解决,学生能够逐步掌握科学研究方法和技巧,构建科学研究的基本框架和知识图谱。

科学方法渗透科学精神,能够培育人文素养。跨学科的科创课程可以培养学生的信息筛选与运用能力、批判性思维、复杂问题的解决能力以及创造性思维,从而推动学习者的学习方式产生根本性变革,促使学生在实际研究中感悟科学精神,培育科学素养。学生在课题中敢于提出新问题、尝试新方法,勇于质疑和创新,敢于挑战传统观念和权威结论,通过不断地探索知识、大胆猜想、严格论证,检验和应用知识、创造知识。

跨学科设计还能够让学生认识到科学知识的局限性和不确定性,学生在富于挑战性的跨学科科创课题中反复试错、勇于尝试,培养脚踏实地、实事求是、攻坚克难的科学精神。因此,科创课程的跨学科设计需要学生对不同的知识本质具有较深刻的理解,帮助其在学习和应用过程中激发科学兴趣和探索精神。跨学科的课程能够促使学生掌握不同学科和领域的知识与技能并综合利用,帮助学生更好地提出问题、分析问题和解决问题,形成正确的科学观念和价值观。

由于跨学科设计面向的问题较为复杂,因此在解决问题的过程中,学生也需要有一定的项目统筹管理能力和团队协作精神。鲁江、杨泽经在《中小学科创教育的明德特色》中展示了该校的"未来书院课程"建设,介绍了跨学科学习对于促进学生间紧密合作,共同推动项目创新与发展的作用[③]。学生面向的任务涉及不同领域,学生在不同的学科又存在个性和自身优势。

---

① 夏雪梅.跨学科学习的多维探索与创新实践[J].江苏教育,2024(13):6.
② 张晓晖,吕新颖,余文胜等.新工科背景下的"科研+科创"课程探索与实践[J].创新创业理论研究与实践,2024(5):80—83.
③ 鲁江,杨泽经.中小学科创教育的明德特色[J].基础教育课程,2024(5):27—32.

因此,在合作完成跨学科科创项目的过程中,沟通、协调、分工与合作等是学生在团队中必须掌握的技能,从而形成了多元化的学习共同体,为项目的顺利推进与成果产出提供了有力保障。知识技能之外,学生培养了相互尊重、理解与支持的良好团队精神,为其未来的职业发展与社会生活奠定了坚实的基础,在潜移默化中塑造了学生的综合素质与社会责任感。

三、领略科学之美,提升科学品位

《庄子》有言,“判天地之美,析万物之理”。杨振宁先生在《美和理论物理学》中概括物理之美和科学之美的共性有“和谐、优雅、一致、简单、整齐”等特点,并且肯定了不同学科如艺术、文学、音乐等蕴含的美①。科学家正是在科学美的指引下,培养科学直觉,完成关键突破,取得重要成果。

科学的价值体现在实用性和审美上。跨学科的科创课程融合了更为丰富的学科类型,如艺术和科学的融合,人文学科和科学的融合,历史和科学的融合,自然学科内部的融合等,将科学现象、科学原理以直观、生动的方式展现出来,为学生构建了更为适切的科学平台,帮助学生更好地理解科学概念,拓宽他们的知识视野和思维方式。通过不同学科间的交叉学习,学生可以更全面地理解科学现象和原理,发现不同学科之间的内在联系和共通之处。学生思考科学与社会、科学与伦理的关系,了解科学发展的脉络和规律,理解科学进步对社会发展的推动作用。

哥白尼在《天体运行论》中的第一句话是“在哺育人的天赋才智的多种多样的科学和艺术中,我认为首先应该用全副精力来研究那些与最美的事物有关的东西”,开篇直接抒发对科学之美的欣赏和探索科学过程中的愉悦之情②。学生在跨学科的科创项目中可以进一步提升科学品位。学生经历了大量的调研以及阅读大量的科学文献之后,了解从基础的科学概念到前沿的研究进展,通过阅读不同类型的科学材料,拓宽学科视野,对知识的掌握、科学的理解更具广度与深度。在科学活动与交流过程中,学生会加深对项目的思考,促进自身对科学问题的深入研究。实践过程中学生亲历科学探索的过程,感受科学发现的乐趣,加深对科学原理的理解,培养解决问题的能力。跨学科的项目会培养学生的批判性思维,使得学生用批判性的眼光审视数据和结论,全面了解科学研究的方法论、评估科学研究的可靠性和有效性。

科学审美不仅是对科学成果的外在形式美的欣赏,更是对科学原理、科学方法、科学精神内在美的理解和感悟。学生在构建理论、设计实验、分析数据时,都遵循着严格的逻辑规则,需要严密的推理和实验验证,体悟逻辑之美;不同学科的融合让学生感受到自然界的优雅、简洁与和谐;学生们不畏艰难、勇于探索的精神,使其在追求真理的过程中产生智慧和勇气,而这种勇于探索和创新的精神之美,激励学生去探索未知的领域,追求卓越的学术成果。

---

① 杨振宁,张美曼. 美和理论物理学[J]. 自然辩证法通讯,1988(1):1—7.
② 尼古拉·哥白尼. 天体运行论[M]. 姚守国,译. 重庆:重庆出版社,2018.

第五章 问题与挑战：
跨学科科创课程面临的困境

科创课程作为高中综合实践育人模式的重要组成部分，其价值得到越来越多的关注。科创课程在真实的情景中促进学生科学素养的提升，帮助学生建立对科学的认同感和归属感，提升对科学研究的审美与品位，促使学生"像科学家一样思考"。但是，在跨学科科创课程的开发与实施过程中，不可避免地遇到诸多难题，包括观念上的束缚、资源的匮乏以及实施上的困难，这些问题严重制约了课程潜力的充分发挥和教育成效的提升。通过细致地梳理这些问题，我们不仅能够清晰地认识到当前面临的挑战和困难，而且这些问题的明确化还能在很大程度上帮助我们从多角度审视现状，为设计和实施有效的解决方案提供思路，从而指导我们制定应对策略。通过这样的过程，我们能够更加精准地定位问题，为跨学科科创课程的持续改进和优化奠定基础。

第一节 观念更新迫在眉睫

在新时代科学教育的背景下，国家出台了一系列科学教育相关政策，如《意见》《意见2》等，这些政策强调培养学生的创新思维和实践能力，培育科学精神，提高科学素养，并增强对科技的自信和自立。尽管顶层设计为科学教育指明了方向，但其在实践中的成效却受多重因素影响。政策的落地需要经过国家、地方、教育部门、学校，直至教师、家长和学生，这一长链中每一环节的执行力都至关重要。政策能否有效执行，取决于这些主体对科学教育课程重要性的深刻理解、观念的更新，以及教学方法的创新。只有当所有参与者都认识到自己的责任，并且以开放心态接受新的教育模式和课程体系，政策才能有效实施，发挥其应有的影响力。然而现实中，各级主体对于科学教育尤其是跨学科科创课程的认识仍需进一步提升和更新。

一、学校管理团队层面
（一）学校管理者对跨学科科创课程的认识不够全面

学校应该是课程管理的主体。学校管理层需要对课程改革进行全面的规划和领导。受限于自身学历水平、领导方式，抑或是缺乏主动求变精神、不能主动研读新课标、紧跟教育时事，学校管理者可能会出现对跨学科科创的认识不全面的情况，如认为其是基于兴趣的课外综合学习活动,或者是对课程综合性不强的一种补充等。

上级部门对开展科学教育和跨学科主题教学的重视程度,学校管理者自身教育观念,学校教师参与意愿、能力以及学校的氛围等,也会导致学校管理者对跨学科科创教育的态度有偏差,比如认为其会带来课本教学时间紧张、使得教学开展过程中产生纪律不佳等问题。

(二) 学校管理者对跨学科科创课程的推进力度不足

目前大多数学校对科创课程没有明确的目标定位,对其价值的理解不充分,更不用说开发和实施跨学科科创课程。科创课程缺少全面的顶层设计,包括课程目标、设计理念、开发标准,以及课程实施的具体指导和评价体系等①。教师培训方面也缺少统一的架构。在实践过程中,教师精力有限、资源和经验比较稀缺、没有相关案例做参考、整体时间周期较长等实际情况,也困扰着学校管理者们。由于这些缺失,跨学科科创课程的实施显得分散、无序,且缺乏明确的方向。

学校的管理团队不仅包括校长、分管教学的副校长、教务处,还包括年级组长、班主任等,各层级都应首先进行观念更新,坚定科创教育的价值取向,然后从各个维度主动地、深度地思考科学创新教育的开展模式,才能在组织、配合学校科技创新教育的过程中取得理想效果,积极地引导学生进行科学探索,提高创新能力。

(三) 学校各部门在跨学科科创课程中的深耕和协作不足

学校各部门对跨学科科创课程的教学与服务还需改进。例如,教务处在课程设置和课时分配上缺乏对跨学科科创课程特点的考虑,导致课程安排不合理,开放性和灵活性受限。学生处在学生活动的组织上忽视了跨学科科创课程的需求,未能为学生提供充分的实践机会。科研处在教师培训和科研支持上缺乏对跨学科科创课程特点的充分关注,限制了教师的专业发展。总务处在教学硬件资源的配置上未能满足跨学科科创课程的特殊需求,影响了课程的实施效果。

二、学科教师层面

教师是实施跨学科科创活动的主体,科学素养培育的落地者。因此,教师的跨学科能力和科研能力备受关注。

(一) 识见不深,热情不够

教师对跨学科科创的概念、实施流程、功能认知等方面的了解不清晰,会导致其在跨学科科创的研究、教学中的动力不足。例如,教师可能仍然固守传统的学科教学观念,守住自己的一亩三分地。仍偏重在认知领域向学生灌输现成的科学知识、事实和规律,认为知识都是学科知识,是课程教材承载的内容,有着严格的学科界限。认识不到跨学科科创课程对核心素养培育、科学素养塑造、科学精神启发的积极作用。更有甚者,受功利主义教学目标的影响,认为跨

---

① 任学宝.跨学科主题教学的内涵、困境与突破[J].课程·教材·教法,2022(4):59—64+72.

学科主题教学与学科教学是对立的,影响本学科教学课时,影响学科成绩。

跨学科主题教学的本质是在大概念下,不同学科知识、方法和视角的深度融合与互动,部分教师会将其与"多学科"的概念混淆,以为它只是多学科知识的简单叠加。此误解会使得教师无法正确体会主题教学与学科教学的辩证关系,错失释放研究激情与创新活力的机会,也看不到跨学科科创教学给教师专业发展带来的机会。而培养学生思维与分析能力的科学创新活动,对教师来说也是思维、视野和研究领域打开的过程。

(二)力所不逮,望而却步

除了具备一般的教学能力外,跨学科科创课程要求教师在自己的专业领域不断提高,对教育教学有着持续的研究动力,关注教育动态、教育热点,这往往需要教师有着极大的教研热情,才能使其从繁重的教学工作和繁杂的非教学事务中挤出时间来深入钻研。

跨学科科创课程也要求教师能够厘清各学科之间的逻辑关系和内在联系,整合相关资源并采用相应的教学方法以开展教学。高中教师在备课过程中,往往在面临课程内容需要跨学科整合时才会进行初步的探讨与研究,这种跨学科的探索并非出于主动,有时还可能伴随有一定的抵触情绪。他们对跨学科课程的理论探究通常只是表层接触,临时性地引入其他学科的元素,缺乏深入挖掘。在实际操作中,教师们常常会发现,要整合的内容似乎是一个深不可测的"黑洞",他们只能依靠自己有限的知识和理解,对这些内容进行简单拼接,这很难确保教学的深度和质量[①]。

科创课程往往涉及智慧课堂、多学科创新实验室等教学场所,这对教师的信息素养、实操能力等提出了较高要求。以上能力的欠缺会导致部分教师对跨学科科创课程望而却步。

(三)团队不协,孤掌难鸣

学科教研组成为推动教育教学研究的关键平台。然而,若教研组缺乏针对跨学科主题和科创教育的研修规划,缺少相应的校本资源支撑,以及团队成员间的共识与支持,教师们在独立探索时可能会感到迷茫,难以把握正确的研究方向,甚至可能偏离预定的教学目标,这无疑会增加教学研究的难度和成本。因此,建立一个明确、共享的研修计划和资源库,对于确保教师能够有序、高效地开展跨学科科创教育至关重要。

很多学校目前是按照年级组办公的,但是这不代表学科间的整合,只能发生在同一个年级间。不同学科的教师合作起来设计课程,需要多种形式、多种力量的集合。在年级层面和班级层面,教师间缺乏交流与合作。这极易导致教师以静态、割裂的方式看待学生的学习和发展,忽视学生作为连续发展个体的差异性和不均衡性,不利于学科知识的纵向衔接[②]。跨学科教师共同体的缺位,使得解决基于教学实践和真实情境的共性问题的需求没有探讨交流的平

① 洪晓翠,肖龙海.批判教育学视角下跨学科主题学习的问题与改进[J].教育科学研究,2023(9):60—66.
② 王梦璐.中小学教师跨学科能力提升的现实困境与策略[J].现代教育,2021(9):46—49.

台,教师个体难免觉得研究氛围沉闷,从而丧失研究热情和职业幸福感。

学校的文化和氛围对跨学科科创教学的实施至关重要,如果学校缺乏对这方面支持和鼓励,教师可能会感到孤立无援,难以推进跨学科教学的实践。

三、学生与家长层面

跨学科科创教育作为教育创新的重要途径,承载着培养学生综合素养和创新能力的使命。然而,在这一教育模式的推进过程中,学生和家长的认识与思想观念成为了不可忽视的制约因素。当前,普遍存在的认识误区不仅影响了跨学科科创教育的实施效果,更制约了学生创新能力的发展。

(一)高考导向下的功利性认识

在高考这一教育指挥棒的影响下,学生和家长的教育观念往往被功利性目的所主导。在他们看来,跨学科科创教育与提高学科成绩和高考分数的直接关联不大,因此在时间和精力的投入上显得犹豫和保守。这种以应试为导向的教育认识,导致学生对跨学科科创教育缺乏兴趣,参与度不高,甚至将其视为学习的额外负担而非成长的机会。

这种认识误区的形成,与长期以来社会对高考成绩的过分重视密切相关。在这种背景下,学生和家长更倾向于将资源和精力投入能够直接提升考试成绩的学科学习中,而忽视了跨学科科创教育在培养学生创新思维和实践能力方面的长远价值。

(二)家长过度参与或包办代办

家庭教育中,家长常常出于对孩子未来的深切关切,替孩子包办、代办过多事务。在跨学科科创教育的场景中,这种现象尤为突出。一些家长为了让孩子在科创竞赛中获得优异成绩,甚至亲自上阵,或者利用自己的社会资源,替孩子完成科创任务,孩子仅在最后挂个名字,缺乏实质性的参与。

这种过度的参与和包办代办,不仅剥夺了孩子独立思考和实践的机会,更影响了他们问题解决能力的培养,导致孩子在面对挑战和困难时缺乏应对能力,不利于孩子独立人格和创新精神的养成,更为严重的是,这违背了学生参与科创活动的诚信基础,这些与科技创新教育的初衷背道而驰。

(三)学生对跨学科科创课题的关注度不够

学生对跨学科课程的关注度、了解度偏低,这一点在对新高一学生的访谈中得到了体现。许多学生对跨学科学习知之甚少,甚至未曾接触过。尽管如此,访谈中也反映出,一旦学生对跨学科课程有所了解,特别是对跨学科科创产生兴趣,他们的参与意愿会显著提高。

然而,即便学生对跨学科科创抱有浓厚兴趣,在实际的科创过程中,他们仍然面临着诸多困惑:课题选择上的迷茫,不知如何发现和进一步提出问题,批判性思维不足,系统化解决问题的能力还欠缺,跨学科视野没有打开等。这些问题的存在,不仅影响了学生的学习体验,也制约了他们创新思维的发展。

第二节　资源孤岛亟需打破

一、制度壁垒

（一）教师组织形式与考核的制度壁垒

在现代教育体系中，教师的专业发展和考评体系通常局限于单一学科，这在跨学科教学中造成了明显的局限性。教师的组织形式以学科为单位，形成了相对独立的群体，这限制了跨学科科创视野的拓展。学术评价体系的单一化导致教师在职称晋升、科研项目申请等方面往往需要符合特定学科的评价标准才可以，这对跨学科研究和科学创新教学的激励作用有限。

（二）课程资源的孤立化、学科化倾向

跨学科科创教学在课程资源配置和整合方面面临挑战。跨学科科创教学需要常态化，而课程资源的孤立化和学科化倾向限制了学生综合运用知识解决问题的能力。课程资源的开发和分配以单一学科为中心，忽视了跨学科知识和技能的培养。高中学生课业负担繁重，以上海学生为例，高一学生在没有选科之前，一周的课表里会同时容纳 15 门课程，其中包含 11 门有高中学业考评的课程，没有富余课时等因素影响了学生选择跨学科科创课程的热情。同时，受场地、师资等客观因素影响，学校在跨学科科创课程方面的挑战较多、学生和导师之间的匹配有一定限制。

（三）学段间的衔接问题

前置学段的跨学科科创学习体验不足，缺乏连贯体系，导致初高中教育在跨学科教学方面的衔接不畅。小学和初中阶段的课程以分科教学为主，学生对跨学科的概念和方法缺乏基本了解。初高中阶段的衔接缺失，影响了学生的学习效果和对跨学科学习的信心。大学阶段交叉学科设置，使其归属缺乏相对的科学性，难以形成统一的培养方案和课程体系，这反过来又影响了高中阶段在相关领域的课程设计和教学实施。

二、硬件设施

（一）创新实验室资源缺口

创新实验室是科创教育不可或缺的核心设施，它为学生提供了培养实验技能和科学探究能力的实践场所。在理想状态下，实验室应配备先进的仪器设备，支持学生进行各种科学实验和探究活动。然而，现实情况是，许多学校因资金短缺和场地有限，无法为学生提供足够的实验室资源。这种资源的不足直接影响了学生进行科学实验和创新实践的机会，同时也限制了教师采用更多元化、互动性强的教学方法的能力。实验室的不足迫使教师不得不依赖传统的讲授法，这与培养学生的创新能力和实践能力的教育目标背道而驰。

（二）智慧与数字资源不足

智慧教室和数字教室作为现代教育技术的重要载体，通过集成先进的信息技术，能够极

大地丰富教学手段,提高教学互动性,并为学生创造一个沉浸式的学习环境。这些教室通常配备多媒体教学设备、智能互动白板、学生终端等,支持教师和学生进行实时互动和协作学习。然而,这些教室的缺乏或数量不足,使得学生难以充分利用现代教育技术的优势,影响了跨学科科创学习的质量和效果。

跨学科科创教学的数字化资源平台,以作为现有非数字化教学资源的有效补充,优势在于其能够利用虚拟现实等技术,扩展教学空间,满足跨学科科创教学对多样化环境和资源的需求,这对于提升跨学科教学的质量至关重要①。与此同时,含有优质跨学科科创教学案例和经验等丰富资料的教学资源库也可以进行知识共享和经验交流。缺少这样的数字资源,教师的信息摄入和思路拓展就失去了一个很好的途径。

（三）社会资源的整合利用不充分

《意见》中提出,要用好社会大课堂,统筹动员社会资源,向学生开放科研院所、科技馆、青少年宫等各类场馆、基地、平台和资源的倡议,对于打破校园边界,实现教育资源的社会化共享具有重要意义。这不仅能够丰富学生的学习资源,还能够拓宽他们的视野,提高社会实践能力。然而,在现实中,学校与社会资源的对接和统筹还不够充分。出于管理体制、安全考虑等原因,这些资源并未能对学校和学生充分开放。学生的实践活动往往局限于校园内,缺乏与社会资源的有效结合。学校在组织学生参与社会实践活动时,也面临着交通、时间、经费等实际问题。社会资源的利用方式也有待创新,目前,学生参与社会实践活动的形式相对单一,多为参观、讲座等被动接受式的活动,缺乏深入参与和实践的机会,这限制了学生主动探索和创新的能力。

三、跨学科师资团队

在我国中小学推广跨学科科创教学的过程中,构建一支成熟的跨学科科创教师团队至关重要。但目前,由于受到高等教育体系和教师培训制度的限制,这一目标尚未实现。我国师范教育大多采用单一的专业教育模式,课程内容固定,侧重于专业内知识的传授,这导致教师团队成员的学科知识背景趋于同质化,难以实现跨学科的深度融合。

此外,中小学对教师的入职教育和职后培训也缺乏有关跨学科教学的系统性指导,教师可能缺乏参与跨学科专业发展的机会,如专业培训、学术交流等,这进一步制约了跨学科教学实践的深入发展。依赖于教师的单学科背景和传统教学经验来实施跨学科教学,往往难以取得预期效果。目前,国内专业的跨学科教师培训项目数量有限,且分布零散,难以满足教师专业发展的需求,这成为跨学科教学发展的一大障碍。

理想的跨学科教师团队不仅需要具备广泛的跨学科知识,还应熟练掌握跨学科教学技巧,并能在教学实践中进行创新研究,参与校本课程开发、教材整合和创新使用以及教学模式

---

① 王飞.跨学科主题教学常态化实施的学校保障制度建设[J].教学与管理,2024(19):18—21.

改革。此外,科学精神和科学方法论的传授也是教师在科创教育的过程中需要关注的重点。这要求教师不仅要有扎实的学科知识,还要有引导学生运用科学方法提出问题和解决问题的能力。在高中阶段,学生主体的特殊性要求教师在科创教学中与班主任、德育导师保持紧密的交流,关注学生的思想状态,并在科创活动中融入科学价值观教育,这进一步增加了教师的工作难度。

第三节　组织实施有待突破

跨学科科创课程的组织和实施是一个系统工程,它要求教育者在设计、执行和评价三个维度上进行综合考虑和创新实践。通过明确课程目标、整合学科概念、创设真实学习情境、实施有效的教学方法、建立科学的评价体系,满足跨学科科创教育的需求,促进学生科学素养的发展。

一、设计维度的困境

(一)确定目标难题

在设计跨学科科创课程时,设计者面临的第一个挑战是确定课程目标。聚焦科学素养发展的跨学科主题学习需要遵循教育性、趣味性、学科性等原则,这要求课程目标不仅要涵盖学科知识的传授,还要围绕学生核心素养、科学素养促进学生能力的全面发展。然而现实中,教育者往往难以平衡这些多元目标,尤其是在应试教育的大环境下,知识传授往往成为主导,部分设计者出于形式主义,忽视了目标的确立。

设计者在确定课程目标时还面临着学科叠加导致学习目标模糊的问题。此外,跨学科课程应培养学生的创新能力和批判性思维,但在实践中,由于缺乏具体可操作的指导和评价标准,这些目标往往难以落实。

(二)概念融合难题

跨学科科创课程设计要求设计者能够识别并整合不同学科间的核心概念。课程设计需要超越单一学科的界限,设计者不仅要了解各学科的独立体系,还要能够找到它们之间的联系点和融合方式。在实际操作中,整合与学科往往存在两元对立论,不同学科之间的整合往往面临着诸多障碍。学科间的界限清晰,教育者可能缺乏跨学科的知识和经验,难以实现真正意义上的整合。此外,学科间的术语和概念差异也可能成为整合的障碍。

按照概念融合的深浅程度,课程设计可分为表象融合(即将其他学科知识或现象简单用于科创课程设计)、突破融合(即借用其他学科知识解决问题进而突破产生新的思维边界)和创造融合(即围绕真实问题淡化学科边界解决问题,进而形成理解性结果)。往往课程设计停留在表象融合,学科之间的概念并没有建立实质性联系。

(三)情境创设难题

真实合理的情境创设是跨学科科创学习的重要一环。综合实践活动课程强调以真实世界的情境来统整学生的学习活动,学生综合运用各学科知识认识、分析和解决现实问题。这意味着课程设计应该以真实世界的问题为背景,激发学生的学习兴趣和参与度。然而,理论中对真实情境的强调并不总能转化为具体的教学实践。创设真实学习情境面临着资源和条件的限制,真实情境的复杂性和不确定性也可能给教学带来额外的挑战。

(四) 结构设计不易

除了要围绕科学素养设立平衡多元的课程目标、需要提前准备识别和整合不同的学科概念、情景创设要以问题为导向之外,在实际操作中,教育者在设计课程内容和结构时还面临着诸多挑战。如何确保课程内容的深度和广度,如何设计符合学生认知发展规律的结构,都是需要解决的问题。此外,课程设计还需要考虑不同学科的教学进度和要求,这进一步增加了设计的复杂性。

二、执行维度的困境

在执行跨学科科创课程时,教育者面临着如何将设计好的课程转化为具体教学活动的挑战。这包括确定教学方法、组织学习活动以及管理课堂等。跨学科科学创新教学新模式强调将跨学科概念作为分析和解决问题的认知支撑,这要求教育者在执行过程中灵活运用各种教学策略,促进学生的主动学习和探究。

(一) 教学方法的选择与应用

跨学科课程要求教育者采用多样化的教学方法来适应不同学科的整合。跨学科主题教学需要教师具备跨学科知识和课程整合能力。然而现实中,教师在应用教学方法时面临着诸多挑战。例如,如何平衡不同学科的教学内容,如何激发学生的学习兴趣,以及如何确保学生能够在跨学科科创的学习中获得深度理解。此外,教师还需要克服教学资源的限制,如时间、空间和材料等。

(二) 学习活动的组织与管理

跨学科科创教学强调学生的主动学习和合作学习,学习活动往往需要学生进行小组合作和自主探究。然而,实际操作中的学习活动组织往往比预想要复杂。教师需要处理小组合作中的各种问题,如小组成员之间的沟通障碍、责任分配不均等。同时,教师还需要管理课堂秩序,确保课堂外的学习活动按计划有条不紊地有效进行。这些任务对教师的组织和管理能力提出了更高的要求。

(三) 高阶思维能力的培养

执行阶段还需要关注学习过程的实施。批判教育学视角下,跨学科主题学习是一场文化实践,旨在发展师生主体的批判力,这要求教育者在实施过程中关注知识传授的同时,更注重学生批判性思维和创新能力等高阶思维能力的培养。

教育者需要通过营造一个包容性强、内容丰富且鼓励互动的学习氛围,激励学生积极参与学习活动,从而促进他们的知识掌握和能力提升。提出一些开放式的问题以及组织探究性学习活动,能够有效点燃学生的求知欲和探索精神,同时培养他们识别和提出问题的能力。采用项目式学习、角色扮演、模拟实验等多样化的教学方法,可以让学生在实际操作中培养创新思维和解决问题的技巧。这些教学手段在帮助学生解决实际问题,学会从不同角度思考,增强科学精神和科学方法论的同时,对教师的能力提出了更高更全面的要求。

三、评价维度的困境

即使是设计得再完美的跨学科科创课程,如果缺乏一个科学且有效的评价体系,也难以实现其预期的教育效果,最终可能成为无法落地的空中楼阁。在跨学科科创教学领域,单一化的学生评价体系暴露出明显的不足。依赖于标准化测试和量化评分的传统评价方法,往往难以全面评估学生的综合能力和创新思维,由于其缺乏对学生学习过程的关注,也未能体现出评价的个性化和多样性。跨学科科创课程鼓励学生展现多方面的才能和创意,但这些往往难以通过传统的学科成绩来衡量,学生在跨学科科创学习中经历的认知发展和技能提升的复杂性难以得到体现,导致学生的学习成果得不到充分的认可和肯定。

以上是对高中学校在开展跨学科科创教育过程中所遇到的问题和挑战的一些分析,在此基础上,我们希望能够进一步提出应对策略,对于未来我国普通高中创新人才早期培养工作起到促进作用。

第一部分小结

在新时代科学教育的背景下,深入剖析包括但不限于科学教育的历史演进、政策导向、核心价值以及当前面临的挑战和困境,是至关重要且必不可少的。这样的分析不仅为我们提供了清晰的认识框架,而且指明了科学教育改革的前进方向,使我们能够更加明确和有效地推进这一关键的教育革新。

通过从科学教育的角度解读"李约瑟之谜",我们得以审视中国在科学教育领域的历史成就与面临的挑战,并从中汲取对当前科学教育改革的宝贵启示。这一历史现象凸显了科学教育在培育创新人才和推动社会进步中发挥的关键作用。在追溯科创课程的起源与发展历程时,我们观察到科学教育正逐步从单一的知识传授模式,转型为注重跨学科实践的现代教育理念,这一转变为我们理解科创课程的发展轨迹提供了独特的历史视角,并进一步明确了科创课程在科学教育体系中的演变方向。

在新时代科学教育改革的号角吹响之前,已有众多理论基础为改革提供了坚实的支持。国家层面对科学教育的重视通过一系列新政策的出台得以体现,这也为教育发展注入了新的动力和依据。跨学科设计虽在以往的科创课程中有所体现,但往往未以显性化的方式得到充分展现。通过探讨跨学科设计在科创课程中的核心地位,分析它如何有效促进学生科学素养的全面提升,激发学生创新思维,以及增强学生解决复杂问题的能力,阐明我们希望在校本化课程设计中,不断强化课程的跨学科特性,使跨学科成为科创课程的显著特征。尽管历史经验、政策支持和理论分析均强调了跨学科科创课程的重要性与价值,但在实际操作中,我们仍然面临着来自设计、实施、评价等不同层面的困难与挑战。通过系统地总结和归纳这些现实问题,可以为科学教育改革和科创课程的持续创新提供一份详尽的问题清单,这也为未来的校本化科学教育实践指明了改进的方向。

总体而言,本部分提供了一个理解科学教育的系统化视角,通过历史分析、政策解读和现实问题的探讨,为我校校本化跨学科科创课程设计、实施和评价的深入研究奠定了基础。

第二部分

设计与实施：跨学科科创课程的

校本建构

在深入探究科学教育的历史脉络、现状与未来趋势的基础上，本部分将理论与实践紧密结合，展现我校跨学科科创课程的校本化构建与实施的实际历程。通过五个章节详细阐述课程的定位与目标、结构与内容、路径与方法、评价与支撑等，力求为读者提供一个立体、多维的科创课程实施蓝图。

第六章 定位与目标：
从"知识"到"素养"的科创课程设计

科创课程带领学生探索未知的世界，激发他们对科学奥秘的无限好奇。基于科学教育的历史背景和国家要求，本章将深入阐述我校科创课程的定位与目标，探讨如何从传统的知识传授模式转变为注重素养培育的模式，如何通过跨学科的视角和方法，进行多元化、综合性的新时代科学教育实践。

第一节 科创课程的定位与目标

一、课程定位

科创课程在上海基础教育课程体系中经历了一期、二期课改的演变，其角色和地位也随之不断调整。在初中阶段，科创课程被设计为探究型课程，旨在培养学生的探究能力和科学思维；而在高中阶段，则转变为研究型课程，更注重学生的深入研究和创新能力的提升。尽管课程结构尚未形成统一规定，但初中阶段主要以生物和地理等跨学科学习课程为主，而高中则采用分科课程结合综合实践活动的形式来开展。

华东师范大学第二附属中学坚持"一体两翼"的办学模式，其中"一体"指的是以教学为主体，推动学校的整体发展；"两翼"则分别指代"科创"和"竞赛"，这两大特色课程是学校课程体系的重要组成部分。普陀校区继承并发扬这一模式，根据校区的具体情况进行了适当的调整，以更好地满足本校学生的特点和需求。

总体而言，华二普陀的跨学科科创课程属于具有更高要求的校本特色课程，满足新时代科学教育所强调的跨学科实践、科学方法和科学精神等要求。本课程的精心设计和建设也是对新时代科学教育和"双新"课程改革要求的积极回应。具体体现为以下两个方面。

（一）跨学科科创课程是新时代校本科学教育实施的重要路径

新时代科学教育改革聚焦于培养并提升学生的科学素养，科创课程相对于传统的科学教育课程来说，更强调在科学实践中培育学生掌握、运用科学方法，培养学生追求真理、为科学献身的精神，可以说，科创课程是新时代科学教育改革中极具潜力的实现路径。

我校科创课程以其独特的教学模式和实践平台，为学生提供了一个探索科学、实践创新的舞台。在这一过程中，学生不仅学习科学知识，更通过亲身参与科学实验和项目研究，深入体验科学方法的运用,从而培养对科学的深刻理解和热爱。科创课程鼓励学生主动提出问题、设计实验、收集数据、分析结果,这一系列活动既锻炼了学生的动手能力和实践技能,又激发了他们的创新思维,培养了他们解决问题的能力。通过这样的教学实践,学生能够在科学探索中不断尝试、失败并重新站起来。这种经历对于培养学生的科学精神和坚持追求真理的态度是非常宝贵的,在一般的学科课程学习中很难获得。

(二)科创课程是一般学科课程的有效补充与拓展

传统科学教育的学科课程以其系统性和专业性为学生提供扎实的基础知识架构。这些课程通过高效的知识传授,确保学生能够掌握数学、物理、化学、生物等学科的核心概念和原理。然而,知识的深度和广度需要在实际应用中得到进一步的拓展和深化。科创课程正是在这一层面发挥了其独特的作用。它通过小课题研究的形式将学生置于真实的问题解决环境中,使其能够在实际操作中运用所学的理论知识,形成更为全面和系统的认知框架。

更重要的是,我校科创课程特别强调跨学科的整合与应用,鼓励学生将不同学科的知识和方法综合运用于问题解决中。这种跨学科的学习方式有助于打破学科间的壁垒,促进知识的融合与创新,使学生能够在更广阔的视野中理解和探索科学问题。跨学科科创课程的实施为学生提供了一个开放、多元的跨学科学习环境,使他们能够在教师的引导下,自由探索、勇于创新、敢于实践。

综上,我校科创课程与一般学科课程相辅相成,共同构成了一个多元化、综合性的科学教育体系。这种体系不仅注重科学知识的传授,更强调科学素养的全面提升。

二、课程目标

跨学科科创课程旨在培养学生的科学素养,包括深刻理解科学知识,掌握科学研究方法,体悟科学精神,以及认识科技对社会的影响。课程通过跨学科教与学,加强学生的提问能力、科学方法应用能力和跨学科概念理解与建构能力,激发创新和问题解决能力,提升科学审美与品位,同时强调沟通、团队合作及自主学习的重要性。通过课程的实施,我们希望最终能帮助学生构建一个跨学科"思维工具箱",为学生未来在学术和职业领域的发展打下坚实基础,培养他们成为适应未来社会需求的创新型人才。要深刻领会这一课程目标,需要理解科学素养的概念以及跨学科"思维工具箱"的涵义。

(一)什么是科学素养?

科学素养是一个多面向概念,其内涵丰富,表达多样。2021年6月,国务院印发的《全民科学素质行动规划纲要(2021—2035年)》中明确指出,具备科学素质的公民应当"崇尚科学精神,树立科学思想,掌握基本科学方法,了解必要的科技知识,并具有应用其分析判断事物和解决实际问题的能力"①。经济合作与发展组织(OECD)在其最新发布的《PISA 2025科学的战

---

① 国务院.国务院关于印发全民科学素质行动规划纲要(2021—2035年)的通知[EB/OL].中华人民共和国国务院公报,2021(19).https://www.gov.cn/zhengce/content/2021-06/25/content_5620813.html.

略愿景和方向》中,进一步将科学素养的测评细化为三个维度:科学知识、科学能力和科学身份认同①。北京市海淀区则将中小学生科学素养细化为科学知识与观念、科学过程与能力、科学态度与责任三个维度②。

综合国内外研究,科学素养普遍被概括为三个核心组成部分:有关科学知识的深刻理解、有关科学研究过程和方法的全面了解以及有关科学技术对社会和个人产生影响的认知。通过梳理并总结这些研究,结合新时代科学教育改革对培育科学素养的要求,我们认为,深刻理解科学素养的内涵必须建立在对科学本身的理解基础之上。库恩在《科学革命的结构》中认为,科学建立在可检验的解释和对客观事物的形式、组织等进行预测的有序知识系统之上,是已系统化和公式化的知识③。科学包括三个核心要素,即科学的目的、方法和精神④。

科学的目的是发现各种科学规律,如自然科学规律(达尔文的进化论、爱因斯坦的相对论等),社会科学规律(黑格尔的辩证法、马斯洛需求层次理论等),思维科学规律(如逻辑学、心理学等),这些规律其实就是我们所学习的科学知识。科学不同于技术,科学研究规律本身,技术则是对规律的应用。规律没有好坏之分,但规律的应用却有造福人类和带来灾难之别。一般我们将研究科学规律本身的称为"基础研究",研究应用科学规律的称为"应用研究"。基础研究是应用研究的前提,只有真正认识事物背后的"规律",才能应用规律,实现技术的转化。

科学的方法包括逻辑化、定量化、实证化。科学起源于哲学,因此逻辑化是科学的第一要义。基于逻辑推导,运用数学方法进行定量,使科学与一般意义上的哲学产生本质差别。科学的定量性使其能够进行演绎推理,通过可控实验验证结论的正确性。这种逻辑、定量和实证的方法也使得科学研究的成果能够得到实际应用,提升社会生产力。科学规律的发现需要符合已有的实验和观测结果,并能在此基础上做出可验证的预言。以詹姆斯·沃森和弗朗西斯·克里克提出的 DNA 双螺旋结构模型为例,它不仅解释了大量生物学实验结果,还成功预测 DNA 复制过程中的碱基配对方式以及 DNA 复制和传递遗传信息的机制,开启了全新的分子生物学时代。

科学的精神是质疑、独立和唯一。"质疑"是科学精神的基本特质,通过批判性思维审视已有科学结论,揭示新的规律。例如,孟德尔质疑"混合遗传"(Blending Inheritance)学说,通过豌豆杂交实验提出了离散遗传规律。"独立"指的是科学研究者具备独立思考的能力,独立发现

---

① 罗玛.科学的战略愿景:PISA 2025 科学素养评价的新方向[J].教育与教学研究,2023,37(10):55—67.

② 方丹,王思锦,李从容.为中小学生科学素养画像———中小学生科学素养评价体系建设的海淀经验[J].中小学管理,2017(12):49—51.

③ Kuhn, T. S. The Structure of Scientific Revolutions[M]. University of Chicago Press, 1962.

④ 整理自中国科学院高能物理研究所张双南教授在 2022 年"全国科学教育暑期学校"上的讲话. https://basic. smartedu. cn/publicLive/585d74e2-fcc7-449c-ae3b-f5c6c3f187fc? sdp-app-id = e5649925-441d-4a53-b525-51a2f1c4e0a8&qrEventName=smartlink.

科学规律,且规律独立于研究者、手段和方法,任何遵循科学研究方法的人都能得出相同的规律。"唯一"是指追求科学规律的唯一性,即在同样条件下必然出现同样现象。如果没有唯一性,科学规律将变成玄学,科学目的也就无法实现。科学方法的建立也是围绕科学规律的唯一性发展起来的。

了解了什么是科学,才能对什么是科学素养有更深刻的理解。我们认为科学素养不仅应该包括科学知识的学习,还应该包括科学方法、科学思维的运用,以及科学精神、态度的形成。完整的科学教育不仅应让学生接受科学知识教育,更要教授其科学方法和科学精神,因为在未来的人生中,大部分的发展主要依赖的是非知识的底层能力,而这也是当前科学教育的弱势之处。我校跨学科科创课程正是希望能通过小课题研究这个载体,把科学促进人类社会文明发展的知识、方法、理念全面地传授给学生,提升其科学素养,满足学生终身发展和适应社会发展的需要。

(二)什么是跨学科"思维工具箱"?

在传统科学教育体系中,学科知识的传授往往局限于单一学科,这种方式虽然能够确保学生在特定学科领域内获得深入的理论学习,但它在一定程度上限制了学生采用更广阔的视角来观察和理解复杂的科学问题。这种做法可能导致学生在面对跨学科问题时,难以有效整合不同学科的知识和方法,从而影响他们解决实际问题的能力。

为弥补这一缺陷,教育界引入多种教学模式。如前所述的 STEM 教育、SSI 教育、PBL 教育等,总体上,这些创新教育模式共同强调以学生为中心的主动学习,倡导跨学科知识整合,实践导向的技能培养,创新思维和问题解决能力的发展,现代技术的应用,以及团队合作精神的培育,为学生提供一个综合性、互动性强的学习体验。尽管这些教育教学模式在拓展学生思维和提升问题解决能力方面具有一定的优势,然而它们在培养学生的思维方法论方面存在局限。以 PBL 为例,虽然它通过真实问题的研究引导学生学习问题解决的策略,但在现实世界中,问题的多样性和复杂性,决定了学生不可能仅用一种问题解决策略或依赖解决一个问题的经验来应对所有的挑战。STEM 教育同样面临这一问题,虽然项目式学习能够让学生在特定情境中获得研究经验,但单一的项目案例并不足以涵盖所有可能的情境,学生需要能够从特定经验中抽象出更广泛的迁移性知识和方法。

因此,这些教学模式的缺陷本质在于它们往往只提供了零星、孤立的思考工具,而未能构建起一个系统化、融合性的思维库。这种零散的工具提供方式可能会限制学生在面对多变问题时的适应性和创新性。查理·芒格曾用"铁锤人"的比喻形象地描述了这种局限性。他指出,如果一个人手中只有锤子这一种工具,那么他可能会错误地将所有问题都视为钉子,即使有些问题需要用螺丝刀或扳手来解决。同理,如果学生在学习过程中只掌握了有限的思考工具,他们可能会试图用同样的思维方式来解决所有问题,而不是根据问题的特点选择合适的解决方法。由于缺乏多样化工具,面对的问题又变得越来越综合复杂,导致他们无法触及问题核心而难以找到有效解决方案。为了克服这一局限,教育模式需要进一步发展和创新,以帮助学生构建更为全面和整合的思维框架,使他们能够在不同情境下灵活运用和组合各种思维工具,从而培养出更强的迁移能力和创新思维。

　　基于上述背景和思考,我们在校本科创课程建设中首次提出了核心目标——帮助学生打造一个强大的跨学科"思维工具箱",使他们能根据不同问题特征,灵活调取适宜的思维工具。这一想法的精髓在于汇聚并融合来自不同领域的思维资源和方法论,包括提问思维、科学方法论、跨学科概念等,为学生塑造一个丰富多元的思维库。尽管在传统科学教育课程中,学生可能也会接触到一些零散的思维技巧,但这些技巧往往没有得到系统的整合和明确的指导。由于缺乏基于思维方法论角度的深入提炼,学生对这些技巧可能只有模糊的认识,难以全面理解其应用,就像置身于"云深不知处"的迷惘与不自知中。通过构建跨学科"思维工具箱",帮助学生避免陷入"铁锤人"困境。这个工具箱装备了各种思维工具,使得学生在面对不同类型的问题时,即无论是面对需要直接敲击的"钉子",还是需要细致旋紧的"螺丝",抑或是需要巧妙组装的"螺母",都能够迅速选取最合适的工具,精准地解决问题的关键所在(图6.1)。这种创新型科学教育模式使学生能够在不断变化的世界中,灵活运用多样化的思维策略,形成独立而深入的思考能力。通过这样的训练,学生不仅能够掌握解决问题的具体技能,更能够培养出面对未知挑战时的自信和从容。

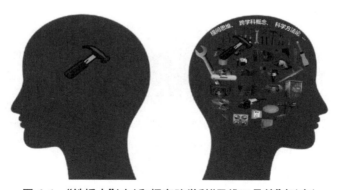

图6.1 "铁锤人"(左)和拥有跨学科"思维工具箱"者(右)

　　综上,在本课程中,我们希望通过设计创新型课程教学模式,帮助学生构建一个基于科学三要素的跨学科"思维工具箱",提升学生科学素养。

第二节 跨学科"思维工具箱"的构成内容

　　基于跨学科"思维工具箱"目标的科创课程是一个可以持续进化和完善的课程体系。随着教学实践的深入、反馈的循环和课程内容的不断优化,工具箱将被不断修正和扩充,通过引入更多元和有趣的思维工具,提升学生的科学素养。在我校科创课程的初步建设阶段,我们聚焦于三类基础而关键的思维工具:一是提问思维,它基于问题形成技术,鼓励学生主动提出问题,培养质疑精神和批判性思维。二是运用科学方法的能力,为学生提供科学探究的系统方法论框架,使他们能够在小课题中运用科学方法进行探究实践。三是跨学科概念的理解和建构能力,帮助学生在不同学科知识间建立联系,在解决复杂问题时拥有综合思维与全局视野。

一、跨学科"思维工具箱"工具一:提问能力

(一) 提问的重要性

提问能力是"思维工具箱"中的基础工具,其本质是批判性思维。如果创造力是引擎,那么提出问题就是启动引擎的按钮。中国宋代大家朱熹曾说过"读书无疑者,须教有疑",强调了疑问在学习过程中的重要性,小到点滴进步,大到突破性发展,无一不源自质疑和探索。教育学家布鲁巴克也曾说"最精湛的教学艺术,遵循的最高准则就是让学生自己提问题",这表明提问不仅是学习的手段,更是教学艺术的精髓。

科学家们历来都是提问思维的坚定支持者,爱因斯坦无疑是这一精神最杰出的代表之一。他的提问之旅从幼年时期一个简单而深刻的问题开始:"为什么指南针总是指向北方?"这个问题不仅体现了他对自然现象的好奇,也预示了他日后在物理学中的革命性探索。爱因斯坦将好奇心视为一种"神圣"的内在驱动力,他坚信"最重要的是,永远不要停止提问",这诠释了他对知识探索的无限热忱和对提问价值的深刻理解。爱因斯坦的一生证明了提问是科学发现和创新思维的催化剂,它激发了人类对未知世界的探索和对现有理论的挑战。

提问是人的天性,也是好奇心与求知欲的反映,更是学生自主建构知识,发现未知、表达想知,引向深度学习、高阶思维,甚至创新创造的必经之路。进入学校前,儿童是天生的提问者。哈佛大学的儿童心理学家和作家保罗·哈里斯(Paul Harris)的研究成果揭示了一个发人深思的现象,在孩子 2—5 岁的成长阶段,他们会提出大约 4 万个问题[1]。哈里斯指出,幼儿很早就能发现,他们渴望了解的信息能够通过询问他人轻易获得。通过特定的词语组合和恰当的声音语调,他们能够巧妙地构造出问题,从而从成人那里"提取"知识。据哈里斯的观察和估计,2—5 岁的孩子平均每小时会提出近 25 个问题,而且他们对得到的答案越是满意,提问的积极性就越高,好奇心也越强。这表明,孩子们对于世界的探索欲望是强烈的,他们通过提问来不断扩展自己的认知边界。好奇心是人类天性中一种愉悦的驱动力,它激发我们探索未知,寻求答案。正如神经科学家查兰·兰格纳特(Charan Ranganath)所描述的,好奇心可以被视作一种特殊的"症状",它与瘙痒有着异曲同工之妙。这种感觉自然而然地促使人们采取行动——就像身体上的瘙痒激发我们去挠它一样,内心的好奇心驱使人们提出问题。

但是,一旦孩子们进入学校,其提问能力就进入不断衰退的过程。保罗·哈里斯发现,原本孩子们在家里每小时能提出 25 个问题,进入学校后,提问数量急剧下降到每小时只有 2 个,

---

[1] Paul Harris. Trusting What You're Told: How Children Learn from Others[M]. Harvard University Press, 2012.

孩子们不是停止了提问,而是在学校里停止了提问。在当前课堂上,很多学生不会提问,不敢提问,没有机会提问,缺乏互动学习,抑或是被动单向接收教师提问,这些都是常见现象。心理学家和神经科学家提出很多假说来解释这种现象,例如在青春期早期,大脑开始修剪之前扩张过多的神经联结,这个被称为"突触修剪"的过程,可能会导致孩子们减少对周围世界的质疑和好奇心①。但这仍然不能完全解释,为什么学生进入学校与减少提问之间存在如此直接的关联。20 多年前,作家和社会学家尼尔·波兹曼(Neil Postman)就曾评论过这一现象,他说儿童进入学校时是问号,离开时是句号。

观察国内外教育现象,我们不难发现,随着学生年龄的增长,他们的自主提问能力往往会出现一定程度的下降。这种现象已经引起了国际教育研究者的关注,他们对此进行了深入探讨,并提出了例如基于"问题形成技术"的教学策略。相比之下,国内对于这一问题的研究尚未形成广泛而深入的研究。尽管如此,我们仍需认识到,提问能力的减弱对学生的影响深远而广泛,这不仅在短期内降低了学生在课堂上的参与度,从长远来看,更可能抑制他们在解决问题和创新思维方面的发展。特别是在当前人工智能日益盛行的时代背景下,能够提出问题,尤其是提出有深度和洞察力的问题,已成为一项至关重要的技能。因此,国内基础教育界应当加强对此现象的研究力度,借鉴国际上的成功经验,结合我国的实际情况,探索适合我国学生的提问方法和策略。

本课程的开发,正是关注到了这一研究领域的空缺,我们希望能以此为突破口,在新时代科学教育背景下,做一些有意义的尝试和转变。通过引进国外先进的教育技术,结合本校实际情况进行改良,设计新型的课堂模式与架构,鼓励并支持学生精准地提出有深度的问题。通过这样的努力,我们希望在人工智能时代,学生的思维能力不会被机器取代,而是与技术共同进化,创造出更加丰富和多元的价值。

(二)什么是问题形成技术?

基于对提问重要性的深刻认识,本课程引入并改良一种源自美国中小学教育领域的教学技术——问题形成技术(Question Formulation Technique, QFT)。该技术由美国正确问题研究所开发,最初由丹·罗斯坦(Dan Rothstein)和卢兹·桑塔纳(Luz Santana)在著作《老师怎么教,学生才会提问》(*Make Just One Change:Teach Students Questions yourself Own Questions*)②中提出。沃伦·贝格尔(Warren Berger)在其著作《课堂上的问题形成技术》(*Beautiful Questions in the Classroom*)③中进一步完善 QFT 在课堂上的运用。这是一种在心

① Giedd, J. N. et al. Brain Development during Childhood and Adolescence: A Longitudinal MRI Study [J]. Nature Neuroscience, 1999(10):861 - 863.

② Rothstein, D., & Santana, L. Make Just One Change: Teach Students to Ask Their Own Questions [M]. Harvard Education Press, 2011.

③ Berger, W. Beautiful Questions in the Classroom: Transforming Classrooms into Cultures of Curiosity and Inquiry [M]. CORWIN Press, 2019.

理学理论支持下生成和改进问题的结构化方法,它巧妙地将复杂的思维过程——包括发散性思维、收敛性思维以及元认知——转化为一种流程化、易于掌握且可复制的提问技术。QFT能培养学生提问的技能,这是一项必不可少、但经常被忽视、需要终身学习的技能,它使人们能够批判性地思考,感受到更强的思维力量和自我效能,变得更加自信并准备好参与公民生活。通过进阶式提问训练,帮助学生提出具有深度和意义的科学问题,这是以小课题为载体的科创课程实施的第一步,也是学生科学素养提升的起点。

对提问的研究其实在国内外教育领域都并不罕见,虽然大多数研究也强调问题的提出和解决,但它们更多是指导教师如何创设问题情境、提出问题、激发学生的认知需求,而不是通过课堂教学直接教学生如何提出高质量的问题。本课程引进并改良的 QFT 提问方法不同于其他提问方法的一个关键性区别在于,这个方法是教学生如何提问,而不是教师如何提问。当然,帮助教师成为更好的提问者同样也是本课程的隐含目标,因为只有教师自己会提问,才有可能教会学生提问的方法,起到榜样的作用。

(三)课堂 QFT 的主要步骤

本课程引入并改良课堂问题形成技术,将该技术提炼为五个主要步骤,分别是:创建提问文化,学习问题科学,掌握课堂提问,练习提问技巧,内化提问技能,五步之间循序渐进,各有重点(图 6.2)。

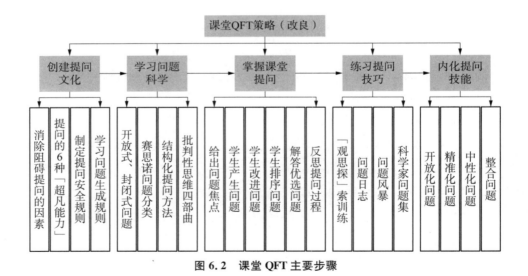

图 6.2 课堂 QFT 主要步骤

第一步,创建鼓励提问的课堂文化。这包括发现并消除那些阻碍学生提问的心理障碍,向学生展示提问能够赋予他们的"超凡能力",确立课堂上提问的安全准则,以及教授他们如何生成问题的基本规则。只有建立这样的课堂文化和氛围,学生们才能毫无顾虑地表达出他们内心真正的疑问。这对于确保课堂提问环节的成功至关重要。

第二步,教学生学习问题相关的科学知识。在正式将 QFT 运用于课堂前,需要对学生进行问题科学的前置培养。例如,引导学生学习区分并应用封闭式问题和开放式问题,通过赛思诺问题分类法①深化对问题类型的理解。借助 WIH 循环提问(What、If、How)、3W 提问(What、Why、How)、6W 提问(What、Where、When、Who、How、Why)等提问方法,引导学生进行结构化提问。学生通过识别、分析、评估和形成论点四步流程,提升对问题的深入理解和决策能力。

第三步,掌握课堂提问。课堂 QFT 由一系列简洁明了的步骤构成,这些步骤不仅易于教师掌握,也适用于各个年龄段的学生。然而,对于学生而言,将这些步骤付诸实践往往比看上去更具挑战性,因为它要求学生运用一种全新的思考方式——通过问题来驱动思考。这一技术要求教师做出一些可能不同寻常甚至有些困难的改变,比如在一定程度上放手对课堂提问的控制。QFT 课堂的本质是一种邀请,它鼓励更多学生积极参与课堂讨论。在这个过程中,提出问题并不要求提问者已经知道答案,这样就确保了所有学生,无论知识水平如何,都能平等地参与进来。此外,这种模式的魅力在于学生能够迅速投入到自己提出的问题中。"提问所有权"的概念在这里扮演了重要角色。根据实施 QFT 的前期效果来看,有学生表示,当他们自己提出问题时,会感到寻找答案变成了自己的责任。这种责任感和参与感极大地提升了学生的学习动力和课堂参与度。在课堂实践中,我们对 QFT 进行了本土化课堂改良,构建了一个QFT 课堂任务清单。这套清单将 QFT 的操作流程细化为六个关键步骤,包括给出问题焦点、学生产生问题、学生改进问题、学生排序问题、解答优选问题、反思提问过程,每个步骤都为教师和学生分配了明确的角色和任务。

第四步,练习提问技巧。在学生基本了解基础课堂 QFT 提问规则后,教师需要在课堂上不断给学生"充值"提问能量,学生在重复练习提问的过程中提升提问技巧和能力。提问技巧和方法有很多,如"观思探"训练法,问题日志法,问题风暴法,科学家问题集法等。

第五步,内化提问技能。通过课堂 QFT 训练,我们期望学生能够掌握并内化提问技能,使其成为学生自身的重要素养之一。与课堂提问类似,生活或工作中的各种提问也要围绕一个焦点进行,并且需要对提出的问题进行进一步的锤炼,包括开放化问题、精准化问题、中性化问题、整合问题。

以上是 QFT 课堂实施的主要步骤,本书将在第八章第一节中详细阐述如何将其应用到学生小课题研究的教学中。

QFT 课堂颠覆了传统科学教育课堂上以教师阐述和提问为主的课堂范式,具有革命性意义。在传统教育课堂上,尽管教师们在备课时会精心设计课堂逻辑和问题链,试图为学术探究提供明确方向,激发学生的好奇心,并尽可能地覆盖课程内容,完成教学要求,但这种做法往往导致教师独自完成了所有艰苦的、独创性的思考工作。当这些问题呈现给学生时,学生虽参与

① Sesno, F. Ask More: The Power of Questions to Open Doors, Uncover Solutions, and Spark Change [M]. AMACOM, 2017.

讨论,却可能不会将其视为自己主动探究的课题。在这里,一个非常关键性的问题可能一直以来都被人们忽视了,那就是当老师们提出问题的时候,不仅剥夺了原本应由学生去做的创造性工作的机会,而且提问必然要求学生去思考和回答,此时学生在心理上处于弱势,潜意识会认为自己在被"拷问",这种被动的、不舒适的心理状态不利于学生们积极、愉悦地接受新的知识。而 QFT 课堂上,学生被鼓励自主提问,因为提问本身就需要学生进行深度思考,因此当他们历经"千辛万苦"提出自己的疑问后,必然会迫切地想要去寻找这个问题的答案,这种自主性激发了学生的内在学习动力,无需教师额外的激励手段,学生即可进入自主探究的过程。学生提问时,老师们成为"被提问者",这种角色转换又进一步增强了学生的心理掌控感和舒适感,加强学生主动探究的意愿。

因此,在 QFT 误堂上,教师的角色转变为课堂方向的引导者和学生提问的解答者,而学生则成为课堂内容和节奏的主导者。这种模式让学生能够在一种轻松而主动的状态下进入深度学习。他们不仅能够确保课堂讨论紧扣主题,还能在教师的适度引导下,充分激发探究的热情。这种教学模式真正体现了以学生为中心的教育理念,与当前新时代科学教育改革的要求和精神高度契合。

二、跨学科"思维工具箱"工具二:科学方法的运用能力

学生提出问题后,紧随其后的任务便是如何解答问题。科学方法作为通往科学成就和技术创新的关键通道,其能否正确使用直接关系到研究的成败。适合的方法能事半功倍,而错误的方法则可能导致徒劳无功。正如弗朗西斯·培根(Franch Bacon)所言:"即使步履蹒跚,只要方向正确,也能超越那些虽步伐迅速却迷失方向的人。"在探索自然界的奥秘和理解其发展规律的漫长旅程中,人类如同在黑暗中摸索,在崎岖的道路上行走。特别是那些杰出的科学家们,在科学研究的艰难征途中,他们开拓或发现了通往成功的路径,为后来者铺就了通往知识巅峰的光明大道。这些路径正是科学探索中行之有效的科学方法。

(一)科学方法学习对科学教育的价值

知识的学习与创造在科学教育中是相辅相成、密不可分的。学生的认识之旅是一个连续的认知过程,它遵循着认识论的基本法则。教学与学习不是简单的线性过程,而是一个波浪式前进、螺旋式上升的实践—认识—再实践—再认识的动态过程。在这个过程中,科学方法扮演着至关重要的角色,它为学生提供了探索未知、验证假设、构建理论的有力工具,从而使科学教育的价值得以充分体现,成为科学探究和知识增长过程中不可或缺的一环。学习系统的科学方法对科学教育的重要意义体现在以下四个方面。

1. 有助于学生深刻理解科学本质

传统科学教育中更强调科学知识具体内容的学习,因此,学生对科学本质的了解有限。科学方法的研究引领学生深入探究科学知识产生的本质,揭示科学知识的演变并非一系列孤立静止的事实,而是一个生机勃勃、持续演进的过程。这一过程建立在严格的证据基础之上,强

调观察、实验和逻辑推理的结合。通过学习科学方法,学生能够领悟到科学知识的发展是一个不断提出问题、寻找答案、修正理论的动态循环。这种理解帮助学生认识到科学探究不仅是对自然界现象的描述,更是对这些现象背后规律的深刻洞察和理解。它激发学生对科学深层次的好奇心和探索欲,培养他们对科学探究活动的持续热情和批判性思维。

2. 助力学生培养批判性思维

学习科学方法可以为学生提供一套强有力的批判性思维工具,这不仅包括对科学主张的质疑,还涉及对科学论证的深入分析和严格评估。学生通过这种方法论的学习,学会如何辨识论据的强弱,识别潜在的逻辑谬误,以及基于充分的证据构建有力的论断。这种基于证据的判断过程是批判性思维的核心,它要求学生在面对信息时不盲目接受,而是积极地寻求理解、验证和反思。通过科学方法的训练,学生能够在复杂多变的信息环境中保持清醒的头脑,发展出独立思考的习惯。他们学会如何从多角度审视问题,如何在数据和假设之间建立联系,并在此基础上形成自己的观点。这种能力不仅在科学领域内至关重要,也是学生未来在其职业领域和社会生活中做出明智决策的基础。此外,批判性思维的培养还鼓励学生对现有的知识体系持有一种健康的怀疑态度,激励他们不断寻求新证据,勇于挑战传统观念,从而推动知识的创新和科学的进步。

3. 加强学生实践技能

在实验室,学生通过亲身实践,在研究中学习如何做研究,运用观察、测量、实验等科学方法解决实际问题。通过亲手操作实验器材,学生能够直观地感受到科学原理的应用,学会如何控制变量、记录数据、分析结果,并从中发现问题、提出假设和验证结论。可以说,在教授学生运用科学方法的过程中,学生不仅学习了理论知识,更全面地运用并实践了这些知识,某种程度上实现了深度学习。此外,学生还能学会如何安全地使用各种科学仪器,如何遵守实验室规则,以及如何对实验结果负责。无论他们未来是继续科研道路,还是步入其他需要精确操作和严格管理的职业领域,这些技能和责任感都具有重要价值。

4. 促进学生跨学科学习

由于大部分科学方法本身就是通过真实问题的跨学科研究得来,因此对科学方法的运用能够促进学生跨学科探究能力的培养。科学方法研究强调各学科间相互交织、互为支撑的重要性。通过跨学科视角,学生被鼓励超越传统学科边界,整合不同领域的理论和方法,应对日益综合且复杂的科学问题。在课程实施过程中,我们发现学生学会了如何将生物学的洞见与化学原理相结合,或者将物理学的精确性与工程学的实用性相融合,从而在诸如环境科学、材料科学、生物医学工程等领域中,提出独到的见解和解决方案。这种跨界融合不仅丰富了学生的知识结构,也锻炼了他们的综合思维能力,使他们能够灵活运用多学科知识解决实际问题。此外,这种跨学科学习还促进了学生对科学、技术和社会之间相互作用的理解,使他们意识到科学探索不仅仅是实验室内的工作,更是与社会需求、伦理考量和文化背景紧密相连的综合活动。通过科学方法教育,助力学生拓展视野,成为能够在多元领域内进行有效沟通和创新合作的科学家和思想家。

（二）适合高中科学教育的科学方法学习框架

有关科学方法的分类,学界众说纷纭、观点多样,构成了一幅错综复杂的理论图景。本课程在综合考量的基础上,提出一个旨在服务校本科学教育的科学方法框架。这一框架并非仅仅构建一个纯粹的理论体系,而是围绕科创课程中可能涉及的、具有实用价值的科学方法总结,为课程实施的教师和学生提供参考。

随着现代科学技术的迅猛发展,一系列新兴理论如控制论、信息论、系统论相继问世,特别是演化物理学、信息科学、人工智能以及当代量子科学的兴起,极大地丰富了科学方法的内涵,并为人类深入探索科学世界提供了先进的工具和理论基础。根据蔡铁权[①]等的研究,科学方法可分为理性科学方法、感性科学方法、综合科学方法以及特殊科学方法,这些分类为科学教育提供了多样化的教学内容和方法论指导(图6.3)。

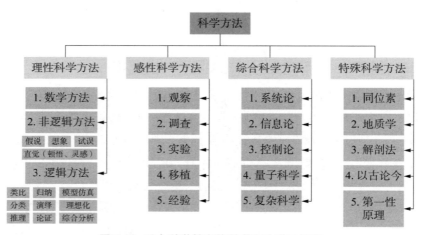

图6.3　适合科学教育的科学方法学习框架

1. 理性科学方法

理性科学方法侧重于逻辑推理、数学建模和理论分析,它为科学提供了一种严谨的思考框架,帮助人们从已知原理推导出新的结论,构建理论体系,是科学发展中不可或缺的分析工具,包括数学方法、逻辑方法和非逻辑方法。

（1）数学方法

作为科学研究的基础,数学扮演着至关重要的角色。人们借助一系列严谨的数学模型和公式,捕捉并表达自然界的规律性,为科学探索提供了一种无与伦比的精确性和量化分析能力。数学的应用不仅限于抽象的理论推导,其更在实际问题的解决中发挥着核心作用,使学生能够以量化的方式预测现象、分析数据和验证假设。本课程教学实践采取的是一种与实际应

---

① 蔡铁权,薛真. 践行科学方法的科学教育[J]. 浙江师范大学学报(自然科学版),2024(4):370—380.

用紧密结合的数学教育方法,我们不主张孤立地教授数学知识,而是将数学教育融入学生的课题研究中。当学生在进行小课题研究的过程中遇到需要数学知识来解决的问题时,课程会提供针对性的辅导。这种教学方法使学生能够在真实的研究情境中学习和应用数学,增强学习的实用性和有效性。此外,这种教学模式还鼓励学生发展数学思维,学会如何将数学工具应用于跨学科的问题解决中。学生不仅学会了数学公式和理论,更重要的是学会了思考问题——如何将复杂问题简化为数学模型,如何运用数学方法进行逻辑推理和数据分析,以及如何从数学的角度提出创新的解决方案。

（2）非逻辑方法

这种科学方法突破传统思维模式,推动创新。其最大的特点是不依赖于严格的逻辑步骤,而是通过爆发的创造力和直觉,引导研究走向未知领域的深处,包括假说、想象、试误、直觉（顿悟、灵感）等。非逻辑方法的价值在于它们能够突破传统思维的局限,为科学问题提供新颖的解决途径。通过这些方法,学生们能认识到科学研究不只是一个冷冰冰的逻辑推演过程,更是一个充满想象力和创新精神的探索旅程,这为探索未知的过程增添了乐趣。

（3）逻辑方法

逻辑方法为理解和解释世界提供一套系统的工具和程序,帮助学生从观察到的现象中提炼出普遍的规律,并用这些规律来预测未知。主要包括类比、归纳、模型仿真、分类、演绎、理想化、推理、论证、综合分析等。通过学习逻辑方法理论知识,并将其运用在自己的小课题研究中,学生们能够初步构建起严谨的思考框架,发展出从已知探索未知的能力。

2. 感性科学方法

该类方法侧重于通过观察、实验和经验积累来获取知识,使学生能够直接接触和理解自然现象,为科学理论提供实证基础,是科学知识产生的源泉。包括观察、调查、实验、移植、经验等。

观察是学生研究旅程的起点,无论是初涉研究的低年级学生还是深入探究的高中生,都需要从观察出发。观察赋予学生洞察现象的能力,使他们能够捕捉到模式,识别异常,并激发出对更深层次问题的研究兴趣。

调查方法涉及对特定问题或现象的系统性信息收集。这可能包括问卷调查、访谈或现场考察,以收集定量或定性数据,为理解复杂问题提供多角度的视野。在社会科学课题的研究中,学生们将会频繁用到。

实验是感性科学方法的重要组成部分,通过控制变量和操作条件来测试假设和理论。实验室中的精确测量和重复实验为科学知识提供了可靠的验证。当然,实验过程中涉及的实验设计、数据分析和理论推导也体现了理性科学方法的特点,是一种综合的科学方法。如前所述,可控制实验在科学革命进程中发挥了关键性作用。在自然科学课题的研究中,学生通常采用实验的方法。

移植方法是将一个环境中的生物转移到另一个环境中,以观察其适应性或效果,在生物学、生态学和医学等研究领域尤为重要。当然，移植方法不仅限于生物体，也适用于技术、方法论甚至是社会制度，观察它们在新环境中的适应性和效果，是一种跨学科的应用。

经验方法是基于个人或集体的实践积累，通过长期的实践和反思获得的知识。经验方法强调从实际操作中学习，为理论的形成和完善提供了丰富的实证基础。

通过这些感性科学方法，学生能够直接与研究对象互动，收集原始数据，形成初步的理论假设。这些方法的实践性和直观性为科学探究提供了坚实的基础，并且是培养科学直觉和实验技能的重要途径。感性科学方法的运用能加深学生对自然界的认识，让这些认识在脑海中变得灵动和鲜活。

3. 综合科学方法

该方法综合理性和感性方法的特点，通过跨学科的整合，形成了更为全面和系统的科学认识。它强调不同学科、不同方法之间的协同作用，以解决复杂的科学问题。本课程重点关注的综合科学方法包括系统论、信息论、控制论、量子科学、复杂科学等。

系统论研究系统的结构、行为、动态和相互作用，强调整体性思维，认为整体的性质和功能不能仅通过其组成部分来理解。通过系统论，学生可以学习如何从宏观角度分析问题，理解事物之间的相互依赖性和整体效应。

信息论是量化信息内容、传输和处理的科学，由克劳德·香农（Claude Shannon）创立，对现代通信技术和数据科学有着深远影响。信息论教育有助于学生理解信息的基本概念，包括数据压缩、加密和错误检测等，为数字化时代的有效沟通和数据处理打下基础。

控制论研究系统的控制和通信过程，由诺伯特·维纳（Norbert Wiener）提出。包括工程、生物和社会系统中的反馈机制与自我调节能力。掌握控制论的原理可以帮助学生理解自动化和机器人技术背后的逻辑，培养其解决复杂工程问题的能力。

量子科学探索量子力学的原理及其在物理、化学、信息科学等领域的应用，如量子计算和量子通信。量子科学的概念可以激发学生对微观世界的兴趣，培养其对前沿科技的理解和创新思维。

复杂科学研究复杂系统的行为，如经济市场、生态系统和社交网络，这些系统表现出非线性、自组织和动态演化的特性。通过学习复杂科学，学生可以更好地理解现实世界中的复杂现象，培养跨学科地思考和解决问题的能力。

4. 特殊科学方法

这种方法是针对特定学科或研究领域的特殊问题而采用的专门技术和程序。其往往与特定领域的研究对象和条件紧密相关，旨在为特定问题提供定制化的解决方案，包括同位素、地质学、解剖学、以古论今、第一性原理等。

特殊科学方法为特定学科领域量身定制了解决方案，它们与研究对象的特性和研究条件紧密相连。其中，同位素、地质学和解剖学，因其需要特殊设备或具有一定的危险性，在高中学生小课题研究中直接实践应用的可能性不大，虽然如此，了解这些方法的原理却可以促进学生对不同领域知识的迁移和应用。而以古论今和第一性原理,则因其普适性,可以直接应用于多种学科研究中,培养学生的批判性思维和创新能力。通过学习这些特殊方法,学生不仅能够深化对特定学科的理解,还能提高解决复杂问题的能力,为未来的学术探索和职业发展奠定基础。

在传统的科学教育中,虽然物理、化学、生物等学科课堂也会涉及一些科学方法的学习,但往往缺乏系统性整合和显性化提炼。本课程通过集中化、系统化、显性化的方式教授科学方法,让学生在小课题研究中,了解科学探究方法的多样性和丰富性,提升他们在未来主动运用特定科学方法的意识。当然,这种教学的目的并非要求学生在小课题中应用所有的科学方法,而是希望他们能了解这些科学方法,且有机会在小课题研究中实践一种或几种方法,进而对其加以内化,形成一种思维习惯。这样,当他们在未来的研究工作中遇到挑战时,能够迅速地从自己的"思维工具箱"中选择合适的工具来应对。

对于不同阶段的学生,科学方法的学习应有所侧重。对于初中生和小学生,由于他们的知识基础尚在构建中,直接学习科学方法可能还未到"火候",难以理解。而对于本科生和研究生,已经开始需要做长周期、复杂的研究,如果等到此时才开始学习科学方法,已然是"书到用时方恨少"。相比之下,高中生一方面已有较为丰富的知识储备,能够较好地吸收和理解科学方法的深层含义,另一方面,他们正处在通往深入研究的门槛上,因此,这个阶段是学习科学方法的最佳时机。

正是基于以上考虑,本课程在学生的跨学科"思维工具箱"中引入了科学方法这一强有力的工具,希望能够装备学生的心智,使他们在需要时能够自如地调用。通过这样的训练,我们期待学生能够在未来的学术探索和专业实践中,展现出更加敏锐和高效的科学探究能力。

三、跨学科"思维工具箱"工具三:跨学科概念的理解和建构能力

跨学科概念(Crosscutting Concepts)①,又称共通概念、通用概念,是指超越学科界限,成为各学科相互联系的纽带与桥梁的重要概念。这些概念在所有科学领域乃至其他非科学领域(如数学)中都有所体现,为不同学科的知识整合和问题解决提供了基础。美国在《新一代科学标准》中提出了"模式""因果""量级、比例、数量""系统与模型""能量与物质""结构与功能""稳定与变化"7个跨学科概念②,《义务教育科学课程标准(2022年版)》中则提出了"物质与能

---

① National Research Council. A Framework for K - 12 Science Education: Practices, Crosscutting Concepts, and Core Ideas [M]. Washington, D.C.: The National Academies Press, 2012.

② NGSS Lead States. Appendix G-Crosscutting Concepts [EB/OL]. https://www.nextgenscience.org/sites/default/files/resource/files/Appendix％20G％20-％20Crosscutting％20Concepts％20FINAL％20edited％204.10.13.pdf

量""系统与模型""结构与功能""稳定与变化"四个跨学科概念①。

（一）跨学科概念存在的理论基础

跨学科概念何以存在？首先要从学科的概念谈起。学科是以一类知识为核心，具有自身特有的语言系统、思维范式、研究程序的知识分类的产物②。可见学科最核心的要素是特定范围的知识以及人类对相应知识的思维。这两点便是跨学科概念在本体论与认识论方面的存在基础。

从本体论角度而言，不同学科所研究的对象，可能在本质上是相同的，这样的对象便在各学科中具有相同的属性或表现。"物质与能量"这个跨学科概念最能体现出本体相同的内涵。在科学的各个学科内都有"能量"的概念，且这些能量都有相同的度量（单位相同），属于相同的类型（可以相加减）＊，遵循相同的规律（如能量的转化和守恒规律）。

从认识论角度而言，不同学科所研究的问题，可以采用相同或相似的认知方法。以"系统与模型"为例，模型不是大自然天然的存在，而是人类思维的产物。系统论或是建立模型的思想方法，在各个学科中都有用武之地。物理学科中用"等势线"来描述电场的分布情况，地理学科中用"等高线"或"等温线"来描述地势或温度的分布情况。这种各学科中的"等值线"图，正是相似的建立模型思维方法的跨学科应用。

（二）跨学科概念的内涵

跨学科概念是一些在科学、数学、工程技术等领域不断重复出现的重要概念，它能够跨越学科边界，在上述领域中提供强大的解释力和丰富的成果③。已有的研究说明跨学科概念属于"大概念"范畴④，因此其在内涵上与大概念有相通之处。具体来说，跨学科概念的内涵包括以下几个方面。

首先是普遍性。跨学科概念具有普遍性，它们不仅存在于某一特定学科中，还广泛存在于多个学科领域，是各学科共通的重要概念。普遍性内涵为跨学科概念大范围的迁移运用提供了基础。

其次是联结性。跨学科概念能从知识本体与认识方法两个方面联结不同领域的学科核心概念，形成跨学科内容之间的逻辑联系和互通性认知。如果将各学科的知识比作知识网络的"经线"，跨学科概念就可被视作"纬线"，从不同于学科视角的角度串联起对学科知识的理解。

---

① 中华人民共和国教育部. 义务教育科学课程标准（2022年版）[S]. 北京：北京师范大学出版社，2022：16.

②③ 陈婵，邹晓东. 跨学科的本质内涵与意义探析[J]. 研究与发展管理，2006(2)：104—107＋112.

＊ 只有相同类型的事物才能相加减，否则不能产生有意义的"和"或"差"。例如1个苹果加1个鸡蛋的"和"是没有意义的，但将苹果和鸡蛋替换成"食物"，则可以相加得到2个"食物"。

④ 郭玉英，姚建欣，张静. 整合与发展——科学课程中概念体系的建构及其学习进阶[J]. 课程·教材·教法，2013(2)：44—49.

最后是整合性。跨学科概念是从大量分散于不同学科的事实和概念中概括提炼出的上位概念,这样的上位概念能够以少数关键概念统摄各个学科中离散的事实、概念、理解,具有广泛的解释力,从而为知识的理解或问题的研究提供方法与工具。

爱因斯坦曾说:"教育就是当一个人忘记了在学校所学的一切东西之后还留下来的。"这句话恰好反映了学科核心概念与跨学科概念等大概念在教育中的地位与内涵:超越具体的事实性知识、个别的操作性技能,是对科学整体的理解与认识。

(三)跨学科概念的功能

跨学科概念作为现代学术研究与教育的重要理念,其功能不仅仅是简单的知识叠加,它还深刻影响着知识的创新、问题的解决以及人才的培养等多个方面。

1. 科学功能:知识的整合与创新

跨学科概念的核心在于打破学科界限,促进不同学科知识的交叉与融合。这一过程中,来自不同学科的理论、方法和技术相互碰撞、交融,催生出新的知识体系、理论模型和技术手段。这种知识整合不仅拓宽了研究的视野,也为解决复杂问题提供了多元化的视角和思路,从而推动了知识的创新与发展。例如,在生物医学领域,跨学科研究将生物学、医学与工程学等学科知识相结合,推动了新型医疗设备、治疗方法及药物的研发,极大地提高了医疗水平。计算机科学与其他学科的交叉融合催生了人工智能、大数据等新兴领域。这些新兴领域的发展不仅推动了科学技术的进步,也为社会经济的发展注入了新的动力。

2. 教育功能:效率与能力的提升

人类的知识积累一直处于加速过程,日益增加的事实性知识与学生有限的学习时间和精力之间存在着无法调和的矛盾;技术的发展(互联网、数字百科全书、搜索引擎等)使得简单的事实性知识变得唾手可得,机械记忆的"知识"越来越缺失其价值。因此,科学教育的目标"不在于传递给学习者确定性的知识,而在于让他们学会把知识作为认知世界的方式,以应对世界的不确定性"[①]。在科学教育领域,"less is more"的理念[②]也越发受到重视。解决上述矛盾的主要思路,就是使用少数学科大概念和跨学科大概念统领整合各个学科和学科间的知识,基于跨学科概念的整合性内涵,以期在有限的课程容量中将学习的效率最大化。

学习效率的提升主要可以在以下方面得以体现。

(1)节约认知资源

通过跨学科概念的整合,学生可以认识到部分分散于各学科内的知识、概念其实具有相同的本质,只需要消耗一份认知资源即可学习多个不同的知识。例如,化学课程中,在研究反

① 裴新宁,郑太年.国际科学教育发展的对比研究——理念、主题与实践的革新[J].中国科学院院刊,2021(7):771—778.
② 郭玉英,姚建欣,张静.整合与发展——科学课程中概念体系的建构及其学习进阶[J].课程·教材·教法,2013(2):44—49.

应热的部分会学到一条规律,称为"盖斯定律",其内容是"一个化学反应,不管是一步完成的还是分几步完成的,其反应热都是相同的"①。此规律表明,在一定条件下,化学反应的反应热只与反应体系的初态和末态有关,而与反应的途径无关。物理中与之类似的内容很多,例如重力势能、电势能、分子势能、引力势能等,综合起来说就是势能变化只与系统的始末状态有关,而与具体的变化路径无关。这两个知识点的相似性源自"物质与能量"这个跨学科概念的本体性相同。因为化学反应的能量,其本质就是物理中的电势能,具有相同本质的规律自然具有相同的表现。当学生学习掌握了"物质与能量"这一跨学科概念,就能一次性理解物理和化学两门学科中与之相关部分的内容,而不是将其当作两个或多个单独的内容来掌握。

（2）改善学习效果

跨学科概念本身即是有意义的组织和结构,能够在超越具体学科内容的上位层面为学习者提供一个对科学整体的框架性认识,使学习者对科学的认识更为完整。在《K—12科学教育框架:实践、跨学科概念和核心概念》中就提出应当从科学课程的最开始就引入跨学科概念,同时跨学科概念的复杂性和精密度应该随着年级而增加②。随着学生对科学学科的理解不断加深,对跨学科概念的理解深度也相应增加。这就是跨学科概念的框架性功能,即作为认知框架在学生学习的各阶段提供引导与支持。学生基于自身既有的概念上或方法上的"前期经验",在接触新的知识与概念时,能够将其部分内容纳入已有知识体系,从而产生更快更好的理解。例如,在高中物理电场部分内容中涉及的"等势面"概念,以及利用等势面来描述电场分布,就可以借用地理课堂在初中时学习过的"等高线"或"等温线"来进行较为形象的理解。

（3）提升问题解决能力

学习的最终目标之一是解决现存的问题。一方面,问题解决的特征是"用已知应对未知,以既有创造未有",这要求我们必须利用知识、概念和方法的迁移性。迁移性最强的不是具体的知识和概念,而是诸如跨学科概念等的"大概念"。将一般性概念凝练提升为跨学科概念的认知过程,可以被视为元认知的体验过程。"元认知"是关于认知的认知,跨学科概念是关于概念的概念。元认知是智力的核心和高级成分③,简单的观察、机械的记忆无法对元认知的培养形成刺激,基于跨学科概念等大概念的学习才能提供获得元认知的驱动力。换言之,跨学科概念的学习可以通过提高学习者的智力能力来提升其解决问题的能力。另一方面,面对当今社会的复杂问题,如气候变化、公共卫生危机、能源短缺等,单一学科的解决方案往往显得力不从心。跨学科概念则强调从多个角度、多个层面入手,综合运用不同学科的知识和方法,形成全面的认识和综合性的解决方案。这种综合性的解决方案能够更全面地考虑问题的各个方面,

① 人民教育出版社,课程教材研究所,化学课程教材研究开发中心.普通高中教科书化学选择性必修1[M],北京:人民教育出版社,2020.

② National Research Council. A Framework for K‐12 Science Education: Practices, Crosscutting Concepts, and Core Ideas [M]. Washington, D.C.: The National Academies Press, 2012.

③ 戴妍.智力理论中元认知成分探析[J].四川教育学院学报,2004(11):36—37.

提高解决问题的有效性和针对性。例如,在环境保护领域,跨学科研究结合了地理学、生态学、化学、物理学等多个学科的知识,共同研究环境问题的成因、影响及解决方案,为环境保护事业提供了有力的支持。

第三节　跨学科 QMCC 科创教学模式

在确立本课程的定位、目标、理念后,我们进一步将这些内容融合并构建成一个高效可行的教学模式,以便在课程实施中发挥其应有的效果。目前,学界和教育界对于 QFT 提问技术、科学方法以及跨学科概念已有较为丰富的理论研究成果。然而,在国内高中的教学实践中,这些理论尚未得到充分的运用和落实。本课程尝试将这三者进行有机整合,提炼并升华为一个融合性的跨学科教学模式,并通过校本化科创课程的实践和持续优化,使之更加贴合学生的实际需求。

一、跨学科 QMCC 教学模式的内涵与特点

(一)内涵

依托于跨学科"思维工具箱"的深度内涵和独特优势,本课程创新性地探索并实施了一种新型的跨学科 QMCC 教学模式,它将提问(Questioning)、科学方法(Methodology)、跨学科概念(Crosscutting Concepts)三个要素融合在一起,形成一种三位一体、互动且连贯的融合性课程框架。该框架下的教学模式以学生自我提问为驱动,运用科学方法进行探究,理解并自主建构跨学科概念,循环(Cycling)深化,从而提升科学素养。QMCC 即提问、科学方法、跨学科概念和循环的英文首字母简称。

这一教学模式以激发学生的自我提问为第一步,也是学生进行小课题研究的第一步。通过精心设计的学习情境,学生被鼓励提出自己独到的问题,在教师的引导下,运用一系列科学方法进行系统探究和分析。这些科学方法包括但不限于观察、实验、归纳、演绎和模拟等,帮助学生建立起对现象的深刻理解和对原理的准确把握。在这一过程中,学生不仅吸收和理解了跨学科概念与知识,更重要的是,他们学会了如何主动地构建知识框架,将不同学科的理论和实践整合起来,形成更为全面和深入的系统性理解。这种跨学科的知识整合能力,使学生能够在不同领域之间建立联系,促进创新思维的发展。随着学生对原有问题的深入探究,他们往往会在这一过程中发现新的问题和疑惑,这些问题又成为新一轮探究的起点。这样的循环往复,加深了学生对知识的理解,也锻炼了他们持续学习和自我教育的能力。每一次循环都是对知识深度和广度的拓展,每一次探究都是对科学素养的提升与深化。

当然,跨学科 QMCC 教学模式的实施离不开各种资源的支持,例如课程资源,目前我们开发了支持提问、科学方法、跨学科概念教学的四大类课程:钱学森课程、费曼课程、天工课程、图灵课程,这些课程的具体教学价值与内容将在第七章介绍;另外还有导师资源,我校科创辅导

团导师研究背景多元,包括数学建模、人工智能、前沿生物学等,课程和导师建设共同支撑了跨学科 QMCC 教学模式的实施(图 6.4)。

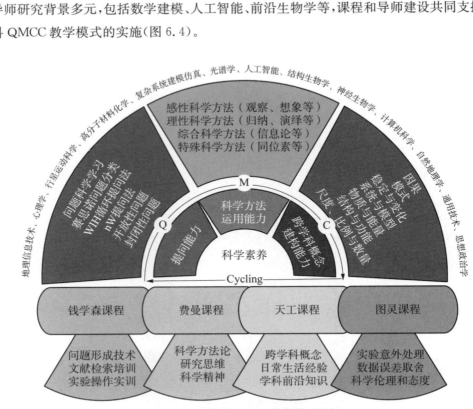

图 6.4 跨学科 QMCC 教学模式图解

综合来看,提问、科学方法和跨学科概念在学生科学素养的培养中相辅相成。提出问题是解决问题的起点,解决问题需要合适的科学方法和科学知识支持,问题探究和解决的过程能帮助学生更深入地理解甚至自主建构跨学科概念。而跨学科概念的生成又能支持学生从更高的维度思考问题,进而提出新的研究问题,三者共同构成了一个动态融合的思维系统。学生在循环往复、逐步深入的研究过程中提升科学素养。当然,这种素养的提升不仅限于科学领域,更可以迁移到其他学科乃至日常生活中,帮助学生形成终身学习的习惯,培养他们面对未知挑战时的应变能力和创新能力。随着课程的不断完善,更多的思维工具将融入该系统,形成多元、丰富、彼此融合的跨学科"思维工具箱"。

(二)特点

从教学目标与理念来看,跨学科 QMCC 教学模式以学生为中心,强调激发学生的自我提问热情,引导他们主动探究和解决问题。教学模式的结构体现了整合性、动态性和开放性,将提问、科学方法、跨学科概念三个关键要素融合成一个连贯的教学体系,学生在这个体系中循环探究,达到素养的螺旋式上升。这种结构不仅促进了学生批判性思维和创新能力的发展,而且支持了个性化学习路径的构建,满足了不同学生的学习需求。

从教学过程与方法来看,跨学科 QMCC 教学模式注重实践性、互动性和反思性。通过感性、理性、综合、特殊等科学方法的应用,学生能够在实际研究中体验科学探究的过程,与导师、同伴等进行互动交流,促进知识的深度学习和理解。同时,该教学模式鼓励学生进行反思性学习,对自己的探究过程和结果进行深入反思和评估,从而实现知识的内化和能力的提升。

从教学效果与评价来看,跨学科 QMCC 教学模式体现了持续性、评估性和技术融合特点。该模式支持学生持续地学习和探究,通过循环探究,学生能够不断地积累知识以及获取新知的经验,提升科学素养。同时,本书第九章还会提到,该教学模式采用多样化的评价方式,全面了解学生的学习进展和教学效果。此外,在人工智能盛行时代,本课程强调新技术的应用,鼓励将信息技术等现代教学工具融入教学过程,提高教学效率和学生的学习兴趣。

二、跨学科 QMCC 教学模式的价值

跨学科 QMCC 教学模式的核心价值在于其为学生构建了一个多维度、互动性强的跨学科学习和研究环境。这一环境不仅极大地拓展了学生的知识视野,更重要的是,它有效地激发了学生的创新潜能和探索精神,提升了学生的科学审美和品位,在学生心中种下了一颗科学研究的种子。

科创课程采用小课题研究作为教学的载体,这种以真实问题为背景的研究方式,本质上就具有跨学科的特性。然而,在实际的学校课程实施中,这种跨学科的属性往往没有得到充分显现和强调。与大多数学校的教学实践不同,我校的科创课程以构建学生的跨学科"思维工具箱"为直接教学目标,通过创新的跨学科 QMCC 教学模式来实现。这里首次显性化小课题研究的跨学科属性,明确地将其作为教学的重点。在这一模式下,无论是基于真实问题的提问,还是跨学科乃至跨领域的科学方法,抑或是跨学科概念的整合,课程都在不断地向学生强调学科整合的重要性。可以说,这种三位一体的融合性课程架构,实现了整体功能大于部分功能之和的效果。它不仅为学生提供了一个软性的跨学科学习氛围,更通过具体的教学实践,为学生创造了硬性的跨学科研究条件。在这样的环境中,学生不再是被动接受知识的机器,而是成为主动探索、积极创新的研究者。他们能够在真实的科学研究过程中,运用跨学科的知识和技能,解决实际问题,体验科学探索的乐趣。此外,跨学科 QMCC 教学模式还注重培养学生的批判性思维和创新能力。在这一模式下,学生被鼓励质疑常规,挑战权威,从不同的角度审视问题,寻找创新的解决方案。这种批判性思维和创新能力的培养,对于学生未来在学术领域与职业生涯中的成功,都具有至关重要的作用。

总之,跨学科 QMCC 教学模式以其独特的教学理念和实践方法,为学生提供了一个开放、互动、创新的学习和研究环境。在这里,学生不仅能够获得知识和技能,更能够培养出适应未来社会所需的综合素质,这为他们未来的学术探索和职业发展奠定了坚实的基础。我们也期待通过这种教学模式的实施与探索为我国新时代科学教育改革和发展提供经验和参考。

第七章　结构与内容：　构建跨学科科创课程框架

基于跨学科 QMCC 教学模式的理念，跨学科科创课程框架以提升学生科学素养为核心，采用模块化课程贯穿科创小课题全周期，助力学生完成小课题研究，从而丰富自身的跨学科"思维工具箱"。

第一节　跨学科科创课程结构

一、框架与结构：基于跨学科 QMCC 教学模式的模块化课程

课程将跨学科 QMCC 教学模式中强调的提问、科学方法和跨学科概念融合到课程实施的全周期。课程框架包含四大类课程，即钱学森课程、费曼课程、天工课程、图灵课程。依据学生小课题研究进度，开展不同类型的课程，帮助学生提升在兴趣挖掘、文献调研、实验操作、问卷调查、论文撰写、数据整理、面试问答和课题表达等方面的能力，完整地体验真实的科学研究过程——提出问题、分析问题、解决问题、提出新的问题，如此循环往复。

（一）课程框架

我校科创课程框架描绘了一个以提升学生科学素养为核心的教育教学体系。它采用跨学科 QMCC 教学模式，通过提问、科学方法、跨学科概念的教授来激发学生的好奇心和探索精神。钱学森课程、费曼课程、天工课程、图灵课程四大类课程，分别侧重于跨学科概念、提问能力、科学方法和科学伦理的培养。在这一课程框架下，学生将得到来自人工智能、物理工程、光谱学、神经生物学、结构生物学等领域的科创导师的一对一辅导，这些导师将支持学生进行小课题研究，帮助他们在科学探索的道路上不断前进。需要指出的是，这四大类课程的实施并非按部就班，而是根据学生的研究需求和兴趣灵活安排，以确保教学活动与学生的实际探究紧密相连，促进知识的深入理解和应用。这样的课程设计旨在为学生提供全面、深入且个性化的科学学习体验，从而提升科学素养。

（二）课程结构类型与说明

在构建跨学科科创课程框架时，我们采用了模块化的课程结构，这可以为不同层次的学生提供灵活多样的学习选择，以适应他们处于不同课题研究阶段的需求。这种结构不仅允许学生根据自己的兴趣和能力选择课程，还支持他们随着研究进程的推进，逐步运用提问技术、

科学方法、跨学科概念,持续推进课题研究进度。课程包括四大核心模块:钱学森课程、费曼课程、天工课程和图灵课程,每个模块都围绕特定的教学目标和内容设计,相互独立又紧密相连,共同构成科创课程体系。

1. 钱学森课程

该类型课程是科创课程的基石,聚焦于课题研究的技能与能力培训,子模块包括提问能力培训课程、实验操作实训课程、文献检索实操课程等。

课程形式包括提问微课程、开题答辩、学科实验技能实训、与大学及科研机构合作的项目化学习等。

课程说明如下:钱学森,中国杰出科学家、思想家,提出著名的"钱学森之问",这一问题深刻地触及了科技创新人才培养的核心。在这一精神的引领下,钱学森课程模块致力于培养学生在课题研究中所需的关键技能与能力——批判性思维。该课程特别强调从培养提问能力开始,鼓励学生依据个人的生活体验或借鉴前人的研究成果,从多角度提出问题,激发他们的探索欲望和创新思维。

课程内容由我校物理、化学、生物、地理等学科教师通过跨学科教研,针对学生做科创过程中的问题,基于"跨学科思维工具箱"自主开发而成。如"问题形成技术介绍""赛思诺提问""如何开启物理学、化学、生物学课题""自下而上与自上而下选题策略"等微课程。

2. 费曼课程

该类型课程是科创课程的支柱,主要聚焦于科学思维与科学方法的培训。子模块包括思维类课程和科学方法类课程等。

课程形式包括科学方法微课程、青少年科学创新实践工作站、"创意·创新·创造"三创大赛、华二普陀科协沙龙等。

课程说明如下:费曼(Richard Phillips Feynman),美国物理学家、杰出科学普及者,《费曼的彩虹》一书也因其享有盛誉。费曼通过各种科学方法研究并解释了枯燥的量子电动力学。比如,费曼强调观察自然界现象的重要性,认为在理解复杂概念时,直觉在科学探索中扮演着关键角色。费曼还提倡从基本的物理原理出发,运用数学的归纳和演绎方法来预测现象的科学方法和思维。他特别鼓励人们从跨学科的视角出发,对现有理论持批判性思维,以促进科学知识的深入理解和创新。由此,费曼课程聚焦科学方法以及这些方法中蕴含的思维和精神。科学方法主要包括:观察、想象、直觉等感性的研究方法;归纳、演绎、分类等理性的研究方法;信息论、控制论等综合方法;同位素、地质学等特殊研究方法。其子模块包括上述不同类型的科学方法课程。

课程内容主要专注于"跨学科思维工具箱"中的科学方法论和学科思想,涵盖了四大类科学方法:理性科学方法、感性科学方法、综合科学方法和特殊科学方法。例如,在理性科学方法的微课程中,我们曾探讨"动物的再生与衰老""万物无穷,元素有序"以及"水之循环:净化的律动"等主题。而在特殊科学方法的微课程中,我们则深入研究"环境追溯与年代解析",特别是其中的"同位素"解析技术。通过这些课程,学生将学习如何运用不同的科学方法来探索和解决跨学科问题。

3. 天工课程

该类型课程是科创课程的主体,主要包括跨学科概念教学,子模块包括学科概念课程、跨学科概念课程、生活经验课程、学科前沿课程等。

课程形式包括夏令营、国家重点实验室实地考察、跨学科在线微课程、大学 AP 课程等。

课程说明如下:《天工开物》是一部博大精深的著作,由明代杰出科学家宋应星倾力编著。它涵盖了广泛的知识领域,展现了跨学科的深厚底蕴。课程名称中"天工"二字的选用,正是为了传达我们对于跨学科知识和概念的不懈追求。我们希望通过这样的课程设计,激发学生探索知识的广度与深度,培养他们的综合视野。本课程中的跨学科概念包括物质与能量、因果关系、模式、结构与功能、稳定与变化、尺度比例与数量、系统与模型等。天工课程模块及其子模块课程设计允许师生根据自身课题的实际需求灵活实施。

课程内容较为丰富,如科创夏令营活动中,生物学领域专家讲解当前植物学研究的热点问题;航天专家讲解中国航天的历史和宇宙探索等专业领域知识;环境科学领域专家讲解水环境污染治理的最新微纳米气泡净化等相关专业的前沿发展等。涉及生物、环境科学、地球科学、物理、信息技术、人工智能等多个领域的学科前沿内容和跨学科领域的知识。

4. 图灵课程

该类型课程是科创课程的精神内核,主要聚焦科学伦理类知识教学。这是我校科创课程的核心特色之一,在新时代科学教育的背景下,我们注重培养中国科技创新人才的"明德"精神,即在科学探索中坚守道德和伦理原则。子模块内容涵盖科学伦理的各个方面,特别是当遇到学术不端行为、研究意外情况时的应对策略,旨在引导学生形成正确的科学情感态度和价值观。通过这些课程,我们希望学生能够在追求科学真理的同时,也不忘维护科学诚信和社会责任。

课程形式包括"明日科技之星"论坛、"未来科学家"培养计划、综评模拟答辩等。

课程说明如下:艾伦·图灵(Alan Turing),英国数学家,计算机科学与人工智能之父。在人工智能时代,机器在文献检索和资料整合方面的能力日益增强,但这也提醒我们,教育的核心应当是培养学生明辨是非、独立思考的创新能力。图灵课程正是基于这样的理念,它强调在科学探索中坚守真实性和客观性。在现有的高中课程赛制下,通过家长资源和外包直接将大学课题转变为中学生小课题的情况屡见不鲜,这不符合我们的课程价值观。课程涵盖了实验意外处理、数据误差取舍、文献引用查重等关键领域,旨在培养学生的科学精神和道德责任感。我们认为,科技创新应以"德"为魂,因此,图灵课程不仅是科创课程模块的一部分,更是其精神内核,致力于培养出既具备专业能力又有道德责任感的科技创新人才。

课程内容依托校园科技节、明日科技之星、未来科学家论坛、模拟答辩等活动展开,通过真实客观地展现研究过程,让学生掌握如何取舍数据。在各种科创答辩评价结果中,同一小组常常出现不同结果。通过本模块内容的亲身实践,包括组员与组员之间,导师与组员之间,不同平台的专家与师生之间的真实交流,潜移默化地培育学生正确的科学精神。

综上所述,"跨学科科创课程"四类课程各具特色,分别承担着独特的功能。钱学森课程是科创课程的基石,致力于培养学生的提问能力,构建学生的核心知识体系,强化他们的科学理论和实践技能。费曼课程作为科创课程的支柱,侧重于培育学生运用科学方法的能力,引导他们在科学的道路上不断前行。天工课程作为科创课程的主体,为学生课题研究所需的跨学科概念储备提供基础,培养他们跨学科的学习能力。而图灵课程则是科创课程的精神内核,它体现了科创课题探究的深层价值和理念,强调了科学探索中的道德和责任。这四大模块相互融合,共同实现跨学科 QMCC 教学模式设计,以灵活而全面的方式,为高中阶段的科创教育提供一个丰富而立体的课程体系。通过这样的课程设计,我们希望能给学生提供一个真实而愉悦的跨学科学习环境,在研究中体悟研究的快乐与成就感。

第二节　跨学科科创课程内容

为保障学生顺利完成一项独立的课题研究,课程分为四个阶段:前置、开题、中期、结题,每个阶段均围绕学生的小课题研究开展,各有侧重点(图 7.1)。

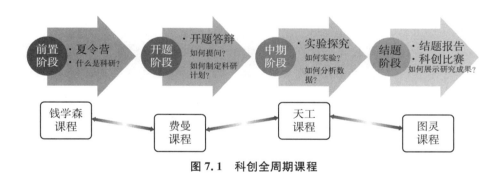

图 7.1　科创全周期课程

一、前置阶段

前置阶段是学生科创之旅的开端,这个阶段课程的主要任务是帮助学生了解什么是科学研究、为什么要做科学研究以及怎么做科学研究。前置课程一般安排在高一新生开学前的暑期夏令营阶段,子课程模块包括钱学森课程、费曼课程等。

以 2024 年科创夏令营为例,钱学森课程支持下的授课内容涵盖两个主题报告。

(一) 植物学创赛指导

该报告由上海师范大学明凤教授主讲。明教授引导学生如何从科学的角度出发,提出和解决植物学领域的问题。明教授不仅深入探讨了植物学的研究热点和科创大赛的获奖课题,还教授学生如何结合个人兴趣,从广泛的研究领域中锁定并细化具体的科学问题。她强调了判断研究课题可行性的重要性,并运用现场头脑风暴和小组讨论等互动方式,激发学生的创新思维。通过这些活动,学生们学会了如何从日常生活中的现象出发,提出科学问题,并运用系统的科学方法,将科学与技术相结合,从实际问题中提炼出科学问题,进而探索其解决方案。

(二)中国航天与深空探测进展

该报告由中国科学院杨志根教授主讲。杨教授不仅仅回顾了航空航天的辉煌历程,更深入探讨了航天器制造的精密性、宇宙飞船变轨的复杂性以及宇宙探索的深远意义。他强调,科学研究必须建立在严谨的态度之上,正如钱学森所倡导的系统科学思想与方法,每一个细节,哪怕是一个小小的螺丝,都可能对最终结果产生重大影响。杨教授通过实际案例,教导学生们如何在面对复杂问题时进行科学的抽象和简化,从而提出科学问题,并寻找解决方案。他鼓励学生们从实际生活中的事物或现象出发,有意识地观察和思考,提炼出有价值的课题研究方向,这正是钱学森课程中强调的"理工结合、科学与技术相结合"的教育思想的体现。通过这样的教学,学生们学会了如何将实际问题转化为科学问题,进而探索其解决方案,培养了他们的创新精神和实践能力。

科创夏令营活动内容丰富,除了主题报告,还包括科学素养测评,即在课程干预前,了解学生的科学素养水平,课程结束后也会对学生进行科学素养后测,比较分析科创课程在学生科学素养提升中的独特作用。此外,夏令营还通过与高校科研院所如中国科学院、华东师范大学等合作,支持学生走进真正的实验室参观和研究学习。

二、开题阶段

开题阶段是课题研究过程中至关重要的一环,它的核心使命在于引导学生自主提出研究问题,精准定位研究课题,并制定出一套严谨的科学研究计划。这一阶段对于培养学生的批判性思维和科学审美能力尤为关键,它能够极大地激发学生的探究精神和创新意识。在整个研究周期中,开题阶段占据了相当大的比重,大约在 30% 到 50% 之间,凸显了其在整个研究过程中的重要性。在这一阶段,课程内容精心设计,包括钱学森课程、费曼课程、天工课程的内容均支持这一阶段的课程教与学,旨在全面提升学生的研究能力。

开题阶段的课程设计主要围绕以下几个核心任务展开。

(一)问题探索与导师匹配

学生在个人兴趣的驱动下,通过初步的文献检索和与科创辅导团老师的深入沟通,评估研究问题是否具有科学探究的价值,并据此初步确定合适的导师。这一过程特别强调跨学科合作的重要性,鼓励学生与来自不同学科背景的导师进行交流,以获得全面的视角和指导,从而构建一个多元化的学术环境。

(二)课题确定与师生互选

在与多位导师的深入交流后,学生将基本确定自己的研究课题和导师,进入师生互选的第一阶段。学生以小课题组的形式,与初选导师进行一对一的深入交流,详细汇报课题和研究方案,同时接受导师的反馈和建议。

(三)个性化选题与开题答辩

在确定导师后,导师会根据其专业特长和学生的兴趣,提供个性化的选题指导和初步的科学研究方法。学生通过课程学习和文献查阅,进一步明确研究课题,撰写开题报告和文献综述,制作答辩PPT,并准备开题答辩。在条件允许的情况下,学生还有机会进行预实验,以验证研究方案的可行性。

(四)校外科创项目支持

在校内导师的指导下,学生开展选题与开题工作,同时,校外科创活动如华二系的"创意·创新·创造"大赛也为学生的课题开题提供了展示平台,鼓励学生展示课题的创新性、科学性和研究方法的合理性。此外,如上海市"英才计划"等科创项目的选拔活动,不仅为学生提供了更广阔的科研实践机会,也间接推动了学生开题工作的深入进行。

三、中期阶段

中期阶段的核心目标是确保学生能够顺利推进课题研究。课程内容涵盖了科学方法论、数据分析技术、反馈调整机制以及实验技能的实践培训。以下是中期阶段课程实施与内容的三个关键方面。

(一)研究方法与数据分析

在研究方法与数据分析课堂上,学生将掌握数据的收集、处理与分析技巧,并学习如何根据中期检查的反馈来优化研究方向和方法,以确保研究的科学性和有效性。

(二)跨学科学习与导师指导

课程鼓励学生在中期汇报中展现如何将不同学科的知识点融合于自己的研究,以此来提升他们的综合分析能力。同时,多学科导师团队将在中期阶段提供专业的指导和支持,帮助学生调整研究方向,确保跨学科课题研究的顺利进行。

(三)实验或社会调研的开展

在这一阶段,学生将着手开展实验或进行社会调研,将理论知识应用于实践。课程强调实验设计的重要性,教授学生如何制定实验计划、控制变量以及记录和解释实验结果。对于社会调研,学生将学习如何设计问卷、进行访谈、收集和分析社会数据。通过这些实践活动,学生能够深化对研究主题的理解,并提升解决实际问题的能力。

下面以2023年的费曼课程为例,介绍具体的授课内容。

1.动物的再生与衰老

中国科学院的曾安教授以"动物的再生与衰老"这一跨学科议题作为载体,从器官的再生与衰老、动物的再生与衰老以及人类器官再生三个维度,教授学生如何运用科学方法论来探索和解决生物学问题。曾教授带领学生回顾细胞衰老与再生的基本原理,通过涡虫这一重点研究对象,利用清晰的模式图和实验视频,直观展示涡虫惊人的再生能力,让学生亲眼见证这一自然现象。在此基础上,曾教授深入浅出地分享前沿研究成果,引导学生运用观察、想象、直觉等感性研究方法,以及归纳、演绎、分类等理性研究方法,从器官移植、肢体再生体、外器官再造等角度,探讨人类器官再生的可能性与挑战。通过这一系列科学方法的实践,学生逐步理解当代生物学领域的研究进程,培养跨学科思维和批判性思维。

2. 万物无穷,元素有序

华东师范大学的姜雪峰教授引导学生深入理解与日常生活紧密相连的碳、氢、氧、氮、硫等元素的重要性,通过元素周期表的深入分析和代表性元素的详细介绍,培养学生的形象思维,并加强他们归纳与演绎相结合的综合能力。姜教授以硫元素为案例,探讨其在药物、材料、食品等关键领域的化学应用,揭示硫元素在国计民生中的重要作用。通过硫元素的具体实例,学生学习到化学元素如何构成自然界万物,从而深刻体会化学的美妙之处。课程始终鼓励学生运用观察、想象、直觉等感性研究方法,以及归纳、演绎、分类等理性研究方法,从跨学科的角度探索化学元素的奥秘。通过这样的科学方法论教学,学生不仅能够掌握化学知识,还能培养对科学的审美与品位,提升科学素养。

3. 人类驯核记:民用核技术的前世今生

复旦大学的张有鹏教授带领学生深入探索核技术这一现代高新技术,并揭示其在日常生活中的广泛应用。张教授引导学生运用观察、想象等感性研究方法,结合丰富的实验等理性研究方法,来理解核技术的原理和应用。课程鼓励学生从跨学科的角度出发,批判性地分析核技术的现状和未来发展趋势,同时,通过实际案例和实验,让学生亲身体验科学方法在解决实际问题中的应用。

四、结题阶段

在结题阶段,课程的核心任务是引导学生有效地展示他们的研究成果。课程内容包括指导学生系统地整理研究成果、磨炼展示技巧、参与学术交流与评价,以及学习如何进行研究反思和发现新问题。具体形式如结题答辩、科技体验活动、科创比赛等。

(一)以课题组为单位进行结题答辩

结题答辩包括学生结合答辩 PPT 进行课题研究陈述和回答专家提问两个环节,在结题答辩时须提交结题论文,答辩结束后应整理结题报告,结题报告需要由答辩秘书记录课题基本信息、研究过程与成果评价表和论文答辩记录表。

(二)以"校园科技节"为代表的科技体验活动

以 2023 年"校园科技节"系列活动为例,分四部分进行。第一部分"校级学术交流",各课题组推选学生进行部分研究成果展示,设计提问环节和投票环节,最终由学生、导师、学术委员会老师共同评选出本届"校园十佳课题";第二部分"校园知识竞赛",以学科知识和科研能力的考查为主,全体同学自行组队进行团队战,题目形式分为必答、选答和抢答;第三部分"机械组装大赛",旨在提高学生的动手能力,在亲身实践中探索科学之趣;第四部分"科创结题仪式",

带领同学对整个课题研究过程进行回顾与反思,总结科学方法和跨学科概念的应用等。

(三) 科创比赛

参加"上海市明日科技之星"和"上海市青少年科技创新"等比赛,整理提交研究报告、研究日志、实验许可证明、查新报告等材料,参加比赛答辩。

在科创全周期中,钱学森课程、费曼课程、天工课程和图灵课程是一套综合性的科创教育教学体系,它们贯穿于学生研究的各个阶段,相互补充,共同促进学生技能和思维方法的发展。在研究的初期,钱学森课程激发学生提出科学问题,而天工课程则助力学生迅速确定研究方向。进入研究中期,钱学森课程继续支持学生在探索中发现新问题,费曼课程则引导学生运用科学方法论深入研究,天工课程的跨学科教学拓宽了学生的研究视野。到了结题阶段,图灵课程助力学生通过表达和演练来展示他们的科学成果,天工课程支持学生从跨学科视野来评价、总结研究成果。当然,这些课程的设计与实施随着教学环境、学生情况和学校条件的变化将不断更新、灵活调整以适应学生的需求。

在科创课程的全周期实施中,遵循以下三大原则。

第一,三自原则。"三自",即自己想课题、自己做课题、自己写课题。自己想课题,即鼓励学生根据自己的兴趣选择课题方向,自主提问。这个过程能激发学生的创造力和想象力,有助于培养其独立思考和解决问题的能力。自己做课题,即在确定了课题之后,学生需要亲自动手进行研究。这包括设计实验、收集数据、进行分析等。自己写课题,即强调研究成果的表达同样重要。学生需要学会如何将自己的研究发现和结论以书面形式表达。"三自"原则中,尤其注重"自己想课题",通过自主提问形成课题思路,自主提问是创新的起点,课程鼓励学生在研究过程中不断提出新问题。渐进式提问有助于引导学生调整或深化课题研究的方向,使其在科创课题研究中获得全面的锻炼。这种自主探索和实践的过程对于学生的长远发展具有重要意义。

第二,跨学科教与学原则。跨学科科创课程与一般科创课程的最大不同,就是基于跨学科理念构建,不仅是学生在做课题中用到不同分科课程的知识,科创课程中为学生提供以七大类跨学科概念为主的课程模块,从微观到宏观的不同尺度上理解现象,使用系统思维来分析问题,构建和应用模型来模拟复杂情况,以及从结构与功能的角度探究事物的内在联系等。

第三,融合原则。课程强调通过整合不同教育资源和科学工具来促进学生的全面发展。包括整合高校、科研院所的学术资源,科技馆、博物馆等的实践资源,大学及高中教育集团的资源,以及普陀区青少年中心等区级科创资源,形成一个立体化的教与学平台。采用 QMCC 融合性教学模式,助力学生形成跨学科"思维工具箱",提升科学素养。

第八章　路径与方法：
　　　基于跨学科 QMCC 教学模式的实施

基于跨学科 QMCC 教学模式，我们的课程的实施路径与方法围绕学生的小课题研究全周期展开设计。这种教学模式将问题形成技术、科学方法和跨学科概念等核心要素有机地融入整个课程体系中。学生在这一过程中，通过亲身参与真实的研究项目，体验从问题的提出到分析再到解决的完整流程。

第一节　如何基于 QFT 教学生提出问题、确定选题

在科创课程中，首要任务是引导学生发现自己感兴趣的课题方向。课程运用 QFT 课堂策略，帮助学生识别他们真正关心、有兴趣且具有研究价值的问题。在选题的过程中，课程教学主要分为两个阶段。首先，通过 QFT 课堂鼓励学生提出大量有趣的科学问题；其次，采用自上而下和自下而上的选题策略，教授学生如何筛选并确立课题。

一、通过 QFT 课堂鼓励学生提出科学问题

在第六章中，我们介绍了 QFT 课堂的五个核心步骤：创建提问文化、学习问题科学、掌握课堂提问、练习提问技巧、内化提问技能。在实际教学中，我们强调参考 QFT 理论研究成果①和我们实际的课堂实践经验，不断优化这些步骤的关键要素。华二普陀科创课程在以往实施过程中，得益于教师团队的共同努力，形成了一套初步的 QFT 课堂操作基本流程。以下是对这些操作细节的要点阐述。

（一）创建提问文化

在课堂上创建提问文化主要包括四个重要方面：消除阻碍学生提问的心理障碍、向学生展示提问能够赋予他们的超凡能力、确立课堂上提问的安全准则、学习如何基于 QFT 生成问

---

① 理论研究成果参考来源主要包括：由美国正确问题研究所开发的 QFT 技术理论：（1）Rothstein, D., & Santana, L. Make Just One Change: Teach Students Questions yourself Own Questions [M], Harvard Education Press, 2011. （2）Warren Berger. Beautiful Questions in the Classroom [M], Corwin Press, 2020.

题的基本规则。

1. 消除阻碍学生提问的心理障碍

这是第一步,也是非常关键的一步,只有消除学生提问的心理障碍,提问的课堂文化才能得以建立,从而为课堂注入活力。可以采取调研和访谈等方法深入了解学生不愿或不敢提问的关键因素。在实践过程中,我们发现学生对于提问的犹豫主要源自以下几个方面。

(1)习惯因素。在传统的科学教育课堂上,教师主导的讲授和提问模式使得学生很少有机会自主提问。因此,在QFT课堂的初期,学生可能会产生疑惑:这是提问的适当场合吗?我是否有提问权?

(2)时间顾虑。学生在教师讲授主题内容后,担心剩余的时间不足以充分讨论自己的问题,从而犹豫是否提出疑问。

(3)知识缺乏。学生在提问的初期可能不知道如何构建和生成问题,或者不确定应该针对什么内容提出问题。

(4)恐惧心理。学生已习惯于在当前的传统课堂中回答问题而非提出问题。在QFT课堂上,这种提问角色的转换可能会引发学生的恐惧心理,例如担心提出的问题是否恰当,是否有价值,或是否会遭到老师与同学的嘲笑等。

(5)态度问题。当学生对QFT课堂缺乏了解时,可能会表现出冷漠的态度,心里会想:我为什么要主动提出问题?这与我有关吗?

通过对这些因素的认识和理解,教师可以采取相应的措施来鼓励学生提问,如明确告知学生提问的重要性,提供足够的时间让学生提问,教授提问技巧,建立积极的课堂氛围以减少学生的恐惧感,以及通过正面反馈来培养学生积极参与的态度。通过这些方法,我们可以逐步引导学生克服心理障碍,激发他们的提问热情,使他们成为课堂探究的积极参与者。

2. 向学生展示提问能够赋予他们的超凡能力

在QFT课堂伊始,便告知学生提问能带来的超能力,有助于增强学生提问的兴趣和积极性。综合现有研究来看,提问能够赋予学生至少6种超凡能力,这些能力对他们的学术成长、个人发展乃至未来的职业生涯都至关重要。

(1)批判性思维。提问促进学生分析和评估信息,培养他们识别假设和论据的能力,从而形成独立和深入的思考。

(2)创新和解决问题的能力。通过提问,学生学会从多角度审视问题,激发创造性思维,发现和实施有效的解决方案。

(3)自主学习。提问激发学生的求知欲,鼓励他们独立寻找答案,培养终身学习的习惯和自我教育的能力。

(4)沟通和表达。提问要求学生清晰地表达自己的思想和疑问,从而提升他们的语言表达和沟通技巧。

(5)适应性和灵活性。提问帮助学生适应不断变化的环境,培养他们面对新挑战时的灵活性和适应力。

（6）自信心和开放心态。提问的过程增强了学生的自信，同时促进了对不同观点和新知识的开放态度，为团队合作和社交互动打下基础。

通过提问，学生不仅能够在学术上获得深入的理解，还能够在个人层面上发展出适应快速变化的世界所需要的技能。

3. 确立课堂上提问的安全准则

在 QFT 课堂伊始，告知学生共同遵守"提问规则"，营造一个积极、开放的提问环境，充分释放学生的提问潜能。

（1）尊重与欢迎。我们重视并欢迎每个人的提问，鼓励频繁提问，因为每一个问题都是对知识的渴望和好奇心的体现。

（2）非评判性。课堂上我们鼓励师生不对任何问题进行评判。让学生知道，无论问题看似简单或复杂，都是探索知识过程中宝贵的一部分，都应得到认真考虑。

（3）多向交流。问题将在课堂中自由流动，不仅限于老师与学生之间，也包括学生与老师、学生与学生之间的互动。

（4）真诚与真实。鼓励学生以真诚的态度提出问题，并以真实为基础进行交流。不提任何形式的"假问题"，即那些并非出于真正求知欲而提出的问题。

（5）广度与深度。鼓励学生提出各种规模的问题，从细微之处到宏大议题，包括那些搜索引擎难以回答的、需要深入思考的复杂问题。

基于这些规则，创建一个每位学生都感到安全、受到鼓励、能够自由提问的学习环境，让提问成为学生在科创课堂的共同学习旅程中不可或缺的一部分。

4. 学习如何基于 QFT 生成问题的基本规则

QFT 课堂需要遵循以下基本规则，以确保提问过程的流畅性和有效性。

（1）大量提问。鼓励学生尽可能多地提出问题。数量在这里是关键，因为它不仅能够激发思考，还能增加发现深刻见解的机会。

（2）暂停讨论。在提问阶段，避免停下来讨论、判断或回答任何问题。这一规则保证了提问的连续性和专注性，让学生不受限制地表达他们的好奇心。

（3）原始记录。按照问题陈述的原本形式，准确地记录下每一个问题。这有助于保持问题的原始性和真实性，确保学生的思维不受他人观点的影响。

（4）问题形式。将所有陈述，无论其成熟度如何，都转换成问题形式。这一步骤促进了一种以问题为中心的思考方式，鼓励学生从不同角度探索和质疑。

通过这些规则，学生被引导进入一个充满探究和发现的学习空间。他们学会如何自由地提出问题，而不必担心问题的质量或他人的看法。导师在这一过程中扮演着重要的角色，他们需要为学生提供支持和指导，帮助学生理解提问的重要性，并鼓励他们积极参与到提问的过程中。通过这样的训练，学生能够逐渐掌握提问的艺术，将其作为一种强有力的学习工具，以促进知识的深入理解和创新思维的发展,结合自己的兴趣,最终能找到适合自己的课题研究方向。

(二)问题科学的"教"与"学"

提出一个好的问题,是课题研究的开始,要提出一个好的问题,则需要先学习如何提出问题。如何提问也是一门科学,因此,在 QFT 课堂上,我们会进行问题科学的教学。

1. 学习不同的问题分类方法

封闭式和开放式问题。封闭式问题(Closed-ended Questions)要求回答者从给定的选项中选择一个或多个明确的答案。这类问题的答案通常是有限的,可以为:是或否、数字、日期、事实等,一般用于明确、精确和有限的信息获取,而不涉及深入思考或讨论。封闭式问题有助于收集事实信息和聚焦讨论,但它们在探索未知、理解深层观点、感受或原因,以及分析复杂问题时存在局限。开放式问题(Open-ended Questions)则是那种允许回答者以自由的方式表达观点、想法和感受,而不受预定义答案限制的问题类型,可以用"什么""为什么""如何"等词汇来表示。这类问题需要深入地、创造性地思考和讨论,答案可能会因个人观点、经验和情境而异,有助于促进深入的对话和创新。需要对学生强调的是,两类问题没有好坏优劣之分,区别只在于不同的场景下需要用到不同的问题。通过不断练习提出封闭式和开放式问题,且转换两类问题,学生可以更游刃有余地使用两类问题。

课堂上也可以参考弗兰克·赛思诺提出的问题分类法。赛思诺是前美国有线电视新闻网(CNN)主播,在其著作《提问的力量》中,提出了一种新的问题分类法,根据问题的功能将它们分为多种类型,例如:

◆ 科学性问题:追求知识和理解,如"我们知道什么? 我们需要弄清楚什么?"

◆ 娱乐性问题:引发轻松愉快的思考,如"如果你有三个愿望,会是什么?"

◆ 诊断性问题:探究事件的本质,如"这里发生了什么?"

◆ 战略性问题:规划行动,包括"我们要做什么?"和"为什么要做?"

◆ 对抗性问题:检验信息的一致性,如"你说过这个吗?"

◆ 创造性问题:激发创新思维,如"如果没有限制呢?"

◆ 任务性问题:推动实际变革,如"我们如何才能带来改变?"

……

赛思诺的问题分类法为提问提供了一个多维度的框架,可以帮助学生根据不同目的选择恰当的问题类型。

除了以上两种分类法,还有沃伦·贝格尔(Warren Berger)独创的漂亮的问题、探索性问题、联结性问题、猜测性问题或水晶球问题、假问题和协作性问题等。可将这些不同的问题分类法渗透到科创课堂中,为学生学习提问奠定基础。

2. 学习结构化提问方法

问题科学的丰富内涵中,结构化提问方法扮演着至关重要的角色,它为学生提供了一套系统化的思维工具。WIH 循环提问法,即 What、If、How,通过连续的提问,激发学生对问题的深入思考。3W 提问法,即 What、Why、How,关注问题的本质、原因和解决方案。6W 提问法,进一步拓宽提问的视角,包括 What、Where、When、Who、How、Why,为学生提供一个全面的提问框架。

结构化提问教学将帮助学生从多角度出发,迅速构建并生成问题。通过这些提问模型的实践,学生将学会如何有效地提问,如何全面地分析问题,并利用问题来推动自己的课题研究。

3. 学习基于批判性思维的提问流程

在学生牢固掌握问题科学的基础知识之后,科创课堂将为学生提供各种不同的情境,以供学生学习、评价和思考,帮助其深化问题形成技能,提升批判性思维。尽管提升批判性思维的途径多样,涉及的方法、技巧和注意事项繁多,但通过理论学习①和我们的实践经验,可以将其概括为四个关键步骤,这些步骤会在 QFT 课堂中不断强调。

(1)识别与区分。首要任务是识别所面对的是观点还是事实,如果是观点,则检查其论证过程逻辑是否合理,这里可以提的关键性问题是:该观点论证过程正确吗?

(2)深挖前提。对于逻辑上无懈可击的观点,进一步挖掘其背后的前提和假设,这方面往往是擅长于证明的中国学生的薄弱之处。这里可以提的问题是:它的假设条件和前提正确吗?有无遗漏的信息?

(3)经验事实的对照。即使观点在逻辑和前提上都显得完美,仍需将其与经验事实进行对照,以验证其真实性和适用性。这里可以提的关键性问题是:这与经验事实相符吗?

(4)探究意图与价值观。在整个批判性思维的过程中,应不断探究观点背后的意图和价值观,这有助于学生全面理解观点的深层含义。这里可以提的问题是:该观点背后的价值观是什么?为什么会提出这样的观点?

通过这四个关键性问题,帮助学生培育更加严谨和全面的思维方式,使其在面对纷繁复杂的信息时,能做出更加明智和客观的决策。

(三)掌握课堂提问——QFT 课堂实施的关键一环

基于 QFT,在科创课堂上进行提问实践,学生能更快地掌握提问技巧,这包括 6 个主要过程(表 8.1):

表 8.1　QFT 课堂任务清单

QFT 主要步骤	教师任务	学生任务
1. 给出问题焦点	围绕教学重点,教师设计"问题焦点",可以是一个短语,如技术变革,也可以是一整段话,或者典型的图像、视频、物体等	观察、理解问题焦点

---

① 参考来源主要包括(1)Neil Browne. Asking the right questions [M], Pearson Press, 2006;(2)林毅夫教授在北京大学《中国经济专题》讲座中关于批判性思维的观点。

QFT 主要步骤	教师任务	学生任务
2. 学生产生问题	提醒学生提问规则,巡视学生提问过程	围绕与问题焦点相关的提问,不需要回答或辩论,将每一个问题都写下来,并把所有表述都改成问题的形式
3. 学生改进问题	提醒学生学习的问题科学,如用不同类型问题进行开放式或封闭式提问	依据学习到的问题科学,对提出的问题进行改进、优化、转换(如开放—封闭)
4. 学生排序问题	提醒学生对已提出的问题进行优先级排序,教师一般会要求学生选出 3 个最喜欢的问题	利用开放式和封闭式问题的优势,对问题进行优先级排序,并选出 3 个最喜欢的问题
5. 解决优选问题	解答选出来的问题,解答者可以是教师、学生或共同完成	对同伴们提出的问题进行思考、解答,聆听老师对问题的解答
6. 反思提问过程	根据提问和解答情况,围绕教学重点,提醒学生是否还有重要问题遗漏	反思提出的问题是否围绕问题焦点,是否还有遗漏的信息未获取到

1. 给出问题焦点

围绕教学重点,教师设计"问题焦点",这可以是一个科学前沿报道,如"禁食有促癌风险""可感知 DNA 损伤的细菌免疫系统",也可以是一段文字、一张图像、一个视频或一个实物,旨在引导学生集中注意力并激发他们的好奇心。学生则须观察、理解教师提出的问题焦点。

2. 学生产生问题

在教师的引导下,学生围绕问题焦点提出自己的问题。教师在此过程中提醒学生注意提问规则,巡视课堂,确保学生的问题以书面形式记录下来,不回答、不讨论,并将所有表述转化为问题形式。

3. 学生改进问题

教师引导学生学习不同类型的问题,如开放式问题和封闭式问题,依据这些问题类型对已提出的问题进行改进和优化。学生在此过程中学习如何转换和细化问题,以提高问题的质量和数量。

4. 学生排序问题

鼓励学生对提出的问题进行优先级排序,并选出他们最感兴趣的三个问题。这一步骤帮助学生学会区分问题的紧迫性和重要性。

5. 解决优选问题

教师组织学生共同探讨和解答这些问题。解答过程可以由教师、学生或师生共同完成。学生在此过程中积极思考、解答,并认真聆听他人的观点和教师的解答。

6. 反思提问过程

在提问和解答结束后,教师根据教学重点,引导学生回顾整个提问过程,检查是否有遗漏的重要问题,并反思自己提出的问题是否紧密围绕问题焦点,是否还有未获取的关键信息。

QFT 课堂通过程序化提问实践,有效提升学生的批判性思维、好奇心、问题解决能力、信息筛选与优先级判断能力,同时促进团队合作、自我反思、创新思维的发展,加深学科知识的理解,增强学生的自主学习能力,为学生后续提出一个有研究价值的科创课题研究奠定基础。

(四) 练习提问技巧

1. "观思探"训练法

基于哈佛大学"零点方案"的想法改编而来①。首先是观察,即学生需要仔细观察所讨论的主题或现象。其次是思考,鼓励学生对观察到的内容进行深入思考,探索其背后的原因和联系。最后是探究,即基于观察和思考,学生提出问题,这些问题应指向他们想要进一步了解或探究的领域。假设课堂正在讨论的主题是"气候变化",教师提供关于气候变化的背景资料,包括科学报告、图片、视频或案例研究。学生被要求仔细观察这些资料,注意气候变化的迹象,如冰川融化、海平面上升、极端天气事件等。学生思考观察到的现象背后的可能原因,如温室气体排放、森林砍伐等,教师鼓励学生考虑这些现象如何影响生态系统、人类社会和地球的未来。学生基于他们的观察和思考,开始提出问题。如:"气候变化如何影响特定地区的生物多样性?""温室气体排放的主要来源是什么,我们如何减少它们?""海平面上升对沿海城市的具体威胁有哪些?"学生将这些问题记录下来,并在小组或全班面前分享。

2. 问题日志法

这是一种古老但可靠的方法,由教育家托尼·瓦格纳开发。即学生在日志中记录他们在日常生活和学习中遇到的所有疑问,圈出他们最感兴趣的问题。日志可能包括问题的背景、学生对问题的初步理解以及可能的研究方向。与同伴或老师一起定期回顾问题日志,选择一些问题进行深入探究或在课堂上提出。

3. 问题风暴法

在一个限定的时间内,学生尽可能多地提出与特定主题相关的问题。鼓励自由思考,欢迎任何问题,无论其是否"恰当"或"完整"。问题风暴结束后,学生可以对问题进行分类和优先级排序,选择最喜欢的问题进行进一步探讨。

4. 科学家问题集法

学生研究历史上著名科学家的生平和工作,特别是他们提出的关键性问题。通过分析这些科学家如何发现问题、提出问题以及这些问题如何推动科学发展,学生能够获得灵感。学生尝试模仿这些科学家的提问方式,提出与自己的小课题研究领域内相关的问题,并探索可能的解答路径。

---

① 沈致隆. 哈佛大学《零点项目》的启示[J]. 高等教育研究. 1997(2):17—19.

通过这些方法,学生不仅能够在课堂上积极提问,而且能够在日常生活中培养提问的习惯。同时,教师也提供持续的指导和反馈,帮助学生优化提问技巧。

(五)内化提问技能

在 QFT 课堂的持续实践锻炼下,学生逐步掌握并内化问题形成技术。这一内化过程有几个关键点,包括开放化问题、精准化问题、中性化问题、整合性问题。通过这样的提升训练,学生不仅能在课堂上提出科学问题,也能在日常生活中灵活运用,最终这项技术将成为像书写、阅读、游泳一样不可或缺的技能伴随其一生。

1. 开放化问题

培养学生提出开放化问题的能力,或者说教会学生进行问题的"开放化",这类问题不寻求单一的答案,而是鼓励广泛探索和讨论,类似于头脑风暴。开放化问题可以激发学生的想象力和创造力,促使他们从不同角度审视问题,从而拓宽思维视野。

2. 精准化问题

教会学生如何提出精准、具体的问题,这些问题直接针对核心概念或关键信息。精准化问题有助于学生深入理解复杂主题,通过有针对性的提问,学生能够更有效地获取所需信息,提高学习效率。

3. 中性化问题

指导学生在提问时保持中立立场,避免带有个人情感色彩或偏见。中性化问题确保了讨论的客观性和公正性,让学生专注于事实本身,而不是受到主观看法的干扰,这对于形成理性和平衡的判断至关重要。

4. 整合性问题

鼓励学生提出整合性问题,这些问题能够跨越不同学科或领域,将相关知识和概念联系起来。整合性问题能促进跨学科思考,帮助学生看到不同领域间的联系,可以培养他们综合运用知识解决问题的能力。

在科创课程中,运用 QFT 的关键在于鼓励学生"持续提问"。教师通过精心设计多样化的问题场景,如展示最新的科学前沿、捕捉社会热点问题,或是观察日常生活中的现象,激发学生好奇心。在这个过程中,学生被鼓励提出一系列问题,并通过不断地改进、转换和优化这些问题,来深化自己的理解。这种动态的提问过程不仅锻炼了学生的批判性思维,也帮助他们在众多问题中识别出自己真正感兴趣的研究方向,逐步形成自己的研究课题,为深入研究打下基础。

二、如何选择有价值的科学问题进行研究

通过 QFT 课堂,学生能提出大量的科学问题,但想要从这些海量的问题中,选择有价值的科学问题进行深入的研究,就需要让学生了解哪些是重要的且有价值的科学研究方向。本课程引导学生采取自上而下和自下而上两种策略来筛选并确立课题。自上而下策略是指使学

生明白人类文明进程中相对更为重要的科技创新领域,宏观上构建科学研究方向的认知框架。自下而上策略则通过实际生活观察、时事新闻提炼等,让学生自发提出疑问,形成科学问题,进而发起研究。当然,这两种策略可以结合使用,先自上而下了解重要的研究方向,再自下而上从多渠道中提炼科学问题。

(一) 自上而下策略

科学技术研究的成果对人类文明发展的重要性有高低之分,比如计算机的发明就比计算器的发明更为重要。纵观工业革命发展史,包括蒸汽、石化、电力等能源技术,农业、医学等生物技术,数字化、互联网等信息技术,对推动产业和社会变革,塑造全新的生产方式、社会结构和人类生活具有重要作用。在这些引领人类社会深刻变革的科学研究中,课程总结并梳理了重要的科学研究方向,供学生选题参考。

第一类研究方向致力于拓宽人类探索的广度。远古时代,人类出行只能依赖双脚或借助畜力丈量世界。指南针的发明大大拓展了人类在海洋上的探索范围,成为哥伦布"地理大发现"不可或缺的推动力,深刻改变了世界地理格局和人类社会发展轨迹。公元 618—907 年,中国人发明的火药作为远洋海船武器装备之一,提升了人类探索未知领域的勇气和能力[①]。1804 年,蒸汽火车使得陆地长距离旅行成为可能。19 世纪末,以化石燃料为动力的内燃机汽车取代马匹和蒸汽火车,帮助人类突破食物和轨道的限制,自由地驶向远方。1903 年莱特兄弟成功制造并飞行第一架飞机,到 1958 年波音 707 接近音速飞行。1969 年美国阿波罗号宇宙飞船载人登月,实现人类太空漫步。1981 年哥伦比亚号航天飞机发射,深化人类对太空资源的探索和利用。1990 年哈勃太空望远镜发射升空,逐步揭示亿万光年外的神秘。这些研究成果标志着人类的足迹和视野逐步到达更广袤的宇宙空间。1960 年的里雅斯特号潜水器成功潜入马里亚纳海沟,1964 年阿尔文号深海潜艇借助现代声纳和卫星遥感技术首次下海,2000 年以来海底地形映射项目为我们提供了全面的海底地形图。至此,人类能上天、入地、下海,探索的广度得到极大提升。

第二类研究方向致力于延伸人类生命的长度。古代皇帝渴望长生不老,但受制于科技水平限制终是求而不得。18 世纪前,全球人均寿命只有三十几岁。19 世纪,以罗伯特·科赫和路易·巴斯德为代表的科学家们对微生物的研究提升了人类对公共卫生和医学的认知,天花疫苗、阿司匹林、麻醉药品逐步发明使用,到 20 世纪初,人均寿命增加到 47 岁[②]。虽然 1917 年西班牙流感和第一次世界大战使得当时人们的寿命短期降至 40 岁以下,但由于人们对生物医学认知日益加深,例如 20 世纪 20 年代人们发现疫苗可以预防结核病和百日咳等疾病并投入应用,1921 年发现胰岛素可以降血糖,1928 年人均寿命即恢复并上升到 55 岁。20 世纪 40 年代,青霉素被用于治疗感染,随后包括心脏起搏器、人工肾脏、CT 等在内的新兴医疗技术出

① 张箭. 论火药和指南针在下西洋中的应用[J]. 古代文明,2008(1):78—83+113.
② 尹烨. 生命密码[M]. 北京:中信出版社,2018.

现,1975 年,人均寿命增至 72.6 岁,到 2022 年,中国人均寿命已达 77 岁。随着治疗癌症、传染病、遗传性疾病的新技术涌现,预测显示,千禧年后的平均预期寿命将达到 125 岁,进入不老时代[①]。这一切得益于第三次工业革命以来生物科学、材料科学、数字科学等领域的科技进步。

第三类研究方向旨在提升信息传播的速度,相应成果助力人们获得更高的效率。远古时代,书写依赖昂贵的羊皮,书籍制作只能靠手抄,修道院的修道士可能一生只能手抄一部《圣经》,一本书的价值就相当于一个人的生命,信息传播的速度非常缓慢。公元 105 年,蔡伦发明植物纤维纸张,1041 年,毕昇发明活字印刷术,这两项技术的问世使得书籍成本大幅下降,知识的积累和传播变得更为迅速。19 世纪初,以法拉第为代表的科学家揭示电磁学理论,为无线电传输信息打下基础。1838 年,莫尔斯和维尔在斯皮维尔钢厂成功收发电报,虽然传输距离只有 3.2 公里且只能传输文字,但这标志着人类使用电力进行信息传输的时代启动。1866 年,横越大西洋连接纽约—纽芬兰—伦敦的海底电缆成功敷设,预示了跨洋远距离电信成为可能。1876 年,电话的发明实现了即时通话,信息能以声音形式传输。19 世纪末到 20 世纪初,电影、电视的发明使得信息能以视觉图像作为传播形式,增加了信息传输的含量。20 世纪中叶后,基于微波和微电子技术,包括人造卫星、电子计算机、互联网在内的新技术产品涌现,实现了信息广域覆盖,并使其能够以多种形式迅速传至全球。

以上三类研究方向是人类文明发展中相对重要的领域,中学生在科学研究初期了解这些重要的研究方向,建立起科技革命的坐标轴,有助于他们在科学研究的早期阶段奠定个人未来科研方向的基础,提升对科学的审美和品位。当然,中学生既要有仰望星空、推动科技革命的青云之志,又需要始于足下,从小课题起步,充分利用身边已有的资源条件,以确保研究的实施效果和过程的可行性,这就需要结合自下而上策略来确立课题。

(二)自下而上策略

这一策略主要在于引导学生对实际生活中的事物或现象进行有意识的观察和思考,寻找感兴趣的研究点,将其提炼并形成科学问题,这种自下而上的选题策略对于初涉研究的中学生而言更易上手。一般而言,自下而上策略包括三种渠道:从日常生活现象入手、关注热点时事问题、关注前沿科学研究进展。

首先,从日常生活现象入手,引导学生观察日常生活中的常见现象,鼓励他们提出疑问。例如,学生注意到家中植物有的需要光照,有的不需要光照,可以引导他们提出问题:"光照如何影响植物生长?"教师可以协助学生设计简单的实验,比如控制变量法,测试光照强度和植物生长之间的关系。又如学生在家庭烹饪时可能会注意到食物在加热过程中颜色、质地和味道的变化,可以引导他们提出问题:"烹饪过程中的化学反应如何影响食物的营养价值和口感?"学生可以通过实验来探究不同烹饪方法(如煮、蒸、炒、烤)对食物营养成分的影响,比如维生素的保留情况,或者不同烹饪温度对食物口感的改变。再如学生在日常生活中使用水进行各种

---

① 迈克尔·罗伊森. 不老时代:年轻又长寿的科学和方法[M]. 北京:中信出版社,2023.

活动,如洗手、洗衣和浇花。可以引导他们提出问题:"家庭中如何有效节约用水?"学生可以研究家庭用水的习惯,设计调查问卷来收集数据,分析家庭用水的模式和浪费情况。更进一步的话,他们可以探索和提出节约用水的策略,比如安装节水装置、收集雨水进行再利用等。通过这样的引导,学生不仅能够学习科学探究的基本步骤,还能够培养观察力和实验设计能力。

其次,引导学生关注热点时事问题,从社会现象中挖掘研究的切入点。例如,今年蚊子数量异常减少,网络传言可能是由于持续的高温天气,教师可以引导学生提出探究性问题:"高温真的会导致蚊子数量减少吗?"那么,学生就可以设计实验或调查,收集数据来分析高温与蚊子数量之间的关系。又如随着城市化进程的加快,空气质量成为公众关注的焦点。可以引导学生提出问题:"城市绿化如何影响空气质量?"学生可以通过收集不同城市绿化覆盖率和空气质量指数(AQI)的数据,分析两者之间的相关性,或者设计小规模实验来研究植物对空气中污染物的吸收能力。再如受到疫情影响,许多学校转向了远程教育。可以引导学生提出问题:"与传统课堂教学相比,远程教育中学生的学习效果如何?"学生可以通过问卷调查、访谈或成绩分析等方式,收集数据来评估远程教育模式下学生的学习体验、参与度和学习成效,进而探讨如何优化远程教育方法。

最后,关注前沿科学研究进展是一种要求较高的途径,它要求学生紧跟科学发展的最新动态,理解并吸收前沿知识,从这些前沿研究中找到适合自己研究的切入点。例如,近期一项研究揭示了声音镇痛的神经机制,当声音相对于背景噪声的强度差为 5 分贝时,能够有效缓解小鼠的疼痛感[①]。可以将这项研究介绍给学生,启发学生对声音与生物体之间的关系展开提问,从中找到合适的角度深入探究。在已有的课程实施中,学生就曾提出与此相关的课题切入点:"不同频率的声音对衣藻叶绿素产生的影响研究""不同类型的音乐对人专注度的影响研究"等。围绕与某一项前沿研究相关的问题焦点,通过 QFT 鼓励学生提出大量问题,这个过程中导师会发现学生的创造力令人赞叹。

在本课程实施过程中,就有很多来自对生活中常见现象或自身阅历的思考而产生的有趣研究,这里可以举一个典型的学生案例。华二普陀 2023 届的周同学,她聚焦于研究共享单车把手的卫生问题,这个课题源于她在使用这种交通工具时产生的疑虑:人们在共享单车的同时是否也在"共享细菌"? 于是,她提出"不同共享单车把手上的残留微生物是否有差异?"的科学问题。周同学从不同地点、不同品牌以及不同新旧程度的共享单车把手上采集微生物样本,利用微生物培养、基因测序等技术手段,对这些样本的细菌数量和多样性进行定量分析。她发现共享单车把手上的微生物群落种类确实很丰富,数量也相对较多。学生进一步对不同类型单车把手的细菌数据进行对比分析,发现不同地点和品牌之间的单车把手上的细菌并没有显著差异,但单车的新旧程度与细菌种类和数量存在显著相关性。具体而言,外观更新、车况更

---

① Zhou, W. Sound induces Analgesia through Corticothalamic Circuits. Science, 2022(6602):198 - 204.

好的共享单车把手上的细菌数量和种类总是比外观陈旧、车况较差的单车更多,这与人们的一般认知是相悖的,因为生活中,人们直觉上总是喜欢选择骑行更新、车况更好的共享单车。学生提出了有趣的推测,认为实验观察到的结果恰恰可能正是因为人们更愿意选择看上去更新的单车,使得这种单车的使用频率更高,从而残留了更多的微生物。最终,通过大量实验的重复和数据分析讨论,学生得出了一个有趣的结论,提醒人们在选择单车骑行时不要仅仅看外观,因为使用外观较新的单车可能接触到更多的致病微生物,而相对陈旧的单车反而可能更为安全。通过这一研究过程,学生不仅对生物学前沿技术有了更深入的了解,还通过研究定量化、实证化的科学方法学习如何从获得的大量数据中挖掘有效信息,并将其反馈指导实际生活。尽管这是一个相对"小"的课题研究,但学生通过实践真正感受到了研究的乐趣,体验到了科学探究"出人意料"的奇妙之处。

虽然受限于时间、精力、知识储备,中学生或难在短时间内取得伟大发现,但通过规划研究方向、亲身实践,学习用科学的方法论解决真实问题,可使学生在心中埋下科学的种子,培养其科学家潜质。这有助于激发学生的兴趣,为未来投身科研奠定基础,对其个人发展和国家培养拔尖创新人才均具有重要意义。未来社会变革可能集中于人工智能、生物医学、新能源等领域,了解宏观研究方向和科学方法有助于学生廓清科学研究路径,缩小实验试错范围,提高研究质量与效率。科学研究的基本形式是试错,"经验范式"的试错效率因远低于"实验范式"而被取代,当今人工智能主导的科学研究的试错效率可能会远超人类科学家的"实验范式",从而形成新的科学范式,引发更大的科学和社会变革。

中学阶段是人一生中记忆力、学习力和创新力等智力、能力最为旺盛的时期,许多杰出人物如牛顿、比尔·盖茨等,在这个阶段就展现出了卓越的才华和创造力。因此,当代中学生除了兼顾考试目标的同时,更应改变"纯应试"的学习模式,积极参与科学研究实践,注重科学精神和方法论的培养与训练,为中华民族伟大复兴作出贡献。当然,这也是当前科学教育工作者所需要研究的重点。

第二节 从课程到项目:如何在课题研究中运用科学方法

基于 QFT 带领学生提出问题、选题并立题后,接下来就是正确引导学生如何运用科学方法设计并开展课题研究。巴甫洛夫曾说:"科研探索的路障,尚存于研究手法的稀缺。"科学的发展往往伴随着研究技术的成就而推进,技术的每一次革新都使得我们的认识水平进一步跃升。因而,在科创课程实施中,我们需构建并实施一套高中生如何运用科学方法设计并开展课题研究的体系,以提供一套适合高中生开展课题研究的较为完善且有效的研究策略、规范及步骤,这套研究方法将为高中生的课题研究提供有力的支持。根据研究领域和研究对象的不同,高中生进行的课题研究主要分为自然科学研究、社会科学研究和技术科学研究三种类型,根据不同的课题类型,需要运用相应的科学方法。

一、三种科学研究的基本介绍

（一）自然科学研究

自然科学研究的内容是自然界的物质结构、形态和运动规律，是人类生产实践经验的总结。自然科学研究所具有的特点为确定性验证、概念同一性、因果决定性、可量化研究性、直接性。自然科学研究的程序一般包括：确立研究课题——获取科技事实——提出假设——理论技术验证——建立创新体系①。

其中，获取科技事实的主要工作是按照所确定课题的需求对科学事实资料进行收集和整理；提出假设是从经验上升到理论，由直观感知跃升至逻辑推理的重要转变，这一阶段是理论提炼与革新的核心环节；理论技术检验是对所提出假设进行理论上的证实，它涉及在实验探索中识别并解决问题，修补缺陷，补强证据，并对技术进行革新，目的是将科学假设渐进式地发展为成熟的科学理论。

（二）社会科学研究

社会科学研究的内容是阐释各种社会现象及其发展规律，以了解现实社会和"变化的世界"为最终目的。社会科学研究的特点为因果假设论、定性式研究性、相关性。社会科学研究的程序一般包括：确立研究课题——收集整理资料——进行分析研究——提出研究论点——验证推出结论。收集整理资料的主要任务是利用各类技术手段搜集并整理相关资料；分析研究阶段是从直观感知到逻辑分析的跃迁，此过程不仅能够为具体问题提供理论框架和客观根据，确定问题核心，同时亦有助于推动社会科学理论的演进，进行分析研究的方法有文献研究法、调查研究法、比较研究法、案例分析法等；研究的最终环节是论证与验证提出的观点，这一环节意在回顾研究的起点，解读社会范畴中的某个理论难题或实践问题，加深对社会现象的理解或制定解题的策略、政策与措施。

（三）技术科学研究

技术科学研究是以社会需求为牵引，以实验探索和技术开发为依托，以设计及研制样机或样品为目标的科学。技术科学研究的特点为操作规范性、模型计算化、桥梁纽带性、研究独立性、跨多学科性。技术科学研究的程序一般包括：需求分析——立项审查——构建方案——实验探究——检查结果——试制样机——评估验收等。

在进行以上科学研究时要做到以下几点：明确研究动机；学习知识技能；掌握研究要领；注意研究策略。高中生进行课题研究的每一个环节都离不开科学方法的引领，随着科技的飞速发展，各个学科的交叉和融合使得新的理论不断涌现，许多新的技术在不断创新和应用，新的

---

① 张伟刚，严铁毅，张严昕，等.国家精品在线开放课程"科研方法论"建设与科学素养培育[C]//中国高等教育学会大学素质教育研究分会，浙江金融职业学院.素质教育与文化自信——2019年大学素质教育高层论坛论文集.南开大学；天津理工大学；天津大学，2019：9.

科学方法在不断提炼,科研方法呈现出多样化的趋势。对科研方法进行实时的总结和归纳,对于高中生进行课题研究具有极其重要的指导作用,以下着重介绍高中生如何应用科学方法设计并开展课题研究。

二、运用科学方法论进行课题研究的流程及方法

(一)理性科学方法

理性科学方法主要分为数学方法、非逻辑方法和逻辑方法。侧重于将实际问题模型化,通过抽象、总结、归纳将问题中的数量变化规律找出来,将数学的理论分析和计算机推导结合起来,可以进行现有的数据的计算和规律分析预测。

运用理性科学方法进行课题研究的基本流程为:发现并提出问题——模型假设——建立模型——模型求解——模型检验——模型应用①。

1. 发现并提出问题

将实际生活中的问题或科研中的问题抽象出来,应用数学语言对其进行描述。在构建模型之前,需要对实际问题有深度的理解,明确待处理问题的目标和需求,搜集必要的数据和信息,并对问题的关键元素和次要元素进行划分,以便为即将构建的模型设定一个明确的边界。例如想要研究城市光污染的趋势,我们可以抽象出当地生产总值、路网密度、人口数量等因素,并对这些影响因素进行量化描述。

2. 模型假设

在充分消化信息的基础上,将实际问题理想化、简单化、线性化,紧紧抓住问题的本质及主要因素,作出合情合理且便于数学处理的假设。例如可以假设其他次要因素的影响为零;实验误差是随机的,围绕真实值上下波动,正负相抵消,总和为零等,提出必要的假设。

3. 建立模型

用数学语言对问题进行描述后,在保证模型充分简化、模型与实际问题足够贴近的情况下选择适当的模型。建模大致可以分为:预测与预报、评价与决策、分类与判别、关联与因果等,其中预测与预报的常用模型有灰色预测模型、回归分析预测、神经网络预测、微分方程预测等;评价与决策类常用模型包括模糊综合评判、主成成分分析、AHP 层次分析、DEA 数据包络分析、方差分析等;分类与判别类常用模型有关联性聚类、系统聚类、贝叶斯判别等;关联与因果模型主要包括灰色关联分析法模型、Pearson 相关检验模型、Kendall 等级相关分析等。

4. 模型求解

在建立模型后,可以按照实际问题的要求,求得该模型的数值解或解析解。在应用模型进行求解的过程中,计算技巧及方法、应用软件的熟练程度、编程能力等都会影响结果的最佳性和准确性。

---

① 靖新等.数学建模[M].上海:同济大学出版社,2015.

5. 模型检验

模型检验有如下方法:结果检验法,将求解结果回归实际问题中,检验模型的合理性与适用性;稳定性分析法,分析模型对参数变化的容忍度;敏感性分析法,分析目标函数对各变量变化的敏感性;误差分析法,对近似结果的误差做出估计①。

总的来说,理性科学方法在高中生的科学探究中占据着重要的地位和作用。它通过数量分析和计算的手段进行逻辑推理,并与计算机技术相互补充,以描述事物的状态、关系和过程,并进行推理、计算和分析,从而形成对问题的解释、判断和预测。

（二）感性科学方法

实验方法是最基本的感性科学方法,实验步骤一般可分为:选题——查阅文献——提出猜测——设计实验方案——预实验——对比析因——初步方案——优化方案——正式实验——初步结果——确定方案并继续科学研究。

1. 提出猜测

确定研究主题并查阅相关文献后,接下来是假设的构建过程,此过程直接影响着研究的创新程度,并为科学难题提供新的思考方式和解决方案。提出假设的方法有:由特殊到一般、类推法、移植法、经验公式法等,如黑体辐射实验中所提出的能量量子化假设便应用了类推法和经验公式法。科学性假说应具有科学性、导向性、推测性、实践性、过渡性、可检验性和预测性等特点。

2. 设计实验方案

设计实验要求使用较少的人力、物力、财力等,获得可靠的实验结果,最大程度减小误差。为了达到高效、快速和经济的目的,设计实验时方案时应遵循如下原则:

（1）对照原则

实验组与对照组在进行研究时,必须力求在除主要研究要素之外的所有可能对实验结论产生影响的变量上保持相同,确保对比的充分性,并有效排除可能导致判断偏差的混淆因素。在实验组和对照组中,除处理因素外,实验所用材料、仪器、处理方法等都需统一,这样才能排除混杂因素对实验结果的影响,使实验组和对照组有高度可比性。

（2）随机性原则

在进行实验探究的过程中,我们需要确保所有的实验操作都遵循相同的标准,并且确保所有实验组之间,除了处理条件以外,可能影响实验结果的非处理条件都能够被有效地控制。所以,在抽样的过程中,必须保证所有实验对象按照相同的概率分配到所有的实验组中,在分组过程中不能以实验者的意志为转移,所谓随机化是指所有实验对象都有相同的概率被纳入各个实验组中,并不意味着随便或随意,这样的随机性才能保证实验的代表性和均衡性,必要时可以采用随机函数产生随机数的方式。

———————

① 金中.数学建模通识教程[M].上海:浦江教育出版社,2021.

（3）典型性原则

实验设计要保证实验对象和实验结果具有典型性，如此才能保证实验的有效性，并以其为基础加以推广和应用。

（4）数据表达的设计原则

实验成果的呈现与主要数据的表达应直观简洁。可以使用三线表、矩阵表等表格来展示结果，也可以选用示意图、直方图、线性图和圆形面积图等直观图表。

3. 预实验

在提出猜想与假设后，可以设计方案并进行预实验。预实验是指在正式开展实验之前，一般借助仪器有计划、有目的地对在自然发生状态下或在人为控制条件下的实验进行小样本的实验性系统考察和描述的活动。在预实验中，可以通过相关实验结果对所研究课题、问题有更加科学精准的认识和理解，同时可以通过少量的样品和短期的时间，对实验条件进行摸索，进一步补充实验方案设计，及时发现实验设计可能存在的科学性和可行性方面的问题。

4. 对比析因

将实验相应参数的测量和目前实验的结果与实验假设、预期效果、参考文献进行对比，对比实验结果与预期结果的相同与不同之处，结合预实验的设计、结果与参考文献进行思考分析，进而进行下一步实验方案的设计和调整；把已经确证的假说从原有理论中协调统一，纳入一个自洽的理论体系或者是技术的体系之中，使之形成结构严谨、内在逻辑关系严密的新体系。

5. 实验方案的设计及优化

（1）明确处理因素：处理因素即受试因素，通常指由外界施加于受试对象的因素，包括生物的、化学的、物理的或内外环境的。但研究对象本身的因素也可以视为处理因素，以生物为例：生物的性别、年龄、遗传特性和营养状况等因素也可以作为处理因素来观察。研究者应该正确恰当地确定处理因素。

（2）确定实验对象（即受试对象）：受试对象的选择十分重要，对实验结果有极为重要的影响。以生物学为例，科创实验大多数的受试对象是动物、植物器官、细胞或者分子。受试对象满足的基本条件为：必须对处理因素敏感；反应必须稳定。

6. 正式实验

（1）进行实验时应严格执行操作规程，做好实验记录；

（2）实验中，人员不得脱岗，进行较为特殊的实验时需要科研导师在场指导；

（3）根据实验需要，选用合适的防护用具并正确使用；

（4）发现安全隐患，应立即停止实验，并采取措施消除隐患。

在整个实验阶段，我们须严格按照规范化程序操作，并对每一操作环节细致地做好记录，对于实验中产生的任何异常情况和成果特别加以观察，以便于在监测过程中捕捉并利用突发机遇。如果遇到实验结果与预期相去甚远或者实验失败的情况，必须对其原因进行认真分析并进行相应调整和处理。

综上，以实验为主的感性科学方法能够获取大量的数据与信息，通过整理、分析和解释数据，可以使学生深刻认识实验对象的属性、性能、变化趋势等特点。

（三）综合科学方法①

信息论、控制论和系统论这三门学科几乎同时产生，它们的出现对科学技术和思维的发展起到了巨大的推动作用，为现代多门新学科的出现奠定了坚实的基础。控制论是以反馈概念为依据的、关于自我控制系统的理论，通过有关一个系统以往运行情况的信息来控制这个系统的未来行为；信息论主要研究信息传输和信息处理系统中的一般规律；系统论是与古典物理学的还原主义方法和原子式思维相对应的一种思维，它关注结构中组成部分的关系和相互依赖的问题。关于系统论、控制论和信息论三门学科的关系，可以理解成系统论提出系统概念并揭示其一般规律，控制论研究系统演变过程中的规律性，信息论则研究控制的实现过程，因此信息论是控制论的基础，二者共同成为系统论的研究方法。在高中阶段，学生需要掌握相关思想以融入课题研究中。

1. 控制论

控制论将事物发展过程中的所有可能性称为可能性空间，在事件发生并不确定时，对条件的控制会使得事物的转化和发展按照既定方向，因此控制是指通过人为控制使可能性缩小的操作。基础控制方法分为随机控制、有记忆控制、共轭控制和负反馈控制等，这些是复杂控制的基础。

控制论的具体操作方法可以参考著名的黑箱认识论②。在控制论中，可以将要控制的对象称为黑箱，在进行控制的过程中观察、记录、分析输入变量（即控制）与输出变量，建立模型即可以得到控制的方法。一般步骤为观察黑箱—建立模型—实践检验—修正模型—继续实践—解决问题。整个过程要求黑箱具有可观察性和可控制性；理论具有清晰性；构建模型以及修正模型要有时效性；修正模型的反馈行为不可过度等。以程世丹等人"回路"的设计研究和实验为例③，为设计满足要求的吊桥，首先通过评估，估计并设定吊桥模型得出一个曲线模型，然后再不断地根据吊桥实际荷载的需求调节吊桥上沙袋的重量，不断调节吊桥曲线模型参数，最终得到一个近似于计算的曲线模型，从而得到相应的吊桥拟合参数。

2. 系统论

系统观的核心观念在于将所研究和处理的事物整体性地视作连贯的系统。系统是指"由众多相互作用和相互依存的构件所组成，并拥有特定作用功能的统一有机体"。这一概念涵盖

---

① 肖冬荣. 系统控制论系统建模与系统分析[M]. 武汉：武汉工业大学出版社，1995.

② 金观涛，华国凡. 控制论与科学方法论[M]. 北京：新星出版社，2005.

③ 程世丹，冯金铭. "回路"的设计研究和实验——探讨低技数字化设计与控制论的相关性[J]. 城市建筑，2018(19)：45—49.

了三大解释维度：一是视研究和处理的事物为一个统一的系统并加以分析；二是提到的系统并非单纯元素的堆叠或简单组合，各个元素在系统中各司其职，存在紧密的联系与互动；三是每部分不但独立发挥作用，还在与其他部分的互动中形成具有特定结构的系统，并且各部分共同作用，使得整体性能超越单个部分之总和。

系统论的任务不仅在于认识系统的特点和规律，还在于利用这些特点和规律对系统进行控制、管理、改造或创造，使它的存在与发展合乎人的目的与需要。例如可以用系统论的观点看待 ChatGPT 与社会、教育和技术的纠缠进化[1]；或是系统论视域下"大思政课"建设研究[2]等。

3. 信息论

信息的传递可以使可能性空间缩小，因此控制的前提是获得信息。信息的传递需要信息通道，信息通道单位时间内的最大信息量就是信息通道的容量，信息通道的容量与信息发射的速度、信息载体的可辨识状态和解读能力有关，在传递信息时，还要注意信息的可辨识度，例如在写文章时，关键论点可单独成段。信息的加工可以应用推理法、归纳法、演绎法和类比法等。

以上介绍了高中生如何运用科学方法设计并开展课题研究的方法，虽然是按照理性科学方法、感性科学方法和综合科学方法的顺序独立介绍的，但在开展课题研究的过程中，往往需要综合运用各种科学方法。课程要求学生在进行课题研究的过程中，了解基本的科学方法，运用并实践其中的一种或几种科学方法，构建自己的跨学科"思维工具箱"。

第三节　从课程到项目：如何在课题研究中运用跨学科概念

一、跨学科概念与跨学科实践

在当下的教育中，跨学科的主要方式有两种：跨学科概念与跨学科实践。《义务教育课程方案（2022 年版）》中提出"强化学科内知识整合，统筹设计综合课程和跨学科主题学习"，"原则上，各门课程用不少于 10％的课时设计跨学科主题学习"。[3] 这里提到的跨学科主题学习即跨学科实践，类似于"STEAM"课程，通常以项目式的形式呈现。科创课题同样是项目式的，跨学科科创课题是跨学科实践的一种方式。

《义务教育科学课程标准（2022 年版）》将物质与能量、结构与功能、系统与模型、稳定与变

---

[1] 史蒂芬·沃森，乔纳森·罗米，文森特·连恩，等. ChatGPT 与社会、教育和技术的纠缠进化——基于系统论视角[J]. 中国教育信息化，2023(9)：12—20.

[2] 蒲清平，黄媛媛. 系统论视域下"大思政课"建设的理论意蕴与实践进路[J]. 思想理论教育导刊，2023(3)：148—153.

[3] 中华人民共和国教育部. 义务教育课程方案（2022 年版）[S]. 北京：北京师范大学出版社，2022.

化 4 个跨学科概念作为学科核心概念的上位概念①(图 8.1)。由此看,跨学科概念和跨学科实践还是有着显著的区分。

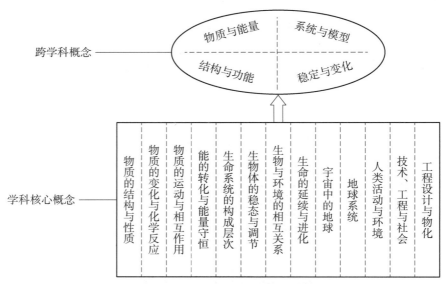

图 8.1　跨学科概念与学科核心概念的关系②

从定义层面来说,跨学科概念是指应用在所有科学领域的概念,它比学科核心概念的概括程度更高,对学科核心概念起到组织和连接作用,能够超越各个学科的界限,将不同学科联系起来,形成统一体。跨学科实践是指将多个学科领域中的知识和方法应用于一个特定问题或任务的过程。它强调通过整合不同学科的知识和技能,来解决复杂问题或完成特定任务。

两者的理论基础亦有所差异。研究表明,跨学科的来源大致有三种③:首先是蕴藏于不同学科背后相似的本体论和认识论基础;其次是对其他学科的方法、概念和理论的借用;最后是应对复杂问题,需要多个学科知识、方法的混合。跨学科概念大致对应于前两种,跨学科实践则对应于最后一种。

从实现方式来说,跨学科概念主要通过理论学习、思维训练等方式来掌握和应用。例如,在数学、物理、化学等学科中,通过学习和理解跨学科概念来建立更全面的知识体系。跨学科实践需要各个领域的专家共同协作,通过团队合作、项目研究等方式来实现。它通常涉及新的方法和工具的应用,需要跨学科思维的激发和整合能力的发挥。

虽然跨学科概念和跨学科实践在定义、理论基础和实现方式等方面都存在明显的区别。然而,它们又是相互关联、相互促进的,跨学科概念为跨学科实践提供了理论基础和思维工具;

① 中华人民共和国教育部. 义务教育科学课程标准(2022 年版)[S]. 北京:北京师范大学出版社,2022.
② 中华人民共和国教育部. 义务教育科学课程标准(2022 年版)[S]. 北京:北京师范大学出版社,2022.
③ 陈婵,邹晓东. 跨学科的本质内涵与意义探析[J]. 研究与发展管理,2006(02):104—107+112.

跨学科实践则是跨学科概念在实际问题解决中的应用和体现。两者相辅相成,共同推动学科间的交叉融合以及复杂问题的解决。

二、高中阶段开展跨学科概念课程的适切性

虽然美国《K—12科学教育框架:实践、跨学科概念和核心概念》中提及跨学科概念应尽可能早地出现在课程体系当中,但跨学科概念的建构是建立在对不同学科内容的理解的基础上的,因此,低年级的少量课程内容以及低年级学生的认知特点(注意力只能集中于少数内容且集中的时长较短)无法让学生真正理解跨学科概念。低年级的跨学科概念只能做到"显现",由教师引导并告诉学生,使其对跨学科概念形成初步认识。

到了高中阶段,学生认知能力的发展已能够支持他们同时对多个目标加以关注,思维能力的提高也能够支持他们对不同内容加以对比和提炼,学生通过前期的学习过程和生活经验积累了足量的学科知识,学校课程也不断在各学科间切换(相比于大学课程,学生处于各个特定专业中,所接触的课程内容的专业性加强而广泛性削弱)。所有这些条件的总和,使得高中阶段的学生具备真正理解跨学科概念的复杂性和精密度的能力。所以高中阶段是真正能够有效开展跨学科课程的阶段。

三、用跨学科概念指导学生课题的一般流程

当今,单一学科的知识已难以满足学生解决复杂问题的需求。运用跨学科概念指导学生课题,不仅能够拓宽学生的知识视野,还能培养其创新思维、批判性思维和团队协作能力。将跨学科概念运用于学生课题的一般流程大致可分成以下几点。

(一)明确课题目标与跨学科框架

1. 确定课题目标

在启动跨学科课题之前,首先需要明确课题的研究目标、研究问题和预期成果。这些目标应具体、明确、可操作,并能够体现跨学科研究的特点和价值。以"智慧城市中的绿色交通系统优化"课题为例,其目标可能包括提升城市交通效率、减少环境污染、提高居民出行体验等。

2. 构建跨学科框架

跨学科框架是指导课题研究的理论支撑和方法论基础。在明确课题目标后,需要构建一个跨学科的研究框架,明确课题涉及的学科领域、核心概念、研究方法等。这个框架应该是开放的、灵活的,能够容纳不同学科的知识和方法。以在"智慧城市中的绿色交通系统优化"课题为例,其可以涉及城市规划、交通工程、环境科学、信息技术等多个学科领域,运用系统分析、模型构建、数据挖掘等多种研究方法。

3. 开展跨学科培训

跨学科研究需要学生具备跨学科的知识和技能。因此,在课题研究开始前,需要对学生进行跨学科培训。培训内容可以包括跨学科理论概述、研究方法介绍、团队协作技巧等。通过培

训，学生可以了解跨学科研究的基本概念和方法论基础，掌握必要的研究工具和技术手段，为后续的课题研究打下坚实的基础。

（二）制定研究计划与方案

1. 文献综述

在正式开展课题研究之前，需要进行文献综述和理论构建工作。通过查阅相关文献和资料，了解课题领域的研究现状和前沿动态，明确课题研究的理论基础和研究方向。

2. 设计研究方案

在理论构建的基础上，设计详细的研究方案。研究方案应包括研究目的、研究问题、研究方法、数据来源、分析框架、预期成果等要素。在设计研究方案时，应注重跨学科方法的融合与创新，充分利用不同学科的优势和资源，形成具有创新性的研究思路和方法。

3. 明确任务分工与时间表

在制定研究方案的同时，需要明确团队成员的任务分工和时间表。任务分工应根据团队成员的背景和兴趣特长进行合理分配，确保每个成员都能充分发挥自己的优势。时间表则用于规划研究活动的进度和节点，确保研究工作的有序进行。

（三）实施跨学科研究

1. 数据收集与整理

根据研究方案，收集相关数据并进行整理。数据收集可以通过实验、调查、访谈、文献等多种方式进行。在收集数据时，应注重数据的全面性和准确性，确保数据能够反映研究问题的真实情况。同时，还需要对数据进行清洗和预处理工作，以提高数据分析的效率和准确性。

2. 跨学科分析与讨论

在数据收集完成后，进行跨学科分析与讨论。这一阶段需要运用跨学科的理论和方法对数据进行深入剖析和解读。可以从不同角度对问题进行审视和分析，形成多元化的观点和见解。

3. 模型构建与验证

在跨学科分析的基础上，基于科创课程中科学方法论的学习，构建适合本课题研究的理论模型或预测模型。模型构建可以基于数学、统计或仿真模拟等方法进行。构建完成后，需要对模型进行验证和评估工作，以检验模型的准确性和可靠性。验证工作可以通过验证实验数据、历史数据等方式进行。

4. 阶段性评估与调整

在研究过程中进行阶段性评估和调整是至关重要的。评估工作不仅关注研究进度的完成情况，还深入考察研究成果的质量、方法的适用性以及跨学科合作的效率。通过定期的研讨会、小组会议或个别反馈，学生可以分享研究进展，提出遇到的问题，并共同讨论解决方案。教师可以扮演引导者和协调者的角色，确保评估的公正性和有效性，并适时提供必要的指导和支持。

在评估的基础上，如果发现研究计划或方法存在不足之处，需要及时进行调整。调整可能涉及研究方向的微调、研究方法的改进、数据收集方式的优化等。重要的是,调整过程应保持开放性和灵活性,鼓励探索新的思路和方法,以应对研究过程中遇到的新挑战。

（四）撰写研究报告与成果展示

1. 撰写研究报告

研究报告是课题研究成果的集中体现。在撰写研究报告时,需要遵循学术规范,清晰、准确地呈现研究成果。报告内容应包括研究背景、研究目的、研究方法、数据分析、结论与建议等部分。跨学科研究报告应尤其突出展示跨学科合作的成果,如不同学科视角的融合、跨学科方法的创新应用等。同时,报告还应注重可读性和逻辑性,以便读者能够轻松理解研究内容和结论。

2. 成果展示与交流

成果展示可以采用口头报告、海报展示、实物演示等多种形式。在展示过程中,学生需要清晰、自信地阐述研究成果的意义和价值,回答观众的提问和质疑。

（五）反思与总结

1. 学生个人反思

在课题研究结束后,学生需要进行个人反思。反思内容可以包括研究过程中的收获与不足、跨学科合作的体验与感悟、创新思维的培养与提升等方面。通过反思,学生可以总结经验教训,明确自己的优势和不足,为未来的学习和研究提供参考和借鉴。

2. 团队总结与分享

除了个人反思外,还需要进行团队总结与分享。团队总结旨在回顾整个研究过程,总结团队合作的经验和教训,评估跨学科合作的成效和优势。在总结过程中,可以邀请教师和其他团队成员提出意见和建议,以便更好地改进和完善跨学科研究的方法和流程。同时,还可以通过分享会、研讨会等形式,将研究成果和经验教训分享给更多的学生和教师,促进跨学科研究的推广和普及。

四、前课题阶段:理论和技术的地基

华二普陀的跨学科科创课程,在学生开始选题前(前置阶段)就开展了跨学科概念的基础普及,包括理论内容和部分通用性较强的实验技术、数据分析手段等实践性内容。

在理论内容部分,利用学生已掌握的各个学科的基础知识,进行不同学科之间的共通点和相互关联的识别。这是对跨学科概念最基础的部分"模式"的一种认识训练。这种训练可以借助于各学科的已有知识来实现,不需要额外学习新的内容,也不会给学生带来过重的额外负担。例如,通过生物分类方法或地理岩石、矿物分类方法等来进行,也可以利用各学科不同的内容来进行。如利用物理的"楞次定律"、化学的"勒夏特列原理"和生物的"负反馈调节"来识别"抵抗变化"的表现模式,同时也带入"稳定与变化"的跨学科概念。

在实验技术部分,学习一部分实验设备的工作原理、使用方法、结果分析等,为具体的课题中可能的应用打好基础。不同的仪器分析的角度不同,与不同的跨学科概念相联系。例如,透

射电子显微镜(Transmission Electron Microscope，TEM)、扫描电子显微镜(Scanning Electron Microscope，SEM)、X射线衍射仪(X-ray Diffraction，XRD)等技术都能获得微观样品表面或内部的结构信息，和"结构与功能"相关。

液相色谱—质谱联用仪(Liquid Chromatograph-Mass Spectrometer，LC－MS)、气相色谱—质谱联用仪(Gas Chromatography-Mass Spectrometry，GC－MS)等仪器主要可用于混合物中各组分的分离与鉴定，和"物质与能量"相对应。

数据分析手段包括数据的采集、转化和处理，数据模式的识别，从数据中提炼信息等方面，与跨学科概念"量级、比例和数量"相关。本章第四节有对数据分析的详细介绍，故在此不过多展开。

在前课题阶段对学生进行跨学科概念的基础普及，就像在播种前对土地进行整理和施肥，虽不能确定最终结出的果实为何，但必然有助于课题种子的生长、开花和成熟。

五、利用跨学科概念选题

跨学科概念因其普遍性内涵而具有广泛的可迁移性。不同学科间的方法、概念、理论可以被迁移到课题所在领域，从而产生新的研究课题。

(一) 基于跨学科概念"模式"的迁移产生新的课题

任何一个真实的事物或现象，总包含无数的侧面与细节，梳理事物或现象之间的相似(相异)之处，便可以从中归纳出"模式"。"模式"是观察、记录、整理信息等科学活动的结果；是归纳、类比、建模等科学思维的产物；模式自身，就可能是概念或规律等科学内容。"模式"是所有跨学科概念中的基础性内容，具有最强的普遍性和迁移性。例如经济学中有个现象，被称为"长尾理论"。在实体书店或线下唱片店，因店内销售空间有限，店家总是将当前最畅销的书或CD唱片等货物放在货架上，而那些不太畅销但依然有部分需求的商品则没有机会出现在店内。假设某书店有摆放80本书的销售空间，那么畅销榜排名81位及以后的书就不会在该店中有展示的机会，这些没有上架的书就构成了"长尾"。经济学家发现其实这部分"小众需求"的总和非常大，往往超过了销售榜头部的销售体量，只是受制于销售空间而无法被挖掘出来。在线销售的出现则改变了这种现象，网上书店或网上音乐销售具有无限的"货架空间"，可以将那些小众产品呈现给消费者，于是挖掘出了小众需求的巨大潜力。亚马逊在线书店、苹果音乐商店都是长尾理论成功运用的典型案例。线上购物平台能找到各式各样稀奇古怪的商品，若是将它们放在实体店中必然销售惨淡，可集中了全网络的需求后，它们就能持续销售下去。

如何将这种需求"长尾"的模式迁移到其他领域呢？可以关注其他领域是否也存在小众需求，并且可以借助于网络将分散的需求集中起来产生足够的实际销售。有同学就将长尾理论迁移到了旅游行业。以上海本地旅游为例，旅行社推出的"一日游"或"二日游"产品全都集中于最热门的景点，如人民广场、豫园、东方明珠等，市内其余"小众"景点就不会被安排在路线中。如果推出"人满成团"的小众定制化路线，就可以将小众需求集中释放，成为新的旅游市场增长点。例如,曾有本书名为《张爱玲地图》,作者探访了张爱玲在上海的生活痕迹,旅游业者可以按图索骥地为张爱玲的粉丝们设计"张爱玲路线"。同时这种长尾模式也非常适合地方文旅部门推广。在目前,自由行成为国内游的主流方式,地方文旅部门没有旅行社的经营压力,更加可以设计和推广许多类似的小众旅游路线提供给全国游客,更好地丰富旅游资源,挖掘市场潜力。

(二)基于跨学科概念"因果:机制与解释"产生新的课题

有些看似相同的现象,背后产生的原因却有很大的不同,对这种因果关系进行仔细考察,可以更好地弄清其中的机制,产生更有针对性的理解或是解决方案。例如,有一位同学想做关爱孤寡独居老人的课题,调查他(她)们在生活上的不便与需求,给社区或街道提出建议。老师和她一起分析老人独居的原因,发现大致可以分为两类:主动独居和被动独居。主动独居的老人通常自理能力较强,社会支持关系网络良好,心理健康程度较高,乐于独立自由地生活;被动独居的老人则相反,因丧偶、未育或子女不在身边而被迫独自生活,这类老人对关心关爱的需求更强,部分也伴随着物质上和生活上支持的需要。看似都是独居,实际上两种独居老人对社区支持的需求程度有着较大差异。这位同学后来选择了主动独居的老人进行调研,完成了"独居老人何以自得其乐"的课题,在市级青少年科技创新大赛中获得社会科学类奖项,还获得了心理学会的单项奖。

(三)基于跨学科概念"物质与能量"产生新的课题

跨学科概念作为大概念,其内涵丰富而广大,有时可以从大概念中切出一个部分来细化,这样有利于与具体的课题内容衔接。细分概念可以作为链接宏大的上位大概念和具体的知识点之间的纽带,为学习者带来对大概念多层次多角度的理解。在《K—12科学教育框架:实践、跨学科概念和核心概念》中,"物质和能量"概念就附带了三个细分的概念:流、循环和守恒。

"物质和能量"还有一个未被提及的重要特性:有限性或者说稀缺性。对人类来说,任何一个人的时间、空间、能够掌握的物质的数量都是有限的,因此,如何对时间、空间等资源进行安排是一个重要的选择问题。经济学在某种程度上就是为应对稀缺性而生的,将经济学的理论、方法引入其他学科就成为很有意义的课题。著名的例子便是由波斯纳等学者创立的法律经济学。法律经济学从经济学的效率观点出发来分析法律的形成、架构与运作方式,探讨法律与司法制度对社会的经济效益影响。传统司法体系关心的是公平与正义的实现,但显然司法体系的容量是有限的,法官、检察官、警察和律师等相关人员的数量和工作时长是有限的。为此,引入经济学的理论和方法,提高司法系统的运行效率,从而在更大程度上实现整个社会的公平正义是非常有意义的。在刑事诉讼中,为保障犯罪嫌疑人的权利,在程序设计上必须极其严谨,有时甚至到了繁琐的程度。这样的设计能最大化实现公平正义,但同时也产生了巨大的成本。例如,在著名的"辛普森杀妻案"中,旷日持久的诉讼耗费了辛普森大量的时间和金钱,也给法院带来了巨大的工作量。为此,美国在刑事司法实践中设立了辩诉交易制度(我们在电影电视中看到的检察人员与犯罪嫌疑人达成"认罪交易"即为此类),大大降低了司法成本,节约了司法资源。

由于稀缺性的普遍存在,所以从经济学视角来看待其他学科,往往可以产生新的课题。

(四)基于跨学科概念"结构与功能"产生新的课题

"结构与功能"大概是最容易被理解和应用在新课题产生中的跨学科概念了。结构可分为自然结构和人工结构,自然结构研究的目标一般是描述与理解,不一定有功能方面的追求;人工结构则大多与"功能"相结合,以工程类课题的面貌出现。

自然结构在物理中可以大到星系结构、恒星结构,也可以小到原子结构、原子核结构;在化学中可以是分子结构;在生物中可以是生态系统结构、生物体结构、器官结构乃至 DNA 结构。自然结构的研究一方面可以借助于"模式"来进行描述,如借用太阳系结构来描述原子结构,另一方面常利用科学仪器来进行探查,如前面说的 SEM、TEM 或 XRD 等。

人工结构与许多生物结构和"功能"紧密相连。仿生学一整门学科都可以被视为通过研究"结构"来实现"功能"的案例。例如,人们通过模仿荷叶表面微结构的疏水特性,发明了不粘锅;模仿鲨鱼皮肤微结构制成"鲨鱼皮"泳衣;模仿蜂巢的六边形结构开发了轻质且高强度的复合材料,应用于航空航天和建筑领域等。

第四节　如何获取并分析研究数据

数据像语言一样,是承载信息的媒介,是观测收集的结果,宇宙万物均可通过数据描述。随着科技的发展,数据越来越成为人类认识和描述世界的重要手段。数据的获取与分析在学生科创课题研究中至关重要,数据获取和数据分析的目的与要求是学生通过对数据进行详细的整理与分析,以达到对所研究内容的理解、解释、检验假设、预测。在课题研究中,对数据的处理步骤一般为"确定所需数据——数据采集——数据清洗与预处理——数据分析"[①]。

一、数据的获取与预处理

为保证课题研究的顺利进行以及提高课题研究结果的可信度,首先对所要获取的数据提出要求。获取数据的基本准则包括完备性、真实性、精确性、典型性、及时性、必要充分性。高中生获取数据的方法主要有直接来源和间接来源两种。直接来源的数据是研究者通过与研究对象直接接触来收集反映研究对象特征的数据,间接数据则由查询所得。下面分别讨论各种数据的获取来源及获取方法。

(一)自然科学直接数据的获取

1. 数据获取来源

对于大部分自然科学的直接数据,学生主要依赖于实验数据的采集过程获取。这个过程

---

① 李耀清. 实验的数据处理[M]. 合肥:中国科学技术大学出版社,2003.

包括将模拟量如温度、压力、流量、位移等转化为数字，然后由计算机进行储存、处理、展示或打印，这种系统被称为数据采集系统。硬件和软件是数据采集系统的主要组成部分①。根据学科不同，硬件和软件的组成部分也不同。例如，物理学研究中，硬件主要由传感器、模拟多路开关、程控放大器、采样/保持器等组成，软件主要包括系统控制程序、脉冲信号处理程序、模拟信号采集与处理程序、数字信号采集与处理程序等。

2. 数据获取方法

学生可以按照实验设计选择相应的数据采集系统，通过计算机上的软件进行实验数据的获取。计算机按照预先选定的采样周期，对输入到系统的模拟信号进行采样，有时还要对数字信号、开关信号进行采样。数字信号和开关信号不受采样周期的限制，当这类信号到来时，由相应的程序负责处理，同时是按照一定的时间间隔，定期将某些重要数据存储在外部存储器上，在数据存储时注意实验条件与实验时间的标注。

（二）社会科学直接数据的获取

1. 数据获取来源

社会科学直接来源的数据主要通过调查问卷、观察、访谈等形式获得②。

2. 获取方法

（1）问卷法。问卷调查是一种最常用的数据收集方法，它是指研究者以问卷的形式系统地收集受访者信息的方法。调查问卷一般由受访者亲自填写或在网上填写。调查可以面对面进行或通过电话、邮寄、电子邮件等方式来实施。

（2）访谈法。访谈法是研究者通过当面交谈和直接观察来获取受访者信息的方法。访谈法可以分为个别访谈和专题小组。个别访谈是指研究者在面对面的情境中以交谈方式而进行的调查。专题小组又称为焦点团体，是指研究者以一种非结构的形式与5—12位受访者进行交谈，以获取对某一问题深入了解的一种方法。

（3）观察法。观察是人们获取外部信息的基本途径。也是我校科创课程中重点介绍的科学研究方法。观察法可以分为参与观察和非参与观察，结构性观察和非结构性观察。在参与观察中，观察者是环境或事件的自然组成部分，而在非参与观察中，虽然观察者也在观察研究对象，但是研究者并不是其中的一部分。结构性观察通常有事先拟定的观察项目和记录表格，而非结构性观察虽然有观察的目标，但并没有观察的细目和系统的记录表格。

（三）间接数据的获取

1. 数据获取来源

间接数据获取的方法包括查阅现存的书籍资料，搜集来源于官方统计数据、公共档案、行业与经济报告，来自研究机构、行业协会和经济信息中心的信息，以及专业杂志、图书出版

① 马明建. 数据采集与处理技术（第2版）[M]. 西安：西安交通大学出版社，2005.
② 蒋逸民. 社会科学方法论[M]. 重庆：重庆大学出版社，2011.

物、展览会和网络平台上发布的各种数据。这些数据来源与检索方法会在图灵课程中详细介绍。

2. 获取方法

在课程中,我们会教授学生学习并使用各种数据库,根据其所研究课题的需求检索并下载。例如,我们会介绍中国气候监测网所积累的大气监测分析资料,覆盖全国代表性植物群落和动植物现象,以及气象水文现象的中国植物物候监测网络,涵盖全国各地震活跃带与区域性地震活动的中国数字化地震台站网络的地震调查分析资料,针对地球磁层、电离层、中高层大气及地磁与重力领域的观测与研究,日地空间环境观测研究网络所获得的相关数据汇编,中国国家调查数据库等。

(四) 数据的预处理

针对获得的原始数据,往往需要进一步用软件对其做预处理,使采样数据尽可能接近真实值[①],以便使数据的二次处理结果更加精确。以物理学科创课题的数据预处理为例,重点过程包括三个方面。

1. 对采集到的数据进行整合

在数据收集装置中,需采录的物理指标(如温度、压力、流速等)会通过传感器转化为电信号,并经由信号增强、抽样、定量及编码等过程处理后,由装置里的电脑进行收集。然而,所收集的资料仅仅以电压方式出现。尽管这些电压值包含了物理指标变动的信息,但由于缺乏具体的物理涵义,使得数据处理与应用变得不便利,故必须将之恢复为最初相对应的物理指标。

2. 消除数据中的干扰信号

在采集数据的同时需要对其进行传输和转化,这个过程不可避免地会受到内在系统缺陷与外在环境扰动乃至噪声等因素的影响,导致采集到的数据不免掺杂一些干扰成分。因此,必须运用各类技术手段(比如去除异常值、应用滤波技术等)来尽量排除这些干扰物,确保数据采集系统能够以最高准确度运作。

3. 分析计算数据的内在特征

经过对收集的信息进行改造处理(例如计算平均值或实施傅立叶转换等),或对相关联的数据执行特定计算(比如测算相关系数)后,可以提炼出能够反映原始数据基本属性的派生数据,这种数据加工过程有时也被称作数据的再次处理。举个例子,当我们收集到一个物体振动过程中的波动图形(一种随时间演变的即时域数据),基于频率谱能更清晰地解释波动图形对机器结构的作用与影响,所以通过进行傅立叶转换可以得到振动数据的频率谱。

---

① 宋晓华,张盼盼,李嘉茜等. 数智化背景下预算管理系统数据获取方案研究[J]. 财会通讯,2023(24):156—160.

二、分析数据

(一) 分析数据的原则

1. 明确分析目标原则

在进行数据分析之前,首先需要明确分析的目标和问题,以及所分析的数据所代表的量和含义,只有明确了目标,才能有针对性地收集和处理数据,确保分析结果符合实际需求。

2. 多角度分析原则

从多个角度和维度对数据进行分析,以获取更全面和深入的信息,避免片面和主观的分析结果,确保分析的客观性和公正性。

3. 保持怀疑态度原则

在分析过程中保持怀疑态度,对分析结果进行反复验证和比对,对异常和不合理的结果进行深入探究,确保分析结果的准确性和可靠性。

4. 明确假设原则

在进行分析之前,明确假设或预期结果,通过数据分析来验证或推翻这些假设,确保分析结果的合理性和科学性。

5. 可视化呈现原则

使用图表、图像等形式将数据分析结果可视化呈现,使数据洞察更加直观和易于理解。

(二) 分析数据的方法

1. 可疑值的处理

在实际的测量过程中,由于偶然误差的存在,得到的数据总是有一定的散乱性。然而,也有可能因为失误导致某些数据的散乱性较大,这通常被称为坏值或者可疑值。如果我们保留了这些数据,那么测量结果的精确度肯定会受到影响。相反,如果将偶然出现的一些数据视为负值进行处理,可能会暂时得到一个精确度较高的结果,但这是不真实、不科学的。正确识别负值并移除它,是实验中经常碰到的实际问题,必须以科学的态度和统计学的原则来处理。一般来说,判断坏值的常用方法有两种[①]:首先是物理判别法,也就是在观察过程中及时识别并修正由于设备、人员和实验环境等因素变化引起的错误;其次是统计判别法,也就是设定一个误差范围和相应的信任度,所有超出这个误差范围的测量值都被视为小概率事件,都可以被视为坏值并进行剔除,主要的方法包括拉伊特法、肖维勒法、格拉布斯方法、狄克孙法等。

2. 误差分析

在数据测量中,随机误差和系统误差是影响结果准确性的两大因素。随机误差无固定模式,但整体上具有统计规律性,如对称性、单峰性、有界性和补偿性,通常符合正态分布,可通过 K-S 检验和 A-D 检验等方法验证。随机误差受多种因素影响,包括测量设备的不稳定性、环境变化和操作者误差,其影响相对较小,但可以通过增加测量次数来减少。

---

① 郑少华,姜奉华. 试验设计与数据处理[M]. 北京:中国建材工业出版社,2004.

系统误差则更难察觉,即使多次重复测量也无法降低其影响,这种误差可能源自测量设备的不足、环境条件的影响和测量人员的操作倾向。减少系统误差的策略包括源头消除、修正手段和不变系统误差消除法,如替代法、抵消法等。显著偏差通常由操作者的个人问题和外部环境条件变化引起,如操作失误或环境震动等。对数据进行误差检验的方法包括正态分布检验、u 检验法、t 检验法、F 检验法和方差分析法等。

3. 回归分析

客观事物间的相互联系和影响在数学上体现为变量间的关系,主要分为确定性关系和相关关系。确定性关系,如欧姆定律所示,可以通过精确实验或数学推导得出。然而,许多变量间的关系复杂且难以精确确定,存在不确定性,这是由于多种难以识别和控制的因素以及测量误差的共同作用。

回归分析是一种研究变量间关系的数学方法,用于解决三个主要问题:判断变量间的相互作用及其形式、基于一个或多个变量预测或控制其他变量的数值、进行因素分析以辨别主要和次要因素及其关联程度。在实际应用中,线性回归是最基础的形式,但变量间的关系往往是非线性的。这时,我们通过曲线拟合将非线性关系转化为直线,以便使用最小二乘法求解回归方程。确定函数形式可以通过物理知识或数据点与已知函数曲线的比较来实现。回归方程能够根据自变量预测因变量的值,其评估可通过方差分析和相关度检验(如 F 检验法)实现。数据处理和分析时,可使用 Excel、Origin、SAS 等工具。

综上,数据的获取与分析是高中生进行课题研究的重要组成部分,需要学生科学理性地选择数据采集的内容和方法,熟练掌握数据处理和分析的思想和方法,善于运用相应软件科学严谨地对数据进行正确处理和合理分析。

第五节　如何展示并交流研究成果

经过提出问题、确定课题、进行研究等工作后,学生应对研究成果进行展示和交流。研究成果的展示和交流阶段,是学生在科学研究中获得新的成果和有价值的发现后,将这些成果和发现发表、展示出来的过程。对于科研成果的展示主要分为书面展示和口头展示两类。书面展示的方式有科研论文、专利等形式,口头展示的形式有校内结题答辩、展板展示等形式,下面对这两种展示方式进行详细说明。

一、书面展示

科技论文和专利在行文过程中离不开逻辑思维,逻辑思维[1]一般是交代人们在认识过程中借助于概念、判断和推理,反映现实的过程,科学地抽象概念,揭示事物的本质,表达认识现

---

① 张红武,杨帆. 毕业论文写作[M]. 北京:中国医药科技出版社,2010.

实的结果。其中,概念是反映事物特有属性的思维方式,在行文过程中要注意明确概念的内涵和外延,同时也要了解概念间的种种逻辑关系;判断也是重要的思维方式,日常生活中,人的大脑经常要对周围的事物有所判定,对说法进行肯定或否定,在行文过程中也经常要进行判断,对搜集到的资料、数据进行判断,进而形成新的论点等,在判断时应注意使用词语的精准性,如"可能""大概""确实""是""必然""不一定"等词表示对客观事物判断的程度;在行文过程中常用到的逻辑思维还有推理,即以一个或几个已知的判断作为依据推出另一个新的判断,一般包括前提和结论两部分,前提是推理的依据,通常来自已有的知识,结论是从前提得出的判断。

行文结构要做到结构完整、层次分明、理论合乎逻辑。在进行文章的安排时,要注意各个层次都围绕一个主题论点;各个分论点的划分标准要统一,不能随意变更,避免层次混乱的情况发生;同时要注意各个分论点之间的逻辑关系,各个层次都要按照一定的顺序、逻辑清晰地展开。行文过程中常用的表达方式一般分为说明、描写、记叙和论证,说明是用言简意赅的语言揭示某种事物的本质特征;描写是对客观存在事物的陈述,可以理解成将发生的现象如实记录下来,侧重于写实;叙述一般记述过去发生的事情或未来将要发生的事情,常用于引言和实验的部分;论证是运用论据证明论题正确的推理过程,常用到的论证方法有例证、演绎、类比、因果、归谬、反证、引申等。下面详细阐述科研论文和专利的撰写要点。

(一)科研论文

科研论文是展示和交流科研成果的重要形式之一,完成科研论文是学生在科学研究中后期的主要工作,也是对学生是否阶段性完成课题研究的基本判断条件和基本要求。下面对学生科研论文的写作步骤和方法进行讨论。

科研论文的主要特点及写作要求主要包括[①]:创新性,即所研究问题要新颖独创,不能对他人的研究问题进行无价值重复;学术性,在理论和学术上经得起推敲,经得起其他人的讨论、求证及检验,符合自然科学的基本规律;规范性和可读性,要求论文文字表述简洁、准确、通顺、完整。谋篇布局要思路清晰、条理清楚、层次分明、论述严谨。字号、字体和图标等排版要基本规范,按照标准、规范的要求写作。

根据学生课题研究的不同,最终所撰写的论文形式主要包括综述性论文和原创性论文。[②] 综述性论文是对某一领域的研究现状或某一专题的研究进展进行综合分析、详细阐述的综合性论文。由于高中生认知水平的限制,大家一般会写原创性论文,即结合个人兴趣对某一问题给予比较完整的论述,其主要内容主要为介绍创新性研究成果、科学性实验或技术开发中取得的一定结果,原创性论文的重点在新,因此大多数高中生论文是研究前人没有涉及或讨论过的细节性问题。科研论文的一般撰写步骤为"数据资料的整理——确立论文主题论点——拟定提纲完成论文和初稿——征求意见并修改"。

---

① 魏法杰,王守清.工程硕士专业学位论文写作指导[M].北京:机械工业出版社,2009.
② 李涛.科研方法与论文写作[M].厦门:厦门大学出版社,2018.

科研论文包括题目、摘要、结论、参考文献和附录等部分。以下是科研论文各部分的写作方法和注意事项①。

1. 题目

题目是科研信息的集中点，通过题目可以知道作者所写和所研究的内容，所以在确定题目时应保证题目既简明扼要又能够说明问题。题目的内容可以包括主要研究对象、研究范围、研究问题、研究当中的变量。题目不能用缩略词、首字母缩写字符、代号和公式。

2. 摘要

摘要是科研文章中信息的高度浓缩，其内容可以包括②研究目的、研究方法、研究过程、研究对象和研究结论等关键信息，一个好的摘要要交代清楚为什么想做这件事情，怎样做这件事情，做完这件事情有什么样的发现，这个发现又有什么样的价值。摘要的篇幅一般不超过论文字数的 5%，例如对于一篇 6 000 字的论文，其摘要一般不超出 300 字。摘要文字必须简练，不列举例证，不讲研究过程，不用图表，不给化学结构式，也不要作自我评价，撰写论文摘要需要避免照搬论文正文中的小标题或论文结论部分的文字，也要避免文字篇幅过长。摘要下面的关键词数量一般为两个到五个，要保证关键词对该研究课题的高度概括性，而且得是专业词汇。

3. 正文

正文是论文的主体，也是论文当中最重要的一部分，其主要内容包括：科研理论、实验结论以及讨论三个部分。在写作正文时，应该注意阐述的层次性和逻辑性。正文是阐述运用科学的方法来解决研究问题的过程，正文的写作一般采用剖析事理、论述事理、发表意见、提出主张的文体形式。通过摆事实、讲道理、辨是非、举例子等方法，来确定某观点是正确的还是错误的，树立或否定某种主张，应具有观点明确、论据充分、语言精练、论证合理、有严密的逻辑性等特点。正文的具体部分可以概括为课题研究的设计、数据分析处理过程和结果讨论。

课题研究的设计是介绍学生将采用什么样的策略或通过什么样的路径，进行研究问题或假设的检验。具体而言，是在界定清楚所研究的问题以后，通过研究设计的这个阶段来介绍实证研究的大致思路，同时需要重点阐述所使用的研究方法。内容一般包括研究方法和技术、研究对象的选取、变量的测量方式、资料数据的收集和分析的方法、研究的思路和过程等，一般以研究技术路线图的方式展示。

数据分析处理过程需要图表和数据的支撑，主要包括数据来源和数据分析两部分。数据来源部分要明确数据采集的目的和方法以及对应实验，说明数据采集的时间范围和地点，以便读者对数据的来源和背景有所了解。数据分析的过程是介绍数据采集和处理的核心环节，其结果直接影响研究结论的可靠性和有效性。需要详细解释所采用的数据分析方法和统计

---

① 孙颖，丛冰梅，孙英娜. 大学生毕业论文写作教程[M]. 上海：上海交通大学出版社，2020.
② 王嘉陵. 毕业论文写作与答辩[M]. 成都：四川大学出版社，2003.

学原理,并结合实际数据进行分析,在分析时应注意客观描述研究结果,给出基于数据的事实,不可以附加任何的个人观点。结果部分的写作重在平直,少用转折,尽量使用简单句型,易于理解。做到两个一致,一是结果的内容与方法要保持一致,每一条结果的内容都应该有对应的方法;二是结果中的文字描述与图表保持一致,文字内容不应该简单重复图表的内容,应该对图表进行高度的凝练,可以用文字来指出图表中所体现出来的关键特性或趋势,文字提供总结、图表提供细节支持。

结果讨论一般不需要重复描述所有的结果,只需有选择性地对部分关键结果进行深入分析,得出有意义的推论。对于结果的讨论常常涉及三种比较:第一,结果与预期目标的比较,即将实际结果与预期结果进行比较,如有不符,要尽量给出解释,根据实际结果指出本次研究的局限性;第二,结果与相关文献的比较,即通过比较指出本次研究的创新点优势或者特色;第三,结果与长远目标的比较,即通过比较来说明本次研究对于长远目标的实际贡献,指出本次研究的理论意义、实用价值或推广前景等。

同时在数据处理分析过程中要注意图表的呈现。表格是一种可用于展示定量数据的图形类型,如数据表格和统计分析表格。图形是展示定量和定性信息的图形类型,如柱状图、折线图、饼状图等。图表呈现的要求如下:

◆ 图表需要具有清晰的标题,标题应该简短明了,同时包含详细信息。

◆ 图表需要拥有完整的编号,方便读者查找和引用。

◆ 图表需要存在于正文之中,并且应该与上下文密切相关。

◆ 图表的字体大小与线条粗细需要统一,以确保视觉一致性。

4. 结论

结论是对研究的总结,结论中应该包括研究目标、研究方法的创新和研究结果。结论应该言简意赅地反映论文的重要结果,它要与引言相呼应。不是所有的研究成果都要体现,而是体现主要研究成果。结论要做到两点:突出亮点和指明方向,突出本次研究的创新点,创新点包括来自结果的结论或研究方法;同时指出本次研究的局限性和尚未解决的问题,从而对今后的研究方向做出建议和设想。

5. 参考文献

参考文献可以体现科研者对前人研究成果的尊重,体现哪些观点是自己的,哪些观点是引用前人的成果;同时使研究看起来有迹可循,并不是凭空捏造出来的,而是有一定的科学依据,参考文献的书写必须注意格式要求。

6. 附录

附录是一种补充内容。由于篇幅所限,可以把一些公式推导等内容放到附录当中作为补充说明。

(二) 专利

当学生的研究课题较好且具有一定的应用价值时,可以考虑申请专利。专利主要分为三类,包括发明专利、实用新型专利和外观设计专利①。其中发明专利是指对产品、方法或其改进所提出的新的技术方案;实用新型专利是对产品的形状、构造或其结合所提出的,适用于实用的新的技术方案;外观设计专利是对形状、图案、颜色等的新的设计。

专利说明书的结构及行文要求如下:

1. 专利题目,题目信息不得过于随意,应当清楚、简洁,小于 25 个字。

2. 技术领域,采用国际专利分类表中的技术术语。

3. 背景技术,引证反映背景技术的文献和最近的现有技术文件,指出背景技术中存在的问题和缺点。

4. 发明内容,包括发明目的、技术方案和有益效果。

5. 发明目的:针对现有技术中存在的缺陷或不足,阐述要解决的技术问题。

6. 技术方案:需要与权利要求所限定的技术方案一致,写明全部必要技术特征,说明必要技术特征与发明取得的技术效果之间的关系。产品类专利可以按照产品的形状构造、主要连接关系的顺序写;方法类专利则按照步骤加顺序的写法。

7. 有益效果:要求清楚客观地写明与现有技术相比的有益效果,可以分析发明结构的特点和理论,说明两者相结合的益处;也可以列出实验数据,加以说明。

8. 附图说明:写明附图的图名,并且对图示的内容作简要说明。

9. 具体实施方式:用于充分公开、理解和实现发明,用于支持和解释权利要求。具体实施方式要求不能采用引证其他文献;完整,所属领域技术人员按照所述内容可重现发明;与发明或者实用新型的技术方案相对应,并对权利要求的技术特征给予详细说明,以支持权利要求;当权利要求相对于背景技术的改进涉及数值范围时,通常应给出两端值附近的实施率;在权利要求中出现概括性的技术特征时应给出几个实施方式。

10. 权利要求:从整体上反映发明或者实用新型的技术方案,记载解决技术问题所需的必要技术特征。

二、口头展示

口头展示也是科学研究成果展示的重要途径,华二普陀科创课程设置丰富的研究成果展示活动,以供学生展示他们的阶段性或总结性科学研究成果。

(一) 结题答辩

经过高一第一学期的科创旅程,学生在高一第二学期将进行结题汇报与答辩,结题汇报时,学生应向答辩评委老师递交科技论文并展示答辩演示文稿(PPT),答辩分为课题阐述和评委老师提问两个环节。

---

① 赵明岩.大学生机械设计竞赛指导[M].杭州:浙江大学出版社,2008.

1. 答辩PPT的制作

PPT应尽量简洁、漂亮、得体,大约15张即可,不要过多,可以按照以下内容进行PPT的设计:

- 大标题:课题名称、时间、答辩人。
- 目录:明确答辩安排。
- 研究概述:主要包括研究背景、研究意义、研究目标、研究问题,作为高中课题,可以在研究概述时稍加说明自己选题的经过。
- 研究综述:简要评述国内外对该问题的研究进展后,引入自己的研究课题,说明自己的创新之处。
- 研究框架:写明自己的研究思路和论文结构。
- 研究方法与过程:讨论在课题研究中的方法、实验过程中的实验仪器和实验材料、课题研究具体实施过程等,可使用流程图清晰展示。
- 主要结论:展示研究成果。注意要条理清晰、简明扼要,多用图表、数据来说明和论证结果。在展示研究成果时,如实在不能用图表的形式直观反应,需要文字描述,在文字描述过程中,切忌长篇大论,应将文字表述部分进行高度凝练。
- 反思与展望:简要总结本课题研究的方法和进展,阐述本研究课题的创新之处,描述有待进一步研究的问题和可以适当改进的方向。
- 参考文献:参考文献的呈现主要注意格式要求。
- 致谢:感谢大家的倾听,请各位老师批评指正。

整个PPT应美观整洁,建议选择略深色调、留白较多的背景,字体使用黑体字,以显示庄重严肃,同时字体颜色和背景颜色要有较强的对比度,字号稍大以确保观众对研究成果相关信息的接收,防止字号过小、难以看清的情况发生。PPT中插入的图片要与研究课题高度相关,不可随意添加风景画、卡通画,同时文字和图标的播放动画根据所需适当添加,如无特别动画播放需求,可以将PPT转图片,依次复制于幻灯片上,以防播放乱码。

2. 答辩过程

课题阐述过程是配合PPT进行研究成果展示的实施过程,在口述过程中必须重点突出,详略得当,讲解的内容包括:为何关注此研究问题;前人已经将此研究课题做到什么程度,有何不足或需要补充的地方;自己在前人基础上做什么研究,课题研究的具体内容是什么;自己的研究思路、应用理论、研究方法、研究过程是什么;最后得出的结论是什么。

作为高中课题研究,第一部分即课题来源是需要关注说明的,同时必须详细说明后两部分内容,即需要详细介绍自己的课题研究内容和结论。在研究内容讲解的过程中,要立足于使别人从对该研究课题一无所知到了解该课题的相关信息,了解该项研究的研究方法、过程和研究结果,因此一些专业名词的使用和解释需要引起足够重视,同时表达的逻辑要清晰,重点部分要安排足够的时间。做到将论文内容烂熟于心,把握论点、熟悉论据,对论文的结构有横向和纵向的把握；在整个陈述研究课题的过程中，做到科学性、逻辑性、简洁性；在讲述过程中紧紧围绕主题，注意语速适中，有缓有急、有轻有重，尤其是陈述重要观点时，有意识地放慢节奏，发音清楚，让答辩老师加深对该内容的了解；同时注重肢体语言的运用，答辩时有意识地与听众和评审老师进行目光交流，适当应用肢体语言辅助讲解；答辩前要做好充分的准备，准备过程中注意控制课题研究讲解的时间，严格按照要求设计和安排时间；在答辩当天提前将演示文稿放在电脑桌面上、进行播放调试，提前熟悉环境等。

评委老师提问环节是通过提问的方式了解学生对所研究课题的认识程度、理解深度和论辩能力等，一般问题着眼于学生提出课题的过程、文献调研和理解程度、课题研究过程和细节、研究课题的结论及延伸等。学生在进行问题回答时，可配合评委老师的问题进行 PPT 翻页展示，在回答问题时做到实事求是、以理服人，如对问题有相应的思考并且较有把握，可以申明理由，据理力争；如果对该问题没有把握，应谨慎作答，努力思考，并表明自己对此问题不是特别清楚的情况，不可强词夺理或消极对待。

（二）展板展示

科技展板是科创比赛中常用的成果展示方式，通常分为左中右三部分。左侧部分展示研究背景、方法和内容；中间部分展示数据和结果；右侧部分总结结论、展望和参考文献。设计时需注重美观，关注点包括颜色、字体、字号和材质等。

展板展示包括课题阐述和专家提问两个环节。课题阐述要紧扣主题，把握重点和时间。专家提问环节，评审老师可能来自不同领域，因此清晰阐述研究内容、基础知识和逻辑至关重要。专家会关注课题的真实性、创新性、研究价值、社会效益、经济效益以及应用前景。

在比赛时，要注意着装、仪容。由于时间限制，专家可能直接提问，需要灵活应对。可以配合相关产品或物品展示，帮助专家理解课题。要充分准备，设想可能的问题，查阅文献，深入了解课题。回答问题时，用数据图表支持，引导专家关注展板内容，科学作答。展示结束后，要礼貌感谢专家。

综上，高中生对研究成果的展示和交流方式主要有科研论文、专利、科创大赛等，学生在进行研究成果的展示和交流时要逻辑清晰、科学严谨、实事求是。研究成果的展示和交流过程有助于培养学生独立思考的能力和科学严谨的科研态度，有助于提高学生的逻辑思维能力、组织表达能力。

第九章 评价：
科创课程的评价体系建设

第一节 构建校本课程评价体系的挑战、原则与依据

一、现阶段科创课程存在的评价问题

我校科创课程的目标是助力学生构建跨学科"思维工具箱"，以提升科学素养。尽管科学素养的培育已被广泛认同为新时代教育的重要目标，但具体到本土化的评价实践上仍面临诸多挑战。同时，由于科创课程内在固有的多样性，有关课程本身的评价体系仍有优化空间，特别是针对跨学科科创课程的评价体系设计还处于探索阶段。针对这一现状，我们结合评价理论及我校科创课程的实践经验，识别出一些主要的实施障碍。明确这些障碍对于我们进一步优化评价体系，确保科创课程能够有效促进学生科学素养的提升至关重要。

（一）形成性评价指标难以有效量化

形成性评价作为一种动态的、持续的评价方式，旨在通过对学生学习过程的观察和记录来全面评估其学习表现和进步。然而，在实际操作中，形成性评价指标的量化难题成为一个主要瓶颈。

对于学生科创的形成性评价涉及的内容广泛，包括学生的学习态度、参与程度、合作能力、创新思维等。这些内容大多具有主观性和隐蔽性，并且常常因学科而异，难以通过具体的、统一的量化指标来准确反映。例如，如何分别在生物、化学、物理等领域科创活动中量化学生的批判性精神和创新思维？ 如何客观地评估学生在团队合作中的贡献？ 这些问题在实际操作中难以得到有效解决。

科创课程形成性评价的实施需要大量的时间和精力。教师需要在教学过程中不断观察和记录学生的表现，如果对于过程性评估的设置不合理、不科学，就会影响教师在具体实施过程中的可操作程度，并导致更大的工作负担，且评价的结果并不一定有效。此外，不同教师对于同一评价指标的理解和执行标准可能存在差异，这也会影响评价的客观性和一致性。

如果科创课程的形成性评价缺少有效的量化和统计，则难以真正与总结性评价一起，对学生的全周期科创进行全面评价，反而容易被当成形式化、冗余化的指标，在实际中无法发挥真正作用。比如，若形成性评价指标只反映学生在科创中的实验次数，但并未设置衡量实验质

量和有效性的指标,那么对于该轮科创教学来说,该形成性评价指标就不能有效指导学生在实验方面如何进行后续优化。

（二）总结性评价被过度强调

总结性评价的过度滥用和频繁实施,可能导致学生的学习负担加重,而且无法有效提升学生的科学素养。总结性评价需要频繁地对学生的学习过程进行评估和反馈,这对于学生来说可能会形成一定的心理压力,影响其学习积极性和创造力。

对总结性评价的过度重视可能导致评价目标的片面化。总结性评价主要关注学生的学习结果,而忽视了学习过程。尽管学习结果中的表现对于培养科学素养至关重要,但学习过程同样不容忽视。如果过于注重结果,可能会导致学生过于急功近利,并不能解决其在知识掌握和素养提升方面的短板问题。

总结性评价的实施由于其固有的次数少、不够全面等特性,很难保证评估的公正性和客观性。由于总结性评价主要依靠评委、教师的观察和判断,不同教师对于同一评价标准的理解和执行可能存在差异,这会影响评价的公正性和一致性。同时,由于总结性评价往往发生在科创活动的收尾阶段,这种接近一次性的评判,更加剧了学生重结果轻过程的意识。此外,学生的自我评价和同伴评价也容易受到个人主观因素的影响,难以形成客观、公正的评价结果。

（三）评价结果对课程优化的指导未形成闭环

对评价结果的有效应用是构建面向科学素养评价体系的关键环节,能够助力课程设计和教学实施的结构性优化。但在实际操作中,如何利用评价结果来优化科创课程仍面临诸多挑战。

评价结果的反馈机制在现阶段的课程实践中尚不完善。在很多情况下,评价结果仅仅停留在评估阶段,缺乏有效的反馈和应用机制,导致评估结果的收集更倾向于变成对学生科创阶段性成果的筛选,而非对学生科学素养进一步提升的指导。而学生往往无法及时获得评价结果的有效指导信息,难以根据评价结果对后续科创研究进行针对性的改进和调整。

评价结果的应用缺乏系统性和持续性。科学素养的培养是一个长期、系统的过程,需要持续性评估和反馈。然而,在实际操作中,评价结果的应用往往缺乏系统性和持续性,难以形成有效的改进和优化机制。例如,某次评价结果反映出学生在某方面的不足,但缺乏后续的跟踪和评估,使得改进措施难以有效落实。

综上所述,在现阶段的科创课程评价体系中,我们面临着诸多亟待解决的问题。形成性评价指标的量化难题依然突出,由于形成性评价涉及的内容广泛且具有主观性,难以通过具体、统一的量化指标来准确反映,还需要大量的时间和精力来实施,这些难处都间接成为对总结性评价过于看重的推手,进而又影响了评价结果对于教学的实际性反馈优化与指导。这些问题直接影响了课程目标的实现,即帮助学生构建跨学科的"思维工具箱"并提升科学素养。

二、设计校本评价的原则与依据

(一)原则

1. 主体性：以学生为主体

评价体系应以学生为中心，尊重学生的个体差异和学习特点。学生是科创活动的主要参与者，评价应关注学生在活动中的表现和进步，而不仅仅是最终的结果。通过以学生为主体的评价，激发学生的自主学习和创新能力，培养其科学素养和综合素质。

2. 发展性：多阶段构建科学素养评价体系

科学素养的培养是一个长期过程，不能仅凭一次或几次的评估来判断学生的素质。评价体系应具有发展性，通过多阶段、连续性的评价来反映学生在科学探究和创新活动中的持续进步。每个阶段的评价不仅要关注学生的知识和技能，还要注重其思维方式和创新能力的提升。这种发展性的评价方式能够帮助学生认识到自身的进步与不足，从而不断改进和提高。

3. 多元性：多角度、多层次的评价

科创活动本身是一个多元参与的过程，需要学生、教师、专家以及同伴的共同协作。因此，评价体系也应具有多元性，涵盖多角度、多层次的评价视角。首先，评价主体应多元化，除了教师的评价，还应包括学生的自评以及专家的专业评估。其次，评价指标应多元化，不仅关注知识和技能的掌握，还要考虑学生的创造力、合作能力、探究精神等综合素质。多元性的评价能够全面反映学生在科创活动中的表现，促进其全面发展。

4. 过程性：重视形成性评价

相比于总结性评价，形成性评价更能全面、动态地反映学生在科创活动中的真实表现。形成性评价注重学生在活动中的参与度、合作度和创新度，通过对学生学习过程的观察和记录，能够及时发现学生的问题和进步，并给予适当的指导和反馈。例如，记录学生在项目设计、实验操作、问题解决等环节中的表现，能够帮助教师和学生更好地了解和改进学习过程。对形成性评价的重视，有助于培养学生持续学习和探究的精神，提升其科学素养和创新能力。

5. 真实性：评价体系要真实反映学生科创进展

评价体系的设计应尽可能真实、客观地反映学生在科创活动中的进展。首先，评价内容应真实可信，基于学生的实际表现和工作成果。其次，评价方法应科学合理，避免主观偏见和人为因素的干扰。真实的评价能够有效激励学生，帮助其准确认识自身的优点和不足，从而不断提高自己的科学素养和创新能力。

6. 可量化：评价指标的量化

尽管科创活动中的许多表现具有主观性和隐蔽性，但为了提高评价的客观性和可操作性，评价指标应尽可能量化。量化的评价指标有助于教师和学生对评价结果的理解和接受。例如，可以通过具体的评分标准和量表来评估学生的项目完成度、实验操作能力、团队合作水平等。这些量化指标应科学合理，易于操作，能够真实反映学生的实际表现。

在跨学科科创课程校本评价体系的设计中，要坚持主体性、发展性、多元性、过程性、真实性和可量化等原则,建立科学、合理、全面的评价体系。通过这些原则的贯彻和落实,能够有效提升学生的科学素养和创新能力,促进其全面发展,为培养未来的科学人才奠定坚实基础。评价体系的设计不仅要关注学生的知识和技能,还要注重其综合素质和发展潜力,真正实现教育的全面性和持续性。

(二) 依据

面向科学教育的跨学科科创课程是基于 QMCC 教学模式来进行实践的,涉及思维工具箱中的提问能力、科学方法运用能力、跨学科概念理解与构建能力,从而实现学生科学素养的提升。通过调研国际范围内关于提问技术的能力和科学素养的测评领域,发现有以下两种有影响力的框架可以作为校本评价的依据。

1. 基于问题形成技术(QFT)的评价原则

学生提出有效的问题是科创活动的第一步,只有具备敏锐的观察力和独立思考能力,才能在探索未知领域的过程中发现问题。而求知欲的激发,则是解决一切问题的动力,它不仅驱使学生不断学习和创新,还为他们提供了解决问题的方向和动力,使科创活动充满活力和成就感。尽管提问的重要性不容忽视,但在实际课堂中,学生提出问题和探究问题的机会并不多,从而制约了其自主探究、创新能力的发展。相比于一般学科课程,科创课程因强调发挥以学生为主体的特性,更易成为让学生敢于提问、想要提问、有效提问的土壤。因此如何在科创课程中结合问题形成技术,促使学生更加独立地思考关键问题,也是本书提出的 QMCC 教学模式中的重要问题,因而在校本评价体系中也重点关注学生问题形成的这一阶段。本书的第六章已经介绍了问题形成技术的相关理论以及在课堂中实施的主要步骤,本小节重点调研了问题形成技术在评价成果方面的重要原则。

(1) 原则一:必须是学生自己提出的问题

在科创活动中,学生提出的问题必须是他们自主思考后形成的,而不是教师或其他外界强加的。这一点非常重要,因为在实践中,教师提出问题和学生自主提出问题这两者往往容易混淆。明确区分这一点,有助于真正培养学生的自主探究能力和创新精神。

提问的发生由五个要点组成:提问者、被提问者、学生提问的信号渠道、学生提问的时空以及学生提出的问题①。提问的主体主要有教师与学生两种。教师作为提问者,作用是激发学生回忆已知经验,引导学生对即将学习的内容进行预先思考,其提问对象往往是全体或个别学生。教师提问虽然能引导学生思考,但这一过程缺乏学生的自主探索。若学生作为提问者,其提问是建立在已知经验的基础上,发源于对未知的好奇和疑问,或是对已有信息的质疑或思考。这种提问具有强烈的自主性、探究性以及批判性,是学生自主思考和独立发现问题的体现。学生提问的对象通常是专家、教师、同学或其他学术资源。通过提出问题,学生可以寻求解答,进行深入的探讨和研究。提问的信号渠道包括课堂讨论、线上交流、实验记录等。无论

---

① 魏云鹏,袁召坤,常煜. 学生提问分类体系及其教学价值探析[J]. 中小学教材教学,2017(6):33—37.

通过何种渠道,学生自主提出的问题都是他们观察、思考、分析的结果,是他们探索未知这一过程的具体体现。提问的时空包括课堂内外的各种场景。无论在正式课堂还是课外活动中,学生自主提出的问题都应被重视和鼓励。学生提出的问题应该是他们自身观察和思考的产物,而不是教师预设的答案。学生提出的问题通常具有独特的视角和个性化的思考,这些问题往往能够激发进一步的探究和创新。

通过明确这五个要点,我们可以更加清晰地认识到,必须是学生自己提出的问题,才能真正反映出他们的思维过程和认知水平。在评价环节,教师也应通过观察和记录学生的提问,分析其提问的频率、质量和深度,全面了解学生的学习状态和思维特点。

(2)原则二:对问题本身的类型和水平进行评价

评价学生所提问题的类型和水平,是理解他们提问能力的关键。这一评价不仅能反映学生的思维深度和广度,还能揭示他们在特定领域的理解程度和探究能力。

已有的研究根据不同的标准和角度对于问题的类型和水平进行分类。比如,根据问题的表述,可以分为清晰的问题和模糊的问题,又称界定良好的问题和界定不良的问题[①];有的学者根据答案的范围将问题分为封闭性问题和开放性问题;也有学者根据提问目的和动机的不同将提问分为知识性问题、思考性问题、批判性问题[②];或是根据提问水平将问题分为低级认知提问和高级认知提问[③];还有学者根据布鲁姆教育目标理论,从认知过程维度将学生提问分成六类:记忆类、理解类、运用类、分析类、评价类、创造类[④]。根据已有研究,可将问题的类型和水平整理为以下几方面。

问题类型的评价涉及问题的范围和方向:简单问题还是复杂问题,记忆性问题还是解释性问题,统整性问题还是创造性问题等。比如,学生提出的简单问题通常涉及基础知识的回顾和理解,如"为什么天空是蓝色的?"而复杂问题则需要学生进行更深入的思考和研究,如"怎样通过调整化学反应条件来提高反应效率?"简单问题可以反映学生的基础知识掌握情况,而复杂问题则展示了他们的分析能力和创新思维。通过评价学生提出的问题类型,教师可以了解学生的知识基础和思维方式,并针对性地进行指导和训练。

问题水平的评价涉及低级认知提问和高级认知提问,低级认知提问包括认同提问、理解提问、应用提问等;高级认知提问包括分析提问、综合提问、评价提问等。高水平的问题通常具有深刻的见解和明确的方向,如"如何利用人工智能技术优化能源消耗?"而低水平的问题则可能较为表面和笼统,如"什么是人工智能?"高水平的问题不仅体现了学生对知识的深入理解,还展示了他们的综合应用能力和创新意识。评价问题的水平,可以帮助教师识别学生的思维

---

① 皮连生,王小明,王映学. 现代认知学习心理学[M]. 北京:警官教育出版社,2000.
② 喻伯军. 从小亲近科学与人文:小学科学教学创新[M]. 北京:科学出版社,2003.
③ 王祖浩. 化学问题设计与问题解决[M]. 北京:高等教育出版社,2003.
④ 安德森等. 学习、教学和评估的分类学——布鲁姆教育目标分类学修订版:简缩本[M]. 皮连生,译. 上海:华东师范大学出版社,2008.

层次和探究能力,从而提供更具挑战性和指导性的教学内容。

问题的原创性和独特性也是评价的重要方面。原创性的问题往往表明学生具有独立思考和创新能力,如"是否可以通过基因编辑技术治疗特定的遗传疾病?"而常见的问题则可能更多是对已有知识的重复和模仿。通过鼓励和评价原创性问题,教师可以激发学生的创新思维,促进他们探索新的知识领域。

为了有效评价学生提出的问题类型和水平,教师需要建立一套科学的评价标准。这些标准应包括问题的深度、广度、精确度和原创性等方面。同时,教师还应采用多样化的评价方法,如课堂讨论、项目展示和研究报告等,全面评估学生的提问能力和探究水平。总之,对学生提出的问题类型和水平进行评价,是提升他们提问能力和探究能力的重要手段。通过科学的评价体系,教师可以了解学生的思维特点和认知水平,提供针对性的教学指导,帮助学生不断提高提问的质量和深度,促进他们的全面发展。

(3)原则三:对学生提问能力的综合评价

提问是学生通过独立思考、联系已有知识进行问题发现和解决的过程,并最终通过语言或文字陈述表达自己的思考,其过程中包括学生的问题意识和表达问题的个性心理特征。学生在提问时会产生复杂多样的心理活动,有思考初期的疑惑焦虑,有考虑清晰时的兴奋好奇等①。若学生有更扎实的知识技能网络结构,并有更完善的逻辑语言品质水平,就更能清楚、准确地提出和表述问题,直指问题要害。因此评价体系的设计要使得教师能够综合掌握学生的提问能力,促进他们在科创活动中的全面发展。评价体系需要综合考虑以下几个方面。

问题意识,包括观察与发现能力和独立思考能力。观察与发现是指学生在学习过程中是否能敏锐地观察到现象中的问题,并主动提出疑问。问题意识强的学生通常具有较强的好奇心和探索欲,能够从不同角度思考和发现问题。独立思考是指学生是否能独立分析和判断问题,而不是依赖他人的提示或引导。独立思考能力是学生提问的重要前提,它体现了学生在面对问题时的自主性和批判性思维。

知识运用,包括知识广度和深度与学科交叉能力。学生提出的问题是否基于扎实的知识技能网络结构。拥有广泛而深入的知识,学生才能提出有价值和深度的问题。学生能否将不同学科的知识联系起来,提出跨学科的问题,其实显示了学生对知识的综合应用和创新能力。

表达能力,包括语言逻辑性和沟通技巧。学生是否能清晰、准确地表达问题,逻辑是否严密。语言表达能力强的学生通常能更好地陈述问题的背景、核心和意义。学生在提问时是否能有效与他人沟通,获取反馈和支持。良好的沟通技巧有助于学生更深入地探讨问题,拓宽思维。

心理素质,包括自我效能感和情感控制力。学生在提问时是否表现出自信,敢于提出自己的疑问和见解。自我效能感强的学生通常更愿意参与讨论,积极表达自己的观点,更愿意相信

---

① 董奇,田勇. 自我监控与智力[M]. 浙江:浙江人民教育出版社,1996.

自己的提问可以有效推进问题的发现和解决。学生在提问过程中能否有效管理自己的情绪，如在面对困难问题时保持冷静，在得到反馈时积极应对。这种情感控制能力有助于学生更好地进行思考和表达。

为了全面掌握学生的提问能力，评价体系应包括定性和定量的评价方法，如课堂观察、提问记录、学生自评和互评等。教师可以通过这些方法，综合了解学生的提问能力，并根据评价结果给予针对性的指导和支持。同时，教师应鼓励学生在提问中展示个性和创新思维，培养他们在科创活动中的自主探究能力和创新精神。

2. PISA 2025 科学素养测评框架

科学素养评价的标准仍在尝试演进与推广。不同教育机构和地区对于科学素养的定义和内涵理解存在差异，从而导致评价标准的多样化。这种多样化虽然反映了教育的多元性，但也使得评价结果的可比性和推广性受到限制。

目前在国际范围内影响力更优的科学素养测评框架是来自经济合作与发展组织（OECD）的国际学生评估项目（Programme for International Student Assessment，PISA），主要测评 15 岁中学生的阅读、数学及科学素养，反映了教育评价的国际化趋势。该项目从 2000 年首次开展，随着时代的变化和发展，科学素养的概念界定也相应优化，因而 PISA 科学素养测验的设计也在不断更新，以适应时代的要求，最新版本的《PISA 2025 科学素养评估框架》由 OECD 于 2023 年发布①。PISA 2025 将重点聚焦科学素养的测评，为我国中小学科学教育在教育实践中的进一步优化提供了有力的借鉴基础，科创课程作为新时代科学教育背景下有效的主阵地之一，自然需要跟进并参考 PISA 科学素养测评框架的思路，并结合校本跨学科科创课程的 QMCC 教学模式的特点，设置可实施、有效果、够合理、能反馈的校本评价体系。图 9.1 展示

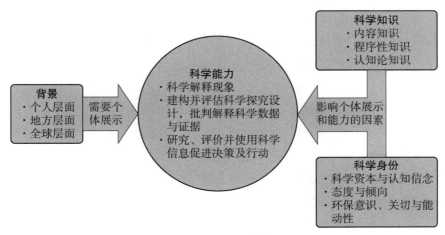

图 9.1　PISA 2025 科学素养评估框架

① OECD. PISA 2025 science framework [EB/OL]. [2023 - 06 - 25]. https://pisa-framework. oecd. org/science-2025/assets/docs/PISA_2025_Science_Framework. pdf.

了《PISA 2025 科学素养评估框架》的内容概要。

（1）维度一：科学能力

能力的培养不仅限于理论知识，更在于日常生活中的实际应用，科学教育的目标是让学生能够参与关于科学、技术和可持续发展的理性讨论，PISA 2025 强调这需要以下三种关键能力。首先，能够科学地解释现象。除了回忆陈述性知识，学生还需要深入理解科学探究的程序性知识，理解知识的生成过程。PISA 2025 指出，当解释具有试探性或预测性时，学生需发展推理能力。例如，在解释气候变化、水污染或塑料对生态系统的影响时，学生需基于理论模型进行逻辑推理。其次，能够构建和评价科学探究设计。学生应具备批判性解读科学数据和证据的能力，这包括设计科学实验、收集和解读实验数据，并对自己的实验设计进行评价。在这一过程中，科学地解释现象的能力也会得到同步发展。最后，能够研究、评价和运用科学信息做出决策。学生需要依靠可信的科学信息来选择行动方向，确保决策结果对自己、他人及后代都有利。

（2）维度二：科学知识

PISA 2025 强调，科学能力的培养依赖于多方面的科学知识储备。这些知识包括学科内容知识、程序性知识和认知性知识。首先，学科内容知识指的是对自然界的事实、概念、理论和思想的理解。例如，了解植物如何利用光、水和二氧化碳进行光合作用，合成复杂的分子。其次，程序性知识是指科学家在获得可靠和有效数据时所遵循的标准程序和实践方法。这不仅涉及科学实验，还包括对数据和证据进行批判性审查。例如，理解在重复测量实验中减少误差的方法。最后，认知性知识涉及科学知识构建过程中的必要知识。它包含四个核心要素：模型在科学中的作用、数据和证据的重要性、科学推理的本质，以及科学家之间合作探究的必要性。例如，了解同行评议的作用。此外，PISA 2025 指出，在选择科学知识时，要避免被"伪科学"误导。伪科学不同于科学探究中的一般错误，它是因利益、偏见等因素而产生的歪曲，与科学本质背道而驰。在当今数字媒体广泛应用的时代，辨别信息来源的可信度尤为重要。PISA 2025 还特别强调了科学研究中的协作性和互助性。科学家们通过对观点和成果的批判性审查，查缺补漏、优势互补，共同促进科学进步，追求科学共识。

（3）维度三：科学身份

PISA 2025 对科学身份的评估主要涵盖以下三个方面。首先，科学资本和认识论信念。科学资本这个社会学术语，意指与科学相关的文化和社会资源。拥有科学资本的学习者能够将自己视为具有科学素养的社会成员，并能在现实生活中批判性地应用科学知识。认识论信念指的是对科学方法和科学探究价值的认可和信任。其次，态度和性格。这包括学习者的科学自我认知、自我效能感、从科学中获得的乐趣以及应用科学技术的动机。在科学教育过程中，培养积极的态度和性格至关重要，它影响着学习者对当前科学学习的兴趣、未来是否选择继续深造以及是否选择与科学相关的职业。最后，环境意识和能动性。科学身份是 PISA 2025 新增的一个重要评估指标，意味着科学身份认同不仅仅是认知层面的，还涉及复杂的心理和社会因素的综合作用。面对全球气候变化和生物多样性丧失等国际化环境问题,中学生对科学在解决这些问题中的作用的认同感,以及他们在个人、地方和全球层面采取行动的意愿,都是科学身份评估的关键部分。科学身份的培养旨在激发学习者对科学的情感投入和全面参与,强调科学精神的内化,为他们构建科学知识和发展科学能力奠定心理基础。

总体上,许多国家中小学教育评测体系就在向着 PISA 的演进而靠拢,为培养全球化视野且具有公共意识的青少年而努力。在当今信息来源更加多元化,且更多来自互联网的社会背景下,构建、评估、批判性解释科学数据和证据的能力就显得尤为重要,这也是 PISA 2025 不断与时俱进的灵感源泉。

第二节 评价体系的指标构建及其应用

一、构建跨学科科创校本评价指标

以前文中分析的校本评价原则和依据作为参考,现结合跨学科科创课程的定位和目标,以及 QMCC 教学模式在实操中的多个主要阶段,制定出如下校本评价指标。

(一)学生提出问题能力的评估

构建跨学科科创校本评价指标,首先需要评估学生提出问题的能力。这一评估旨在了解学生在科创活动中提出问题的数量和质量,从而全面掌握他们的提问能力,并为教师提供指导和改进教学的依据。

1. 学生提问的数量

学生提问的数量是衡量他们参与度和主动性的重要指标。在科创课程中,学生提出的问题越多,意味着他们在学习过程中越积极主动,对知识的渴求也越强烈。提问数量的评估可以通过以下方式进行。

一是课堂记录,即教师在课堂上记录每个学生提出的问题数量。这可以通过设立提问记录表实现,有需要则可以详细记录学生每次提问的时间、内容和背景。

二是学生日志,即学生可以通过日志或学习笔记记录他们在学习过程中的疑问和思考。教师定期检查这些日志,统计每个学生的提问数量。

三是问卷调查,即定期对学生进行问卷调查,了解他们在课堂内外提出问题的频率和意愿,引发学生自身对其提问能力的自主反思与优化。

提问数量的统计与分析可以按月或学期进行汇总,通过数据分析了解每个学生在不同阶段的提问情况。提问数量的多寡,可以反映学生的学习态度和求知欲,为教师提供有针对性的教学反馈。

2. 学生提问的质量

提问数量固然重要,但提问的质量更能体现学生的思维深度和探究能力。为了全面评估学生提问的质量,可以从以下五个方面进行具体分析。

（1）问题表述

问题表述指学生在提出问题时的语言表达能力。一个高质量的问题应当具备清晰、准确、简明的表述。评估问题表述可以考虑以下几个维度。

- 清晰性：问题是否明确，是否能够让被提问者理解其意图。
- 准确性：问题是否准确地表达了学生的疑问，没有歧义或模糊不清。
- 简明性：问题是否简洁，没有冗长的背景说明或无关信息。

教师可以通过观察和记录学生在课堂讨论上和科创实验中的提问，评估他们的问题表述能力。对于表述不清晰或不准确的问题，教师应给予反馈和指导，帮助学生提高表达能力。

（2）问题类型

问题类型的多样性反映了学生思维的广度和深度。在科创课程中，学生提出的问题可以分为以下几类。

- 事实性问题：涉及具体事实或数据的问题，如"太阳系有多少颗行星？"
- 解释性问题：要求解释某个现象或概念的问题，如"为什么天空是蓝色的？"
- 应用性问题：涉及知识的实际应用的问题，如"怎样利用电磁感应原理制作发电机？"
- 评估性问题：对某个问题进行评估或判断的问题，如"核能发电的利弊有哪些？"
- 创造性问题：提出新观点或解决方案方向的问题，如"如何设计一种新型环保能源？"

评估问题类型可以通过分类记录学生提出的问题，并分析其类型分布情况。教师应鼓励学生提出多样化的问题，特别是解释性、评估性和创造性问题，以培养他们的高阶思维能力。

（3）提问动机指向性

问题的动机指向性反映了学生提出问题的目的和动机。一个高质量的问题通常具有明确的动机指向性，表明学生对知识的深刻探究和兴趣。动机指向性可以分为以下几类。

- 求知型：学生对某个知识点有疑问，希望通过提问获得答案。
- 探索型：学生对某个现象或问题有浓厚兴趣，希望通过提问进行深入探索。
- 应用型：学生希望将所学知识应用于实际问题，通过提问寻求解决方案。

评估问题的动机指向性可以通过分析学生提问的背景和目的，了解他们提出问题的动机和意图。教师应鼓励学生提出具有强烈动机指向性的问题，促进他们在科创活动中的主动探究和创新。

（4）问题思维容量水平

问题思维容量水平指问题所涉及的思维深度和复杂程度。高思维容量的问题通常需要学生进行多角度、多层次的思考和分析。评估思维容量水平可以从以下几个方面入手。

- 思维深度：问题是否体现学生进行深度思考和分析，而不是简单地记忆或理解。
- 思维广度：问题是否涉及多个知识点或领域，要求学生能够进行综合性思考。

◆ 逻辑复杂度:问题是否具有复杂的逻辑结构,需要学生体现推理和判断。

教师可以通过分析学生提出的问题,评估其思维容量水平,并给予相应的反馈和指导。对于思维容量较低的问题,教师应引导学生进行更深层次的思考和探究。

(5) 问题认知阶段水平

问题认知阶段水平反映了学生在提问过程中所处的认知发展阶段。根据布鲁姆认知领域分类,问题的认知阶段可以分为以下几个层次。

◆ 记忆:涉及对具体事实或知识的记忆和回忆,比如"什么是光合作用?"

◆ 理解(或领会):涉及对概念或原理的理解和解释,主要有三方面的体现:转换、解释、推断,即学生能用自己的话说出知识的含义,能解释某个现象,或者推断某个问题的结果。比如对于自己提出的"光合作用的过程是怎样的?"问题能够有对应、合理的推断解释。

◆ 应用:涉及将知识应用于实际问题,指把所学应用于新情境,代表高水平理解,说明学以致用了,比如"如何通过控制光照条件影响植物的光合作用?"

◆ 分析:涉及对问题的分析和分解,指将所学内容分解成若干部分,并能理解各部分关系,即理清关系,比如"为什么不同植物的光合作用效率不同?"分析完的内容还需要整合起来。

◆ 评价:涉及对观点或现象的评估和判断,对所学内容进行价值判断,即判断好坏。比如"光合作用对生态系统的影响有哪些?"

◆ 创造:指将所学内容重新组合,形成新体系,提出新观点或解决方案,尤为强调创造能力。比如"如何设计一种利用光合作用提高能效的装置?"

评估问题的认知阶段水平,可以通过分析学生提出的问题,了解其所处的认知发展阶段。教师应鼓励学生提出更高层次的认知问题,培养他们的高阶思维能力和创新精神。

3. 制作评价量表与量化评估

为了科学地评估学生提出问题的能力,教师可以制作一个包含上述五个方面的评价量表。每个方面设置若干评价指标,按照量化标准进行评分(表9.1)。

表9.1 学生提问能力评价量表

维度	指标	释义	评分
问题数量	数量个数 N	提问数量	N 分
问题表述	清晰性	问题是否明确,是否能够让被提问者理解其意图	1~3 分
	准确性	问题是否准确地表达了学生的疑问,没有歧义或模糊不清	1~3 分
	简明性	问题是否简洁,没有冗长的背景说明或无关信息	1~3 分

维度	指标	释义	评分
问题类型	事实性	涉及具体事实或数据的问题	1～3 分
	解释性	要求解释某个现象或概念的问题	1～3 分
	应用性	要求涉及知识的实际应用的问题	1～3 分
	评估性	对某个议题进行评估或判断的问题	1～3 分
	创造性	问题需要包含新观点或解决方案的方向	1～3 分
提问动机指向性	求知型	学生对知识点有疑问,希望通过提问获得答案	1～3 分
	探索型	学生对某个现象或问题有浓厚兴趣,希望通过提问进行深入探索	1～3 分
	应用型	学生希望将所学知识应用于实际问题,通过提问寻求解决方案	1～3 分
问题思维容量水平	思维深度	问题是否体现学生进行深度思考和分析,而不是简单地记忆或理解	1～3 分
	思维广度	问题是否涉及多个知识点或领域,要求学生能进行综合性思考	1～3 分
	逻辑复杂度	问题是否具有复杂的逻辑结构,需要体现学生的推理和判断	1～3 分
问题认知阶段水平	记忆 理解 应用 分析 评价 创造	根据布鲁姆认知领域分类	记忆:1 分 理解:2 分 应用:3 分 分析:4 分 评价:5 分 创造:6 分

通过使用评价量表,教师可以对学生提出的问题进行量化评估,统计每个学生在不同方面的得分,全面了解他们的提问能力。评价结果可以用于指导学生的学习和探究活动,帮助他们不断提高提问的质量和水平。

综上所述,学生提问能力的评估是构建跨学科科创校本评价指标的重要组成部分。通过科学的评估体系,教师可以全面掌握学生的提问能力,促进他们在科创活动中的全面发展。

(二) 对科学素养的评估

学生在跨学科 QMCC 科创课程中,通过自主探究和实验设计,使用提问技术、科学方法、跨学科概念来体验真实的科学研究,从而实现科学素养提高这一终极目标。那么,如何评估科学方法的运用和跨学科概念的理解与构建? 在参考现有科学素养评价理论和校本实践经验后,现阶段我校主要基于 PISA 2025 科学素养评价指标,筛选并整合与科学方法运用以及跨学科概念理解与构建相关的评价内容,作为校本科学素养评估指标的构建样本。

科学素养评估的测试形式以多个单元的题目构成,测试的目的是要求学生使用 PISA 2025 提出的三种能力,并利用 PISA 2025 提出的三种形式的科学知识,对单元测试进行回答,根据定量的测试结果对学生的科学素养进行定级定性的描述,在测试单元的题目中包含大量科学方法以及跨学科概念的间接考查,并不拘泥于某个或某些知识或学科,更注重对科学素养的综合考察。在大多数情况下,每个测试单元将评估多种能力和知识类别,当然,个别题目也可以只评估一种形式的知识和能力。在具体测试的呈现形式方面,测试单元被包含在特定的情境材料中,情境材料可以是一篇简短的书面文章,同时也可附上图表、表格、图形或图解。评估的渠道可以是通过调查问卷的形式让学生在电子设备上进行填写。

PISA 2025 给出的内容知识、程序性知识、认知论知识的测评分布占比如表 9.2 所示,从表中分布可以看出,测评考察让三种知识类型尽可能均衡,并在一定程度上以内容知识为重。

表 9.2　PISA 2025 科学素养评估知识类型分布

知识类型	系统			合计
	物理	生命	地球与空间	
内容知识	15%～20%	15%～20%	10%～15%	38%～48%
程序性知识	10%～13%	10%～13%	7%～10%	27%～33%
认知论知识	8%～11%	8%～11%	7%～10%	24%～30%
合计	37%	37%	26%	100%

PISA 2025 给出的对于科学能力的考察分布如表 9.3 所示,其同样考虑三种科学能力的相对均衡分布,并以科学解释现象为主。科学素养测评在可量化的基础上,还需要可解释性的定性评价,从而达到反馈和优化的目的。

表 9.3　PISA 2025 科学素养评估科学能力得分点分布

科学能力	得分占比
科学解释现象	36%～44%
构建和评估科学探究的设计,批判性地解释数据和证据	24%～36%
研究、评估和使用科学信息进行决策和行动	24%～36%
合计	100%

因此,PISA 2025 还针对不同的学生成绩设置了分级量表解读,该量表基于能力发展的理论基础进行解读,而不仅仅是根据测试难度逐渐增加而进行测量和解释,详见表 9.4。

表 9.4　PISA 2025 科学素养评估成绩报告量表

水平	对该水平的能力描述
6 级	学生能在不熟悉的情境中综合跨学科的高难度科学概念构建模型,评估其局限性,并用以解释复杂现象或预测社会影响。能识别特定科学探究的目的和问题类型,运用认知和程序性知识评估复杂探究设计,并能转换和解读复杂数据集,基于程序性和认知性知识做出合理判断。能从高难度信息源中识别可靠信息源,并基于科学标准或复杂事实核查程序提供选择理由。能识别科学信息源的缺陷,并基于评估提供决策和行动的合理化建议。
5 级	学生能利用中高难度的科学概念解释熟悉现象并做出预测。能识别模型的优缺点,区分科学与非科学问题,评估不同的探究目的,运用认知和程序性知识评价实验设计。能解读复杂数据,评估信息源的可靠性,并基于科学标准或事实核查程序做出选择。能识别信息源的缺陷,并为可能的决策和行动提供合理化建议。
4 级	学生能利用科学原理和中高难度认知需求的多种表示方法构建和评估现象的科学解释。能识别模型的优势或局限,提出涉及两个或更多自变量的实验或探究设计,并能根据程序性和认知性知识论证设计选择。能解读简单数据,评估科学主张的有效性,并从中等认知需求的多种信息源中识别最可靠的信息源。能选择并解释信息源或其解释中的适当弱点。
3 级	学生能在提示或支持下构建或评估科学解释和模型,识别模型优缺点,并为简单的实验设计提供理由。能识别数据解释的缺陷或提供有效解释,并从中等认知需求的信息源中识别相关来源,判断其可信度并说明理由。
2 级	学生能从日常现象中辨别科学解释,利用基础科学概念简单解释常见的科学现象,评估简单探究设计,识别数据集的合理解释及异常值。能从低等至中等认知需求的信息源中识别相关信息,使用单一标准判断信息源的可信度。
1 级	学生能在熟悉的环境中识别简单的科学现象,利用基础科学信息或低认知需求的证据。能从多个信息源中识别出一个相关来源,选择涉及单一变量控制的最合适的实验设计,并从简单数据集中选择更好的解释。

　　本书给出一份测试单元案例做参考,背景为珊瑚礁和海洋环境受到气候变化的影响,且以文字段落提供给学生阅读,据此设置共 30 分的包含多种类型的测试单元题目。这些题目测评的范围包含了科学知识、科学能力、科学身份。科学知识方面尤其考查了有关生命系统、地球与空间系统等内容知识类型,还突出考查了科学的协作和公共特征类等知识论知识类型。科学能力方面尤其考查了科学地解释现象以及研究评价并使用科学信息进行决策并采取行动等能力类型。科学身份方面着重考察了环保意识、关切和能动性这个角度。整体上该测试单元符合 PISA 2025 测评框架的要求和原则,当然这仅是测试中的一份单元测试,完备的测试需要多个测试单元予以配合考查(表 9.5)。

表 9.5　测试单元示例

题型	题号	题目	答案选项	分值
多选选择题	1	下列关于珊瑚礁的描述,哪些是正确的?	A. 珊瑚礁占全球海床洋底 0.5% 的面积 B. 珊瑚礁被称为"海上雨林" C. 珊瑚礁的生物多样性超过热带雨林 D. 珊瑚礁对全球氧气的生成无关紧要	A:1 分 B:1 分 C:1 分 D:−1 分
	2	以下哪些是气候变化对海洋环境的预期影响?	A. 海面温度上升 1 至 3℃ B. 海平面上升 0.18 至 0.79 米 C. 海洋 pH 值上升 D. 暴风雨频率和强度增加	A:1 分 B:1 分 C:−1 分 D:1 分
	3	气候变化对珊瑚礁的具体影响包括哪些?	A. 珊瑚白化现象增加 B. 珊瑚礁生长速度加快 C. 珊瑚礁区的鱼类数量减少 D. 珊瑚对高温的适应能力增强	A:1 分 B:0 分 C:2 分 D:−1 分
	4	以下哪些人类活动是导致气候变化的主要因素?	A. 燃烧化石燃料 B. 大规模植树造林 C. 毁树伐林 D. 将土地转为农用	A:1 分 B:−1 分 C:1 分 D:1 分
	5	解决珊瑚礁面临的问题的措施有哪些?	A. 建立海洋保护区 B. 增加渔业捕捞 C. 减少温室气体排放 D. 提高能源效率	A:1 分 B:−1 分 C:1 分 D:1 分
	6	关于海洋生物适应气候变化的能力,以下哪些描述是正确的?	A. 海洋生物的适应能力与其生境变化有关 B. 海洋植物在温暖水体中的数量将会增加 C. 一些海洋生物可能会迁移到较适宜的温度区域 D. 所有海洋生物都能适应海洋酸化	A:1 分 B:−1 分 C:1 分 D:−1 分
问答题	7	简述气候变化对全球海洋 pH 值的影响,并解释其对珊瑚礁的具体影响。	答案示例: 气候变化导致大气中的二氧化碳浓度增加,部分二氧化碳被海洋吸收,形成碳酸,导致海水酸化,pH 值下降;(2 分) 海洋酸化会影响珊瑚和贝壳类生物的钙化过程,使其骨骼和外壳变得脆弱,影响其生长和生存能力;(2 分) 珊瑚白化现象加剧,珊瑚的共生藻类被排出,导致珊瑚失去颜色和活力,甚至死亡。(2 分)	

题型	题号	题目	答案选项	分值
	8	根据本文内容，分析如何通过全球合作应对气候变化对珊瑚礁的威胁，并列举几个具体措施。	答案示例： 全球合作应对气候变化对珊瑚礁的威胁需要各国政府、科学家和公众的共同努力： 首先，应减少温室气体排放，缓解气候变暖的趋势。这包括提高能源效率、推广可再生能源、限制毁林伐木和增加碳汇等措施；（2分） 其次，应建立和管理海洋保护区，保护珊瑚礁及其生态系统，减少过度捕捞和海洋污染；（2分） 同时，进行地方研究和养护工作，鉴定抗压物种和实施珊瑚礁复原重整，增强珊瑚生态系统的复原能力。（2分）	

综上所述，本小节给出了基于 PISA 2025 科学素养测评框架的校本评价指标和具体的实现案例。

二、面向科创全周期的校本评价机制

（一）科创全周期的介绍

如前所述，我校的科创全周期覆盖了从夏令营体验到结题阶段的全过程，旨在全面提升学生的科学素养和创新能力。这个周期主要分为四个主要阶段：前置阶段（即夏令营体验阶段）、开题阶段、中期阶段和结题阶段。根据不同学生的科研进展，部分有资质、有意愿的学生可能还有后续的继续探索阶段。因此校本评价机制也需要结合该周期阶段特性来进行统筹设计。

在夏令营体验阶段，学校通常组织一系列以专家、导师、学生为报告主体讲授的前置课程，目的是让学生对科学创新过程有一个基本的认识。通过这些课程，学生可以找到自己感兴趣的领域和课题类别，并学习进行科学创新所需的基本方法论和跨学科知识。这一阶段不仅激发了学生的兴趣，也为他们后续的科创活动打下了坚实的基础。

开题阶段是科创全周期中的关键节点。科创导师通过引导、启发和组织讨论，帮助学生通过自主提问和探究找到感兴趣的科创课题。学生在这一阶段需要对课题的现状进行调研，挖掘问题，并提出解决思路。同时，他们还要对数据准备、实验设计和预期结果进行初步设计。这一阶段的目标是帮助学生形成一个明确的研究方向和计划。

中期阶段是学生进行实际科学研究的时期。在这一阶段，学生需要采用科学方法不断地进行设计，并开展和优化实验。通过这些实验，学生可以验证和调整自己在开题阶段的预期目标，并逐步完善自己的研究方案。导师在这一阶段起到了重要的指导作用，帮助学生解决实验中的问题，提供必要的技术支持和学术建议。

结题阶段是对整个科创过程的总结和提升。在这一阶段，学生需要对科创过程中采用的提问技术、科学方法和跨学科概念进行综合整理，并形成科创课题论文。除了论文外，学生还可以通过实物展示、原型小样和程序代码等形式展示他们的研究成果。这一阶段的重点是对学生在科创过程中所取得的知识和能力进行全面评价，为他们后续的学习和研究提供反馈和指导。

在整个科创全周期过程中，评价机制不仅包括对学生的形成性评价，还包括总结性评价。形成性评价贯穿于科创全周期的每一个阶段，旨在对学生的即时表现进行反馈和指导。总结性评价则主要集中在每个阶段的结尾，对学生的整体表现进行评估。

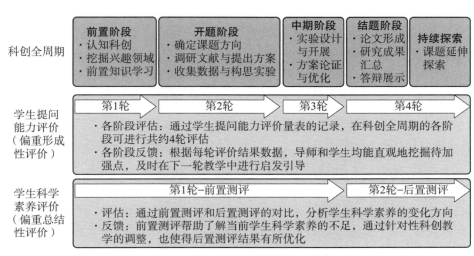

图 9.2　面向科创全周期的校本评价

（二）面向科创全周期的评价机制

1. 对学生提问的评价机制

在科创全周期的日常课程和辅导中，我们根据对学生提问的评价指标进行形成性评价。如前文所述，这些评价指标涵盖了学生提问的数量、质量、深度和创新性。通过量表的周期性收集和统计，我们能够衡量学生在科创过程中的即时表现。这种评价方式有助于提高学生对科创目标的感知力，帮助他们自行判断进展并自主调整和优化。

例如，在夏令营体验阶段，学生通过前置课程初步了解科创过程，他们的提问主要集中在基础知识和方法论上。我们通过观察和记录学生的提问，评估他们对科创过程的理解和兴趣点。在开题阶段，学生开始针对具体课题进行探讨和研究，他们的提问变得更加具体和深入。我们通过评估学生的提问质量，指导他们如何进行有效的探究和研究。在中期阶段，学生需要不断调整和优化实验设计，他们的提问主要集中在实验技术和数据分析上。通过对这些提问的评估，我们可以了解学生在实验过程中遇到的困难和挑战，并提供相应的指导。在结题阶段,学生需要对整个研究过程进行总结和反思,他们的提问则更多地涉及研究结果的解释和未来研究的方向。通过评估这些提问,我们可以帮助学生提升他们的科学思维和创新能力。

2. 对学生科学素养的评价机制

科学素养的评价指标更适合应用在阶段性的总结性评价中。我们在夏令营体验阶段、开题阶段、中期阶段和结题阶段都可进行阶段性的进展测评。这些测评结合了阶段性的答辩或汇报,通过对学生科学素养的综合评价,衡量他们在科创全周期中的进步。在实际操作中,我们推荐在夏令营体验阶段进行前置测评,以了解学生的科学素养基础。在结题阶段进行后置测评,可以有效衡量学生通过科创全周期的学习,在科学素养方面的变化和提升。这种前后对比的测评方法,可以直观地展示学生在科创过程中的成长和进步。

例如,在夏令营体验阶段,我们通过设计测评单元题目,了解学生对科学方法和跨学科知识的掌握情况。在开题阶段,我们通过学生的课题报告和答辩,评估他们在问题发现和解决方面的能力。在中期阶段,我们通过实验报告和数据分析,评估学生的实验设计和数据处理能力。在结题阶段,我们通过学生的最终报告和展示,评估他们在整个科创过程中所取得的科学素养的成果和提升。根据科学素养评价量表以及分级描述,我们可以对应地知道学生对于科学知识、科学能力、科学身份认同中的哪一部分仍存在薄弱环节,可以从整个科创团队的角度看,也可从单个学生的情况看,从而在后续课程开展中有目的地针对大部分学生的薄弱环节进行启发式教学,也可针对个别学生进行因材施教的指导。在这个过程中,再次启发学生利用提问技能、科学方法以及跨学科概念优化科创过程,从而更加接近既定目标的达成。

(三) 评价结果的反馈和优化

评价机制的最终目标是实现面向科创全周期的校本评价机制的反馈闭环。通过对学生提问能力和科学素养的评价结果进行分析,我们可以为学生和导师提供有针对性的反馈和建议。其实通过前文述及的融合了形成性评价和总结性评价以面向科创全周期的评价机制,加之评价指标的可量化性,这套评价体系固然支持了基于跨学科 QMCC 教学模式下的反馈优化。

通过对学生提问能力的评价结果进行分析,我们可以发现学生在不同阶段的提问特点和不足之处。针对这些问题,我们可以为学生提供相应的指导,帮助他们提高提问的质量和深度。例如,学生在开题阶段可能会提出一些过于笼统、不够具体的问题,我们可以通过引导他们进行更深入的探讨和思考,帮助他们找到更有针对性的研究方向。

同样,通过对学生科学素养的评价结果进行分析,我们可以了解学生在科创过程中的知识和能力提升情况。这些评价结果不仅可以帮助学生构建更优的思维工具箱,还可以为导师提供教学改进的依据。例如,通过对学生在夏令营阶段的科学素养测评结果进行分析,我们可以发现学生在实验设计和数据分析方面的分数过低,这意味着他们缺乏对应的科学知识,那么导师就可以根据这些分析结果调整教学内容和方法,帮助学生更好地掌握与数据分析以及实验设计相关的科学方法和跨学科知识。

基于 PISA 2025 设计的校本科学素养测评结果,我们可以对学生的科学素养进行更全面和细致的评估。这些测评结果不仅可以反映学生的科学知识和技能水平,还可以揭示他们在科学探究和创新方面的潜力。通过对这些测评结果进行解释性分析,我们可以发现学生在科学素养方面的优势和不足,并据此为他们提供有针对性的指导和支持。例如,某些学生在科学探究方面表现出色,但在跨学科知识的应用上有所欠缺,我们可以通过增加相关课程和活动,帮助他们提升这方面的能力。

总体而言,通过对学生提问能力和科学素养的全面评价,可以实现面向科创全周期的校本评价机制的反馈闭环。通过不断优化和改进这一机制,帮助学生提升科学素养和创新能力,为他们未来的科学研究和创新实践打下坚实的基础。

(四)校本评价体系与传统科创竞赛间的关联评价

前文述及的科创全周期的校本评价机制,是针对提升学生科学素养这个大目标进行充分跟踪和评价而设计的,尤其是在跨学科 QMCC 教学模式中,这种体系相比传统的科创竞赛获奖成果更具跟踪性、过程性和全面性。校本评价体系不仅关注学生在科学知识和技能上的进步,更强调在整个学习过程中的综合能力发展和实践应用能力的提升,通过可量化的指标和有效的反馈机制,帮助学生更好地理解科学的本质,培养他们的科学思维和创新能力,进而实现全方位的科学素养提升。这种体系对于本校的培养目标而言,能够更好地适应学生个体发展的多样性需求,而不仅仅局限于少数能够在竞赛中脱颖而出的学生。

诚然,传统的科创竞赛作为对学生科创成果的重要检验手段,仍然具有其独特的优势。通过竞赛,学生们能够体验到实际问题的挑战,并在与同龄人的竞争中激发出更大的潜力。这种经历不仅可以提升学生的动手能力和问题解决能力,还能够增强他们的自信心和团队协作能力。然而,传统科创竞赛在有关学生的科学素养评价上也有其局限性。首先,竞赛的结果往往具有偶然性,学生的表现受多种因素影响,如心理状态、时间限制等,这可能导致一些平时表现优秀的学生在竞赛中未能展现出应有的实力。此外,竞赛往往更关注结果而非过程,容易导致一些学生在追求成绩的过程中忽视科学探究和思维训练的真正意义。因此,若仅以竞赛成绩作为评价学生科创能力的标准,可能会导致评价的片面性,无法全面反映学生的真实水平和潜力。对于校本评价体系而言,传统科创竞赛的成绩可以作为一个重要的补充维度,更全面地反映学生的科创能力,特别是在衡量学生面对实际问题时的应对水准上发挥作用。

综上,本书的重点在于构建一个有关科学素养的校本评价体系,这一体系并非要取代传统的竞赛评价,而是要在现有竞赛评价手段的基础上进行校本优化和推进。我们需要认识到,校本评价体系与科创竞赛并非"单选题",而是相辅相成的两个方面,从而使我们可以面向全体学生,更全面地评估学生的科学素养,帮助他们在科学探究的道路上走得更远,走得更稳。

第十章 支撑：
科创课程的支持系统建设

科创课程的有效实施离不开多元系统支持，其中包括最重要的三个方面，即科创教师队伍建设、校园实验室建设以及科创资源管理与数据分析平台建设。构建一支专业、高效、富有创新精神的教师队伍，能够激发学生的好奇心和探索欲，引导他们在科学探索的道路上不断前行。打造一个功能齐全、设备先进的校园实验室环境，满足基础教学的需要，支持学生进行更高级别的科学实验和研究，为他们提供实践操作和实验创新的平台。建立一个集中的资源管理和数据分析平台，以整合各类科创教育资源，提供数据分析支持，帮助教师和学生更有效地获取信息、分析数据，从而优化教学和学习过程。本章将通过这三个方面的详细介绍，展现支持科创课程有效实施的系统建设过程与要点。

第一节 教师队伍建设

2022年，教育部等八部门联合印发《新时代基础教育强师计划》，明确要求全面深化新时代教师队伍建设改革，加强高水平教师教育体系建设，培养造就高素质专业化创新型中小学教师队伍。

师资队伍建设是影响中小学教育、创新人才培养的关键点。将新时代科学教育理念转化为实践，一方面需要建立课程体系，同时需要培养拥有科学素养的科学教育师资。科学教育的实施离不开高质量的科学教师队伍。基于2023年北京大学教育学院"全国义务教育学校科学教育教师调查"的数据发现，当前我国中小学科学教育师资基础薄弱[①]，师资队伍发展相对滞后。

教师是学生科学信仰与科学世界观的启蒙者，教师要积极通过贯通各学科横向内在联系，做好教学、引导之间的统筹兼顾；同时，注重学生科学意识的启蒙、科学思维的养成、科学技能的训练，并在研究指导过程中促进学生提升科学素养，形成科学思维，落实科学技能实践。

---

① 郭丛斌，吴宇川，沙炜民，陈得春. 我国中小学科学教育的师资基础：挑战与应对——基于对16841名中小学教师的问卷调查[J]. 中国教育学刊，2024(6)：77—83.

一、高中科创师资队伍建设要点

科研是一个不断学习和进步的过程,研究工作者需要保持对知识持续追求和学习的态度,不断提升自己的专业能力和综合素质。同时,也要善于学习新知识和技能,并将其应用于实际研究中。因此,在"做中学"不仅适用于学生提升科研能力,也是教师专业发展的必由之路。良好的学校氛围和教师合作有助于提升科学教师的专业发展水平。科学教师专业发展具有显著的知识本位特征,专业发展培训呈现"高参与、高需求"模式①。因此,学校重视科创教育,完善科学教师基础能力培训和继续教育成长体系至关重要。

学校层面要打造系列课程完善师资培训体系。培训包含文献查阅技巧、科学选题策略、科学方法、数据分析思路与方法、论文撰写辅导、研究汇报与展示技巧等。技能培训之外,同时需要进行科学精神的熏陶,通过通读、共读共研、汇报交流,积极邀请专家答疑解惑;通过设计问题驱动、项目式学习的培训,开展实践探究层面的实操培训;设置提升教育信仰、理念与态度的课程,开展价值观层面的阅读、学习和分享,保持科创导师团理念一致、同心协力,不断精进业务能力。学校既要做好课程建设,也要做好教师教学实践的机制保障和持续提升方面的资源支持。

政策层面要完善职前、职中、职后培养体系。借鉴高质量教师教育治理体系建设要求②,在已有的教师教育体系的基础上优化和完善,建构形成科学教师在培养、培训、资格认证、聘任、管理、评价等方面能够支撑专业发展与教育实践的高质量体系③。同时,鼓励教师参与合作机构和单位的项目进行继续教育,通过相互支持、相互合作,充分利用科学实验设施设备,积极开展科学教育研讨和学习,促进科学教师个性化、多元化发展。

随着信息技术的不断发展和全球化的不断深入,未来社会需要更多具有竞争力、创新能力和创造力的人才④。中小学是创新人才成长的关键期。科学教师要以教育家精神为引领,不断锤炼自身专业本领⑤,培养能担重任的科技创新人才。作为科创导师,从学科教师而来,必须转化视角,"顺木之天以致其性",跟随学生的好奇心、前进的节奏来引导和启发,因材施教,唤醒学生内在的动力。

---

① 后慧宏,师欢欢. 中小学科学教师专业发展的国际比较研究——基于 TALIS 2018 数据的分析[J]. 比较教育学报,2024(3):152—163.

② 刘桂芝,崔子傲. 国内外青少年科技创新人才培养模式比较与检视[J]. 现代中小学教育,2019(8):1—9.

③ 张军,朱旭. 重构科学教师教育体系[J]. 教育研究,2023(6):27—35.

④ 孙玉,申宸鸣,贾晓凤. 促进深度学习的教学改革策略研究[J]. 广东化工,2019(21):200—201.

⑤ 后慧宏,师欢欢. 中小学科学教师专业发展的国际比较研究——基于 TALIS 2018 数据的分析[J]. 比较教育学报,2024(3):152—163.

二、高中科创导师的定位与来源

（一）定位

高中科创导师是促进学生全面发展的关键角色，不同于传统学科教师传授知识，从职业属性的角度出发，科创导师更重要的是培养学生的科学素养与能力，激发学生的创造力和创新精神。科创导师通过课程设计，搭建资源平台，引导学生开展自身感兴趣的研究，帮助学生发现自身的潜力并培养兴趣爱好，将创意火花转化为现实成果，在发展道路上给予指引和支持。同时，学校也可以通过与大学合作等方式，引入更多专业性学术资源，为学生开拓视野，培养学生的创新能力、研究能力和学术兴趣，提高学生整体素质，培养更加开放、富有多元化视角和创新精神的人才，为学生的未来发展奠定坚实的基础。

（二）来源

我校科创导师一般有两种来源，一类是从本校教师中培养选拔，另一类是聘请高校、科研单位的专家为我校特聘科创导师。两者的共同点在于都拥有强大的专业知识背景，区别是前者在与学生沟通、跟进进度、发现问题和引导解决等方面具有天然优势，而后者在资源匹配与调用、核心课题与子课题的关联等方面更为便捷。由此来看，在实施科创课程的过程中建立"导师团"，有利于充分发挥各类导师的专业能力、条件优势，并将跨学科、跨领域资源进行整合和调用，最终惠及学生。

三、高中科创课程中导师的作用

高中生不缺乏针砭时弊、观察社会的眼光，但这种观点的迸发往往是一时的、表面的、碎片化的。从感知体验到深入探究需要逻辑梳理和方法贯通，从表面现象直击内在本质也需要步步推演、验证深化。科创导师如同一位同行的长者，鼓励学生提出独到的问题，引导其运用一系列科学方法进行系统性探究和分析、建构框架，随着问题的深入，发现新的疑惑，继续探究、验证，不断循环深化。

在研究的不同阶段，科创导师发挥着不同的作用。随着循环深化这一过程，导师发挥相应阶段的功能，在学生能够熟练使用"思维工具箱"、自我提问与反复查阅、梳理研究逻辑、匹配研究方法之后，导师逐步"隐退"学生身后，推动学生独立进行科学研究活动。

（一）前期"领路人"，把握课题价值，助力科学选题

科创导师对于社会热点、时政话题、前沿研究应具备敏锐性，并主动进行相应的知识储备。在学生选题过程中，导师鼓励学生提出自己独到的问题，引导学生主动提问和寻求新的研究进展，通过提问、互辩，了解学生对于该问题的认识程度，梳理问题是否常见且有答案，作为课题价值的依据。这一阶段，导师应善用头脑风暴、小组辩论等形式激发思维活力，打开多元视角来看待问题，学生在导师的引领下不断练习自我提问与探索澄清的能力。对于学生提出的问题，导师不必"全能"，而应更肯定学生提出导师无法做出回答的部分，并鼓励互相探讨，继续查阅和更新资料，提出进一步假设，接近研究问题的核心。在进行教师培训时也可以采取这类

活动形式进行示范,这样具有很强的体验性,有助于教师将亲身经验带回导学关系中。

（二）进阶"陪练师",探讨研究方法,巧用"思维工具箱"

高中生具备了学科基本知识储备,能够较好地吸收和理解科学方法的深层含义,此时是装备"科学方法"的最佳时机。

首先,提问能力是"思维工具箱"中的基础工具,其本质是批判性思维。人本身内在的好奇心天然地驱使人们提出问题。随着学生年龄的增长,自主提问能力往往会出现一定程度的下降,其中有习得的作用、经验带来的捷径与定式的影响,也有应试教育、机械学习带来的动机降低,因此,导师在课堂和日常指导中,可以营造一个积极、开放的提问环境,充分释放学生的提问潜能,示范将陈述转化为问题进行开放性提问,并带领学生拓展问题领域,激发其创造性思维,引发深度思考。这个过程不是单向的"问与答",也没有标准答案,而是像相互传接球一样围绕议题不断"抛接",逐步形成对问题的解构框架。

另一方面,进入研究阶段,科创导师聚焦问题演绎与澄清,注重研究方法的探讨和选择,以集中化、系统化、显性化的方式传授科学方法,通过案例演练、解释澄清、对比归纳,提升学生对各种科学方法的理解,了解其适用情境,利弊情况,训练学生敏锐、高效地选择适宜的方法,提升科学探究能力。让学生在小课题研究中,了解科学探究方法的多样性和丰富性,提升学生在未来主动运用特定科学方法的意识。

（三）中期"支持者",提供情绪价值,鼓励支持突破瓶颈

高中阶段的青少年有两个明显特征,其一渴望独立,而其能力不足以支持时又依赖成人的帮助;其二,青少年情绪波动大、难坚持,由于大脑额叶的发育尚未完全、多巴胺等神经递质的分泌变化以及高级认知功能的发展不同步等因素,青少年想要独立完成科学研究需要比成人付出更多的意志努力。研究的历程少有一帆风顺,失败是科学研究中的常态。结合以上两点特征,在面对科学研究中的困难时,导师可以成为重要的"支持力量",温柔、坚定地鼓励学生并提供帮助,始终保持积极的态度,引导学生进行反思和调整。引导学生把失败视为学习和成长的机会,而不是挫折,与研究假设不符的经历有时可以带来新的理解和思路,同时,此时也是普及科研诚信、提升科学素养的好时机,导师可以通过分享自身经历,安抚稳定学生的情绪,肯定学生的努力,支持其走过低谷期,突破研究瓶颈。

（四）全局"跟进人",多样化评估,聚焦素养提升

多样化评估的来源是大量的过程性资料,许多难以量化的信息需要导师进行充分捕捉和记录,持续探索整合多种评价途径。导师要注重观察学生在学习过程中的自我学习、自我总结、自我反思和自我调节等关键信息,实行过程化的跟踪评价体系,将研究成果评价、教师评价、学生自评互评、社会评价等多种形式的评价纳入在内[1],坚持以学生为中心,充分考虑学生

---

① 刘桂芝,崔子傲. 国内外青少年科技创新人才培养模式比较与检视[J]. 现代中小学教育,2019(8):
1—9.

自我认知、自我反思、自我总结、学习效率等思维意识方面的培养成效，综合考察量化指标与非量化指标。

这一点不仅反映在学生完成自己课题的过程中，也体现在整个科创课程中，包括与同伴、导师的互动，以及小组互辩、头脑风暴、开题结题汇报答辩等课程体系环节中。敏锐的洞察力、严谨的科研态度、钻研的科研精神、创新思维与能力、团队协作精神、持续学习的能力、坚持不懈的意志品质等都是关键的素养提升点，也是有利于学生终身发展的重要方面。

四、高中科创导师的一般素养要求

（一）前瞻视野，不断学习

教育是一个日新月异的领域，教师在面对教育变革和发展时需要具备创新意识、创新思维和能力，不断适应新的教育环境和需求。科学研究往往要着眼于最新最热的学术、社会议题，做探索性的尝试，这就需要导师跟上变化的时代，不断更新知识结构，树立终身学习理念，教学相长，顺势发展，持续提高专业素养，更好地适应和推动教育的发展。

（二）理解科学本质，掌握科学方法

教师在接受教育的过程中，基本上都是分科教学，往往缺乏对科学及其本质的理解。科学知识的发展是一个不断提出问题、寻找答案、修正理论的动态循环。科学有"可证伪性"，合格的科创导师需要充分理解科学的本质，保持质疑精神，训练基于充分证据的逻辑演绎过程，学习多角度审视问题，建立假设与证据之间的关系，并运用定性、定量、综合等科学方法解决实际问题。

（三）开放接纳，兼收并蓄

知识授课为主的课堂往往由教师提出问题，学生回答问题，最后是教师判定答案是否正确。而课题研究面对的是未知的世界，作为科创导师需要开放、接纳的态度，允许学生去试错、去探索、去做选择，就像家庭中的父母之于孩子，父母是孩子探索世界的"安全岛"，在这里，孩子可以获得一些启发和指引，也可以在遇到困难时来休息，做好准备再次出发；这里没有标准答案，所以很难说正确与错误，而是应该不断地做出改善和调整，持续优化方案，去接近问题的核心，去探索解决的方法。

（四）践行跨学科理念，打破学科壁垒

人类在认识世界、改造世界的过程中，囿于自身有限的生命、视域、精力，往往在自身能力范围内捕捉信息，建立逻辑，形成理解，可以说是将一个完整的问题切分、归类，再通过思维捷径进行认知层面的工作，因而在这个过程中，完整的世界被"肢解"开，学科和专业随之成为"肢解"世界的有力工具①。

事实上，每一个问题在不同的人、不同的情境之下有其独特的展现，因此需要更加多维立

---

① 李培凤，王生钰. 跨学科人才培养模式案例分析[J]. 国家教育行政学院学报，2004(1)：91—95.

体的知识结构体系、学科交叉激发,甚至需要创造性思维来打破思维定式,形成个性化的理解与建构。在能力结构的培养过程中,要坚持学科基础核心素养的发展,以跨学科的视界拓宽思维认知框架边界,建立起宏观逻辑体系。跨学科学习对于有效培育学科核心素养,提高学生综合能力,打破传统的学科界限,形成新的学科交叉点,从而促进学科之间的互动和发展有着积极意义①。因而,传统的专任教师只需在某一学科拥有个人的学术见地,但成为新时代科学教师则需要走出"舒适区",提升跨学科的知识整合能力,将"跨学科""重素养""个性化""强实践"的理念不断融入指导过程,更好地挖掘和培养每个学生的潜力。

五、跨学科 QMCC 教学模式下科创导师的特殊素养要求

跨学科 QMCC 教学模式下,对科创导师的素养提出了不同于一般科创课程的要求,包括对跨学科概念的理解与应用、问题形成技术(QFT)的教与学、科学研究方法和数据分析思路等。

1. 跨学科概念的理解与应用

多学科、多领域、多业态融合已成为当前科学技术的发展常态,尤其是随着大数据、人工智能技术的迅速发展,科学技术的发展已呈现跨学科样态。跨学科概念的核心在于打破学科界限,促进不同学科知识的交叉与融合。导师需要从各学科共通的角度帮助学生认识和理解自然界,而跨学科概念本身就是人们认识自然界的构成及其运作方式的思维工具。跨学科QMCC 教学模式下,科创导师深入领会和实践其中的技术要领,深入理解"跨学科概念",即物质与能量、因果关系、模式、结构与功能、稳定与变化、尺度比例与数量、系统与模型,不断演练识别所研究问题的核心要素,构建系统性的跨学科认知框架。因此,理解跨学科 QMCC 教学模式,亲身体验以及领会实践,是两个重要方面。对理念的理解渗透在日常的表述与总结中,而实践部分要求导师主动打破学科之间的壁垒,探究事物的本质,追根溯源,找到学科共通点,用多维度的视角来观察和分析,并通过导师团的综合性优势,落实跨学科概念和教学模式。

2. 问题形成技术(QFT)的教与学

在 QFT 课堂上,教师的角色转变为课堂方向的引导者,而学生则成为课堂内容和节奏的主导者。这与传统课堂由教师形成问题链,学生跟着问题去思考和回答不同,导师需要"退居二线",控制自身主动表达和影响、推动学生的习惯,学习"点到为止",持续鼓励学生探索和讨论,这对导师自身素养同样提出了挑战。

在实践中运用 QFT 来演练构建 QFT 课堂,主要包括五个步骤,即创建提问文化、学习问题科学、掌握课堂提问、练习提问技巧、内化提问技能。导师可以利用小组训练回应技能,让学生运用科学方法进行探究,理解概念和要点,并循环深化这个过程,通过实践体验,打通操作难点。让学生愿意说是提问环节的基础,导师在培训中以"学生"的状态参与其中,感受学生在课

---

① 杨辉.上海市科创教育研究院:打造青少年科创教育新格局[J].上海教育,2024(15):12—15.

堂中提问的困境。"为什么不提问"——是无法提出问题？还是担心问题的质量？考虑同学听到自己的提问会如何评价自己？所以，在科创课堂中，需要导师带领学生进行充分破冰，比如通过包含提问的小活动，让学生一方面熟悉彼此，一方面感受"提问就在生活中，提问就源于好奇"，同时也表达友好和相互结识的意愿，打造相互尊重、充分接纳的氛围，让提问的启动过程变得简单一些。在此基础上也需要关注导师对提问的反馈，导师抱着鼓励、肯定、开放的态度，更有益于激发学生的想象力和创造力，同时导师可以不断示范科学思维和逻辑推演，充分给予学生训练提问的空间和时间，帮助学生练习提问技术，将其内化为一种思考习惯。

运用QFT的关键在于鼓励学生"持续提问"，不断探索。因此，跨学科QMCC教学模式在应用过程中尤其注重互动，导师需要开放、接纳的心态，形成围绕问题核心的整合、提炼能力，同时引导学生对提问过程进行反思，对探究的结果进行评估，推动循环形成。由于学生自身的科研素养差异，导师需贴合学生独特的"时区"，按照学生的节奏来启发和指引，这个过程需要一些耐心和坚持。

3. 科学研究方法和数据分析思路

导师遵照"适合科学教育的科学方法框架"，促进学生学习理性科学方法、感性科学方法、综合科学方法和特殊科学方法。导师从已有的知识背景出发，扬长补短，与学生一起学习人文社科、实验学科、工程技术等多领域的科学研究方法，掌握基础研究逻辑，做到"心中有数"是第一层次的目标，而通过跨学科实践、导师团"头脑风暴"训练，在实际研究的情境中训练形成科学方法框架，并建立起对于科学方法的理解和领悟，则可以体现在日后的教学互动过程中。

在研究思路方面，假设验证是多数研究的起点，它应用于目标分析对象的样本数量太大或者是无法获取全面，只能通过样本分析总体的情况。具体来说，可以在前期确立研究假设，选择合适的统计方法来验证假设的正确性。再根据数据的类型和特点，选择 T 检验、Z 检验、卡方检验等方法进行验证。其中 T 检验和 Z 检验是比较常用的方法。

对比分析是数据分析的重要思想，通过比较不同时间点或不同对象之间的数据，判断它们之间的变化程度和差异性。对比分析法可以分为横向对比和纵向对比，前者是比较同一时间节点上不同事物之间的差异，后者是比较同一事物在不同时间点的变化。

交叉分析思路主要应用于探索关系，是将两个或以上的指标进行比较，探讨它们之间的联系。关注数据交叉点，从交叉点出发，理清数据间的关系。常用工具为探索性因素分析、方差分析等。

科创导师应学习和储备相应的数据统计软件使用技能，拥有实证研究的方法储备和技能支持。根据内容和目标不同，对研究方法和分析思路进行相应匹配，利用 Excel 工具、SPSS 统计软件等进行检验分析，是研究的科学性保障。

高中科创导师不仅需要开阔的前瞻视野和开放接纳的态度，更需要在理念层面深刻领会并形成对科学本质的理解，在课程层面提升创设氛围、鼓励提问的能力，落实科学技能实践。怀揣着"教学相长"的思想，在研究的过程中不断打磨和精进自身的研究能力和科学素养，做好示范作用。

第二节　校园实验室建设

校园实验室是科创课程实施的重要基石,它不仅是学生实践操作的场所,更是创新思维和科学探究精神培养的摇篮。华二普陀科创实验室Ⅰ期建设在原真如中学完成,主要包括生物化学创新实验室、物理工程创新实验室。此外,通用技术实验室、信息技术实验室也作为科创课程的常用实验室。本节讨论校园实验室建设的目的,一方面总结过去几年已有的实验室建设经验,另一方面通过文献梳理、案例访谈等方式,为新校区实验室建设做经验储备。在科创课程的校园实验室建设中,核心目标是创造一个能够激发学生好奇心、鼓励探索和实验的跨学科教育和学习环境,这样的环境对于学生科学素养和创新能力的培养至关重要。

一、建设背景

2014年教育部发布的《关于全面深化课程改革落实立德树人根本任务的意见》中指出要全面深化课程改革,应有效融合多学科的特点,整合资源,发挥跨学科综合的育人功能[1];在《上海市中长期教育改革和发展规划纲要(2010—2020年)》中也指出:高中阶段是学生三观形成和创新实践能力形成的重要阶段,在该阶段应形成多元可调、有特色的发展格局,为学生提供多学科知识和综合型能力储备[2]。

上海市是国内首先发起中学创新实验室建设的城市。近年来,有关科创课程的教育改革一直呈现着一些显著的趋势,这些趋势总结起来主要包括三点。第一,以核心素养为导向,基于提高学生理解并处理问题情境的能力,注重探究性实验及其过程。第二,注重多学科之间的交叉与融合,提供多类型课程与开放型实践。第三,推进实验室配置的多样化,满足不同学生群体的需求[3]。

基于现行科创教育的发展需要,打破学科围墙,建立新兴跨学科资源载体,构建更为灵活的软硬件融合的适应性学习环境,显得尤为重要。

二、创新实验室的分类

实验室是学校的重要基础课程资源,建设具有实用性、跨学科与专业性并存的科学创新类实验室,更是学校建设新资源,推动深化中小学教育改革的抓手和基石。相比于传统的学科

---

① 中华人民共和国教育部. 关于全面深化课程改革落实立德树人根本任务的意见[EB/OL]. http://www.moe.gov.cn/srcsite/A26/s7054/201404/t20140408_167226.html.

② 上海市人民政府. 上海市中长期教育改革和发展规划纲要(2010—2020年)[EB/OL]. http://www.shmec.gov.cn/html/xxgk/201009/301122010002.php.

③ 竺建伟. 学习环境重构:中小学创新实验室探索与实践[J]. 上海教育科研,2018(7):67—70.

专项实验室,支持跨学科的创新综合型实验室更能满足学生共性与个性化发展的需求。

创新实验室的分类应基于学校自身的实践和校本研究而设计,涵盖基础学科,链接各类基础和探究型课程。基于上述,可规划建立物化生创新实验室、STEAM 创客实验室、人文创新实验室等。

(一)跨学科科学实验室

物理、化学、生物、地理等实验室是中学必备实验室。实验室分为实验用房与辅助用房。实验用房包括理论教学区和实验开展区,辅助用房则包括办公室、仪器室、药品室、储物室等。在场地有限的情况下,理科相关的跨学科科创实验室可基于原理科实验室进行建立与链接。例如,可在物理实验室基础上,另辟单独空间,空间内可存放物理科创相关仪器,以及科创结果展示平台。而基于化学和生物的实验要求,实验室自身需要配备较多的实验水池、通风橱等基础设备。根据调查与实践发现,在很多同学的理科科创选题中,跨生化学科是非常普遍的现象。因此可基于此建立生化创新实验室,其中可配置众多通用基础检测仪器,以匹配学生的科研需求。例如光谱仪、超净台、专用冰箱、离心机、色谱仪等常用的基础实验仪器。在空间足够的情况下,可调整各理科实验室的空间规划,提高仪器的利用率,以便于管理。

(二)STEAM 创客实验室

创客一词来源于英文单词"Maker",建立与计算机、劳技等学科联合的创客实验室,可以充分发挥互联网力量,鼓励学生基于科学、技术、工程等兴趣,大胆开展发明和创造。在创客实验室内,可分为教学学习区、创意展示区、材料加工区、计算机资源区等。

教学区为师生提供大的交流学习环境,便于教师授课、师生间开展小型研讨等活动。创意展示区不仅可以用于科普和宣传较为先进的创客产品和电子作品,展现最新资讯;也可以用于展示学生作品与荣誉,分享创作思路,提升学生的团队凝聚力与设计灵感。材料加工区则应配备相应的硬件设施,是学生创意想法实现的平台。加工区需要设置匹配的工具和材料储藏区。计算机资源区是创客实验室的"大脑",在这里,学生可以进行知识的衍生和拓展、模型的建立与落地。这一块,除了要配齐电脑等基础设施,也可基于课程需要,配备类似于机器人制作、VR 模拟机工作站、3D 打印机、防静电工作台等。这一块区域的设置,可基于学生科创的需要,进行大面积功能的细化与拓展①。

(三)人文创新实验室

近年来,随着科技进步、社会发展需要,文科实验室的建设正以高校为起点,不断拓展衍生②。在中学的科创需求下,可以将计算机科学、人工智能等与政史、心理等人文社科学科相融合,为传统人文学科带来新的拓展领域。借助跨学科的网络,计算机与 AI 的新技术、新方法,学生可以从新视角,多维度去开展人文社科的调研;运用数据分析和计量模型,增强对学科

---

① 李存才. 面向未来的中学科创中心建筑设计研究——以合肥六中为例[D]. 安徽:合肥工业大学,2020.
② 李晶. 文科实验室赋能"新文科"创新发展[N]. 中国社会科学报,2023.

内容的解释与预测。

基于上述分析，中学人文创新实验室的建设应以应用为导向，以"多学科理论前沿、人文实践、社会服务三位一体"为目标，为学生的人文类科创提供灵感与支持。据此，人文创新实验室应以资源区建设为重中之重。在基于文科实验室的教学科研活动中，通过情境化的动态与交互能力提升，提高课程教学与创新人才培养过程中的针对性、适应性与开放性。

三、如何搭建创新实验室生态

从理论支持到实际落地，科创实验室的建设需要考虑到方方面面。基于上述讨论，科创实验室要满足跨学科实验的需求，就要不断完善数字化实验手段，将教学、实验与信息化环境有机整合，合理配备资源与规划整体环境。

（一）丰富的资源支持

基于科创课程的教育目标，实验室应能够提供丰富的资源支持，为师生提供服务。这里的资源支持不仅指仪器设备的"硬支撑"，也包括各类知识信息的"软支持"。比如，更"接地气"的文献资源。在进行各学科或跨学科的科创过程中，学生需要进行背景调查与信息溯源，能以全球化的发展性视角看待所研究的问题；同时，学生需要培养良好的学术道德与规范，正确地引用并整理相关的文章与期刊。实验室附近应配备资料查阅功能区，可以满足学生在互联网资源的支持下高效地思考和解决问题。再比如，相关学科教师的知识背景与专业，可以为学生提出问题、建立解决问题的模型、得出结论等步骤提供专业相关的指导。

（二）灵活的空间组合

实验室空间有限，学生数量相对确定，一段时间内，学生会对不同的功能区有需求，教师的教学需求也面临动态调整的问题。学校可以根据实际需要，规划好实验室的分布，并链接好各项功能区。基于实验室的常用功能，功能区基本分为教学区、实验区、交流区、展示区。

1. 实验功能区的"并"与"分"

相比于基础学科实验室，跨学科实验室要求覆盖功能广，灵活性高，从而能在有限的学校环境中提供更多功能。为满足多学科和跨学科的科创与常规实验课程要求，应在实验室共享率提高的基础上，合理合并与拆分相关功能，达成实验室运作的有机统一。

例如，可将教师演示实验区、学生分组实验区、特殊实验演示区（需要一定的固定设施）、教学实践区等合并为实验区，由于该区占据空间大，部分实验桌可不用固定，可考虑在适当时候和其他功能区合并，进行灵活切换。制作区的空间往往是通过桌椅等硬件配置以及仪器的搭配，来实现空间的共享。

2. 教学功能区的"变"与"通"

灵活的空间组合可以帮助教师进一步提高教学效率，优化教学效果，不被空间和设备所限制。例如，可以对活动课桌进行合理布局，既能以秧田式的布局实施常规授课与实验演示，也可以改变布局开展分组讨论与实践活动；在教学区的部分片区提供计算机和相应的应用软件,既能满足信息科技实践的功能,也能为后续的数据处理和工作整理提供更便捷的途径。各功能区不存在明显界限,可以在实验、制作、交流的功能中来回切换。这种变通,可将师生从重复劳动与等待仪器的过程中解放出来,提升教与学的效率。

3. 展示区与交流区的融合

科创实验室要充分考虑为学生学习成果的展示创造机会和空间。展示区可充分利用楼层的墙壁、橱窗等位置,既能提升曝光率,也能提高实验室的空间利用率。有些展示区不仅可以用于观摩,也可以带有互动功能,这样能起到更好的宣传作用。而交流区的建立则可以"因地制宜",除了师生大范围在实验室进行交流讨论外,还可在展示区安排隔断式的交流区域,便于学生小范围讨论,并可基于展示区的作品进行一些探究性的课题交流。

(三) 智能化的信息与实验平台

应打造信息智能化的教学环境、自动智能化的实验环境,从而提升实验过程以及教学过程的效率。

首先,科创实验室应满足信息智能化条件。师生在实验室应享受信息技术带来的便利。在空间上,要保证师生在实验室就能方便地开展信息搜集和处理。因此,在实验室应该配备好相应的软硬件设施;在时间上,应建立专门的信息化系统,便于师生在校内外合理时间内查阅或监督科创活动进程,收集并整理数据。时空上的信息联动,可以帮助教师及时处理好各种教学场景对信息化环境的要求。

其次,实验环境应满足自动智能化条件。数字化实验可以更直观地将实验结果呈现,更具指向性地指导学生进行下一阶段的实验。在平时的学科学习,以及跨学科课程的知识背景下,学生已对各基础仪器有了理论上的浅尝辄止。而考虑到有限的科创课程课时,在一定时间内借助智能化设备获取更直观的图表与数据、规律与预测,可以避免学生陷入无意义、耗时的重复试验,推动其直接分析主要矛盾,获得结论或引发新的探究问题。科创实验室中的数字化设备应具备下述基础功能:一方面是可以实现数据自动采样与记录,解放科创课程的时空限制,便于学生将更多时间与精力放在数据的分析和讨论上;另一方面是传感器的多样化与智能化,使同一个实验可同时采集多个变量,提高实验效率,便于分析实验中的各类因素。

综上所述,在科创实验室中配置更智能化的信息、实验设备,可以一定程度上缓解现实情况下科创课程开展的一些限制。学生可以有更多的时间查阅资料、设计方案;教师也可集中精力于确实需要人工介入的指导与评价环节上。

(四) 融会贯通,于真实情境中发挥整体效应

基于上述丰富的课程资源、灵活的空间安排、先进的技术装备,让学生自主探究,积极参与科创过程的课程目标成为可能。将这些融会贯通,可辅助学生更好地于真实情境中提出并解决问题。例如,在对酸雨问题的研究上,学生可借用环境地理和化学学科实验室,对不同地区采集的样本进行分析。在实验方式的选择上,尽管酸碱中和滴定为书本学生必做实验,然而,对相当数目的样本进行手工酸碱中和滴定,过程耗时长且意义不大。因此,可以充分利用创新

实验室搭建的平台,联合物理传感器与计算机科学,建立问题解决模型,再利用 pH 传感器、滴数传感器,加上 TI Innovator 系统等,根据实时 pH 响应来调节和关闭实验,最终可让学生把更多精力放在探究与讨论上[1]。

总体来看,真实的问题往往涉及跨学科的知识与技能,提高实验的自动化程度有利于在科创过程中实现 STEAM 理念,便于学生更便捷、更主动地基于真实的问题,进行更有意义的探究。

四、如何常规运行创新实验室

(一)加强资源管理,提升实验设备使用效率

要提高科创实验室内数字化设备的使用效率,首先可多配备学科共享率高、使用率高、学生占用时间长的设备,例如温度、电流、pH 值的传感器等。其次,数字化实验装备的选择要优先考虑兼容和成套效果。比如,很多数据采集器应对传感器有较高的兼容性,这样便于多方使用以及后期维护。除此之外,要考虑到设备的更新与迭代,对于一些使用寿命短、更新很快的仪器,减少其储备与囤积,以定期淘汰、补充新品的滚动配备方式来保证日常实验需求。

(二)深入挖掘校园环境的实验功能

实验室内部给学生集中提供了科创活动的场所,而实验室之外的校园空间也蕴藏着学生创设真实探究情境、提出问题的灵感。例如,有些同学的科创横跨地理、生物学科,研究植物的生长环境与众多因素的关联,便可在校园的种植空间同步进行实验——在实验室内少量而精细化研究,在种植空间广泛而大胆尝试。此时校园环境也成为重要的学习载体。将科创实验室和校园环境的实验功能有机融合,打破科创活动的地域限制,为真实情境的创设提供更多空间与可能。

(三)充分利用好跨学科实验室的整体效应

在建设多个实验室时,应在学校教学需求的基础上有所侧重。正如上文所述,不同实验室之间可以功能互补,在面对不同需求时可以提供更有针对性的支持。有些综合实验室可以偏重实验区的功能建设,例如化生科创实验室,可在基于传统实验室的基础上,设立专门的传感器检测区,便于科创活动。而类似于文科综合实验室则要做好信息之间的链接:在相关场所中,要为不同学科交叉、不同门类学术资源的整合提供知识索引与溯源,方便人文社科科创方向的同学能更好地使用。总之,要基于课程充分挖掘仪器设备的助学功能,使实验室的使用具有开放性、生成性和可持续发展性;还要基于学生,以学生为中心,融合学习内容、学习特征和设施设备的整体环境建设,倡导学生自主学习、自主实践、自主探究。

(四)统一规划配套用房

科创课程校园实验室在对多学科的需求进行功能整合时,也需要考虑配套用房的合理规

---

① 徐睿. 上海市中小学综合实验室的功能设计与创新实践[D]. 上海:华东师范大学,2021.

划。基于上述创新实验室的分类,配套用房主要兼顾仪器材料室、实验准备室和办公室三个功能。基于不同学科、科创课程的教学需求,这些功能区的数目需要合理规划,并与相关实验室相邻,以提供支持。例如,据上述规划,化生科创实验室应接近生物、化学实验室,而常有仪器与无毒安全药品则可统一安排与收纳,科创专用小型器材和药品则可专门辟一块区域储放,以提升药品管理和仪器使用效率。在仪器室和材料室之间,可放置一些活动小车或活动实验桌,以方便物资运送与使用。

(五)人员与管理配套跟进

科创实验室对实验员的能力提出了更高的要求。目前,相关实验员的培训与资格认定还有待规范化。从学校角度,可充分发挥各学科教研活动的带头作用,结合各学科老师的高校学科专业,加强校内自培,培养出一批拥有一定综合实验技能、学科专业扎实的实验员,以辅助科创导师共同完成跨学科科创内容的教学。

实验室的管理也应制定好严格而条理清晰的使用制度,对不同的对象有明确的使用要求和申请流程。在实验室建立前期,学校就应规划好保障实验室运行的长效机制,并指定相关的管理人员来保证制度的实施,通过明晰条例来规范实验室的工作。

五、预期效果与展望

科创实验室的建设是上海市深化中小学教育改革的重要举措。学校在建立科创实验室时,要从创办理念、环境建设、教育装备、课程建设、师资队伍、组织保障等角度出发,在规划初期就应评估可行性及必要性,以保证成长型的教育项目顺利实施[1]。

良性的跨学科科创实验室生态可从以下几个角度体现[2]:第一,通过营造涵盖多学科的探究式学习情境,可在科创过程中提高学生链接知识与实验的能力,发挥学生的主观能动性,推动其创新素养和实践能力的强强联合。第二,能服务于跨学科和不断更新的科创课程目标,拓宽科创导师的专业知识面与实验技能,间接提升教师的学科素养、课程设计以及创新素养培育能力。第三,建设结合学校教育优势、办学特色的科创实验室,可促进学校课程建设和特色发展,提升办学质量。第四,可在区域内产生广泛的示范引领作用。

目前,创新实验室的建设和发展仍在不断更新,强化创新实验室与新技术、新资源的对接,形成科创实验室与科创课程教学的优势互补,促进教、学、评(例如实现实验操作技能考试的自动赋分)服务,才能更好地服务于中学生创新与实践能力的培养。

第三节　科创资源管理与数据分析平台建设

新时代科学教育的背景下,资源整合与数据分析平台是提升科创教育质量和学习效果的

---

① 王静. 新时代创新实验室体系建设初探[J]. 教育与装备研究,2019(4):7—10.
② 竺建伟. 学习环境重构:中小学创新实验室探索与实践[J]. 上海教育科研,2018(7):67—70.

关键。科创资源管理与数据分析平台的建设,不仅是人工智能时代新兴技术进步的体现,更是科学教育创新的重要支点。这一平台的建设旨在通过高效的信息管理和深入的数据洞察,为科创课程中教师与学生的"教"和"学"提供全面支持。

一、全链路资源管理与数据分析需求

本校跨学科科创建设基于科创全周期展开,包括前置阶段(科创夏令营)、开题阶段、中期阶段、结题阶段,以及持续探索阶段。在科创全链路中,校本跨学科 QMCC 教学模式及其评估体系会在各个阶段产生大量教师和学生的课堂及评价数据。如何记录、处理、利用、共享好这些数据,是随着科创周期的不断演进而必须面临的问题,这些都需要一个强有力的平台,以支撑资源管理和数据处理与分析需求。

首先,科创全周期的设置使得各个阶段都会产生丰富的数据。从夏令营阶段的基础认知和兴趣激发,到开题阶段的课题选择与设计,再到中期阶段的实验与优化,最终到结题阶段的成果展示与总结,每一个阶段都积累了大量的课堂数据、实验数据和评价数据。要有效地分析和利用这些数据,需要一个综合的资源管理和数据分析平台,能够统一收集、存储和分析这些数据,以提供对教学效果和学生表现的全面反馈。比如,在夏令营阶段,通过科学素养评价可以预先了解学生的已有素养基础和薄弱方向,这批数据可与科创末期结题阶段的学生科学素养进行横向对比,分析学生科学素养的提升情况;也可以通过不同批次参与科创的学生之间的科学素养评价数据进行纵向对比,发掘学校整体学生在科学素养方面的发展趋势。

其次,跨学科的科创项目需要打破知识资源的壁垒,促进资源的共享和管理。在传统的学科界限下,各学科之间的资源往往是孤立的,缺乏有效的协同和共享。通过全链路的资源管理,可以将不同学科的课程、论文、项目等资源进行统一存储和检索,使学生和教师能够方便地获取和利用跨学科的知识资源。这不仅提高了资源的利用效率,也促进了学科间的融合和创新。

最后,科创项目中的高性能计算需求也增加了对计算资源的要求。现代科学研究中,复杂的模型计算和大批量数据分析已经成为常态。例如,生物学中的基因序列分析,物理学中的模拟实验,工程学中的结构设计优化,人工智能领域模型的学习和预测等,都需要强大的计算能力支持。因此,建设一个高性能的计算资源平台,使复杂的模型计算和大数据分析成为可能,是促进科创项目成功的重要保障。

综合来看,科创全链路的资源管理与数据分析需求主要体现在以下几个方面。

第一,数据收集与存储。在科创全周期的各个阶段,需要统一收集和存储产生的教学数据、实验数据和评价数据。一个高效的资源管理平台可以帮助学校集中管理这些数据,避免数据的分散和流失。

第二,数据分析与反馈。通过对收集到的数据进行分析,可以评估教学效果,发现学生在学习过程中的问题和不足,从而为教师和学生提供有针对性的反馈和指导。这种数据驱动的

评估与反馈机制,有助于提高教学质量和学生的学习效果。

第三,资源共享与协同。跨学科的科创项目需要不同学科的知识和资源支持。通过全链路的资源管理,可以实现资源的共享与协同,打破学科界限,促进学科间的合作与创新。

第四,高性能计算支持。科创项目中的复杂计算需求,需要强大的计算资源支持。建设高性能的计算资源平台,可以满足科创项目对计算能力的需求,使学生和教师能够更好地进行科学研究和创新。

基于上述平台需求,所设计的计算资源平台应具备三个特点。首先是较好的计算和数据处理能力,能支持大规模数据分析和复杂模型计算,满足科创项目对计算能力的高需求。其次是灵活的计算资源分配,即能够根据学生和教师的不同需求,动态调整计算资源,提供弹性计算支持,满足不同项目的计算需求。比如,对于模型的实时模拟,可能需要用到时效性更高、可靠性更高的存储和计算资源;而对于模型的离线训练或计算,所需要的存储空间可能更大,但时效性不需要太高。整体上,对于资源的分配应考虑到效率与成本的兼顾。最后是安全的数据存储和管理,即提供安全可靠的数据存储和管理,保护用户数据的隐私和安全。

综上所述,科创全链路的资源管理与数据分析需求主要体现在数据收集与存储、数据分析与反馈、资源共享与协同、高性能计算支持等方面。通过建立一个综合的资源管理和数据分析平台,可以有效地支持科创项目的全周期管理和评估,促进跨学科的资源共享和协同创新,提高科创项目的成功率和效果。

二、计算资源服务平台建设框架

为了支撑科创资源管理与数据分析,本校将设计和建设一个计算资源服务平台,该平台的架构主要分为存储层、计算层和应用层(图 10.1)。

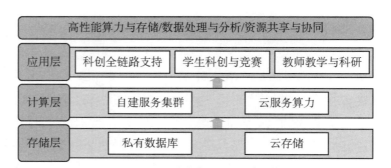

图 10.1 计算资源服务平台建设框架

存储层主要负责数据的存储和管理,支持私有数据库和云存储的结合使用,以满足不同场景下的数据传输和处理需求。私有数据库适用于敏感数据和需要高安全性的场景,如学生的个人信息、研究数据等。私有数据库可以确保数据的安全性和隐私性,同时提供快速的数据访问和处理能力。云存储适用于需要大规模数据存储和共享的场景,如课程资料、科研论文、项目报告等。云存储提供了高效的存储和检索功能,支持在线和离线的数据处理,可以满足不同用户的需求。

计算层提供强大的计算资源,支持复杂的模型计算、训练、预测和模拟等任务。可以通过校内自建服务集群和云服务计算能力的结合,提供灵活的计算资源。校内自建服务集群适用于需要高性能计算和实时处理的任务,如大规模数据分析、复杂模型训练等。校内集群可以提供强大的计算能力和快速的响应时间,确保计算任务的高效完成。云服务计算能力适用于需要弹性计算资源的场景,如即时计算任务、突发的计算需求等。云服务可以根据需求动态调整计算资源,提供灵活的计算支持。

应用层主要提供面向不同用户的应用服务,包括科创全链路支持、学生科创与竞赛支持、教师教学研究支持等。科创全链路支持提供从夏令营、开题、中期到结题的全周期支持,包括数据收集、分析、反馈等功能,帮助学生和教师有效进行科创项目的管理和评估。学生科创与竞赛支持提供专门的工具和资源,以支持学生进行科创项目、参与各类竞赛,包括项目管理、资源检索、数据分析等功能,帮助学生提高科创能力和竞赛水平。教师教学研究支持提供教学和研究的支持工具,包括课程管理、教学资源共享、研究数据分析等功能,帮助教师提升教学效果和科研水平。

这种架构设计的好处在于它可以实现资源的集中管理和高效利用,提供强大的计算能力和灵活的应用支持,满足不同用户的需求。同时,通过全链路的数据分析和反馈机制,可以不断优化教学和科研过程,提高科创项目的成功率和效果。建设周期需按年为周期规划,分为需求分析、架构设计、平台搭建和测试优化等几个阶段,确保平台的稳定性和可靠性。

第二部分小结

本部分深入介绍了我校跨学科科创课程的校本建构图景,覆盖了从课程设计的构思到实施的关键环节。在新时代科学教育的背景下,跨学科设计对于科创课程建设无疑具有核心指导价值。通过这样的梳理与探讨,我们希望能对校本课程建设的实际情况进行阶段性总结,同时也为初创课程的兄弟学校或同行提供案例参考,促进科创课程的有效实施和持续优化。

科创课程是华二"一体两翼"课程架构中的关键一环,普陀校区尝试将跨学科属性渗透到课程实施过程中,希望能为学生建构一个跨学科的科学学习环境。这一环境不仅在硬件设施上得到体现,更在丰富的软性资源中展现出来。课程的核心理念在于引导学生构建一个跨学科的"思维工具箱",其中包含了提问、科学方法和跨学科概念这三大基石。通过一个动态的"提问—理解—建构"循环过程,结合四大类课程的持续实施,致力于有效提升学生的科学素养。在实施过程中,构建科学合理的课程结构、设计丰富多彩的课程内容,尤其是围绕跨学科、提问、科学方法以及跨学科概念来开发和设计不同层次的课程,是整个科创课程实施的重点和难点。

此外,校本评价体系、课程支持系统如师资队伍建设、校园实验室建设、科创全链路平台建设等,也是课程建设的重点和挑战。我们希望通过跨学科、跨领域的合作与探索,对课程进行进一步的优化更新。

第三部分

案例与反思：跨学科科创课程的
实践探索

在跨学科 QMCC 教学模式的引领下,我校每届学子百分百都能完成一项独立课题研究,这些课题不仅是学生智慧的体现,也是师生协作的成果。本部分精选了七个案例,多维度展示了我校科创课程的实践及其成效。

案例一与案例二通过学生个例阐述,详细解读了我校科创课程的实施流程,概述了"提出问题"在学生进行科创课题研究中的作用与价值:"兴趣是最好的老师"。案例三与案例四聚焦于课题研究的关键环节(如数据分析与选题技巧),指出了教师在指导学生做课题过程中的重要作用,突出导师是学生课题研究的引路人。案例五与案例六重点展示了教师如何运用跨学科概念、框架引导学生解决真实问题,强调了我校科创课程中跨学科教学显性化的特点。最后,案例七探讨了科创课程与其他学科如通用技术融合的可能性,进一步展示了科创课程中的"跨学科""跨领域"对于推动学生课题研究跨界的可行性。

这些案例的汇编基于前述理论描述,旨在为科学教育同行提供一个视角来了解我校科创课程的真实实施情况。鉴于课程尚处于发展阶段,我们的经验仍在不断积累与优化。期待这些初步成果能激发更广泛的讨论,推动与教育界同仁的深入交流与探讨。

在中学阶段实施科创教育犹如埋下种子、精心浇灌，虽然这颗种子最终会开出怎样的花朵暂且未知，但这些未知的可能性也是教育中最为惊喜的一部分。每一年，学生群体中都有对研究方向非常清晰的学生和茫然无措的学生，多数学生则是处于两者之间，有着浅浅的研究思路但不知道可不可以研究、怎么研究。作为老师，我们可以和学生们一起感受那份热情与好奇，充满期待地迎接挑战，鼓励他们尝试靠着自己去体验科创研究的乐趣，完成一个属于自己的小课题研究。

一、螺蛳壳里做道场，选题里有大文章

孙同学和胡同学都是对研究很有想法的学生，能够感受到他们对钻研自身感兴趣的内容的那份执着。这两位同学有一个共同的特点，即他们的研究是有前期研究基础的，初中时期他们便对自己感兴趣的主题进行过小调查研究。而高中时他们选择继续探究之前的主题，深入推进，这也说明了这是他们真正想花时间去做的事。这个时候我会去了解他们对自己的发展规划，并将其对于未来规划的想法纳入课题研究的方向中去。即使如此，具体研究方向的确定和方法的选择依旧是第一阶段的关键议题。

（一）回归初心，兴趣是天然的导师

胡同学在初中时做了一项关于"认知症老人生活习惯"的课题，进入高中后，她想继续关注老年人群体，但从哪个角度切入是困惑点所在。初步研究思路大致有两个方向，其一是延续前期课题，其二是关注孤独情绪对老年人精神、心理状态的影响。作为心理老师，我本能地优先注意到了第二个思路，所以好奇地询问她："你觉得这个影响可能是怎样的？"她有些犹豫，这个停顿也让我突然意识到，也许是我的专业背景让她联想到了这个思路，而"孤独"与"孤独症"是两个不同的领域。孤独症患者在认知功能方面确有损害，如交会性注意及执行功能等，这在她前期关于认知症的研究中有所涉及。考虑到这些，我希望她来和我说说这两者的区别，其实这个过程也是为了引导其发现两个名词所涉及的专业领域不同，而选题的重点需要在她了解清楚情况之后根据自己真正的研究目标来确定，把主动权交还给她。作为导师也需要时常进行自我反思，教育是一个互动的过程，影响研究选题的因素有很多，带着学生回归初心、回归本真，选择学生真正被吸引、感兴趣、想研究的问题，是最重要的。

这个过程大约用了一周，经过资料查阅、概念界定，以及不断梳理自己的研究核心，她很确定地说，决定要延续此前的课题，因为这个方向更关注对特殊老人的帮助和扶持，而已有的关于"认知症老人生活习惯"的课题也是很好的基础。基于前期研究，这一次，她想把前期研究中的想法落地，去构建一个能够预警的体系，在老人走失时来提醒家属，帮助家属更快地寻回老人，并且在这个过程中有安全的环境和能够暂时照顾老人的人员快速响应。

（二）关注"偏差"，把握通往目标的钥匙

在预选导师之后，最终确定配对之前，孙同学找到我，希望我来担任她的科创导师。原因是她最初的研究设想遇到了一些现实困难，或者说在初期尝试之后发现了一些构想方面的"小问题"。此时信息学科的温老师推荐她到我们社会科学研究小组这边来寻求帮助。孙同学想做一个非遗数字化保护方面的研究，然而感到自己计算机方面的知识还不够，并且总觉得做一个线上平台来实现非物质文化遗产的推广目标与自己的初衷有一些微妙的偏差。这个"偏差"也是我最先关注到的部分，所以我抓住了这个点，在了解概况之后跟她一起探讨这个部分。

师："你说这跟你的预期有些不一样，可能是哪里不太一样？"

生："从小我就接触非遗竹刻，我是想推广这门非物质文化遗产，但是没有想好怎么推广，同时也发现大家日常都会用小程序、app，就想往这个方向试试看。"

师："好的，所以说你的目标是推广，那我们继续来看……小程序、app是一种平台，平台是一个载体，如果说不是这个载体，有没有其他的方法实现推广的功能呢？"

生："我不知道，但感觉不是唯一的方法，可目前我就想到了这个，我回去再想想看。"

这时，无需老师继续提问，我想孙同学的脑海中一定开启了一步步的推演过程——还有什么方法能够发挥推广的功能？这个方法与其他方法相比有什么优劣之处？我做这个研究最终想要达到怎样的一种状态，实现怎样的一种或者几种成果？而最后"为什么选择某个方法"这个答案一定会出现在研究实践中。最终，孙同学确定课题的核心目的是推广非物质文化遗产，目标是使非遗技术能够以文化产品的形式嵌入民众日常的生产生活中，为非遗保护与传承注入新鲜血液，使非物质文化遗产能够与时俱进、开拓创新，进而实现良性的可持续发展。由此，她调整了以网络平台为载体来实现数字化保护的思路，从文化衍生的底层逻辑开展研究工作。

老师的提问和引导推动学生逐步向问题的本质发问，最终主动提出问题、找资料支持想法、进一步提出新的问题，步步深入，把握核心。由此两位同学完成了研究思路的梳理，确定了基本的研究框架，根据学校科创团队的研究指导进程，进入文献综述撰写、课题申报书填写阶段。这一阶段我采用的方法是案例学习，集中利用科创课程的时间，明确文献综述的要求，然后通过邮件系统发放准备好的几篇综述供课后阅读，其中包含正向样例、反向样例，并在课堂中进行探讨，归纳得出文献综述的结构和特征，作为此阶段科学知识部分的补充。根据课题申报书，每位学生进行开题汇报。形式上，课堂中为学生增加一些有趣的部分，比如序号抽签；过程中，其他同学也可以在主讲人汇报完后向其发问，并对每位同学参与提问、给出反馈的积极行为予以记录，作为课程参与度的过程性依据。所有组内同学完成开题汇报，我会组织一次"复盘"并提出下一阶段的参考时间节点。

二、循序渐进解困难，殊途同归见本质

高中阶段学业紧张，进入研究环节之后，学生们的研究进程有较大差异，每周一节的科创课确保了以周为单位的跟进频率。每位学生在落实研究方案时遇到的困难各不相同。

（一）从社科到工科，探索助力生涯梦

胡同学在前期研究的基础上，形成了比较完整的方案构想，并找到了合适的载体——RFID射频识别技术，通过阅读器与标签之间进行非接触式的数据通信，达到识别目标的目的。以路灯坐标为参考，老人佩戴简易RFID标签，标签靠近路灯时就会被激活，并且记录行动轨迹，由此定位走失老人的坐标位置，向亲人终端发送信号，同时向最近的站点发信，实现现场的临时接管、照护。因此，这个课题的指导重点在于如何实现系统流程的流畅运转，采用什么技术实现发信和回传、选择技术的实物载体、载体的相隔距离以及信号的覆盖范围等，并进行实物模型搭建和反复测试。由此，这个课题从初中阶段的社会问题的现象调查，推进到模型建立、实物制作和实验，再落脚到工科研究。这也符合胡同学对这个课题的想法，以及对自己未来的规划，在初期阶段，她就表达了以下想法："这个研究我想持续做下去，最终我希望能做出一个东西来，它能够用到生活中，真的能够帮助家属尽快寻回走失老人。"对自己未来的规划中，她也希望自己大学阶段能够往理工科方向走，更准确地说，是学习工程方面的专业。我想，这段研究经历也恰恰如同指路明灯，从生活实际中发现问题、用科学方法探索解决方案、建立模型、随后将模型应用到实际生活。

（二）从理念到实践，层层演进思路清

孙同学在非遗竹刻的研究中对相关历史、文化习俗产生了深厚积淀，并在广泛阅读文献的基础上，已可对其来龙去脉娓娓道来，可见她已经内化了非遗竹刻的相关知识系统，而将知识性的内容加工为可操作的设计原则和方法，是这个衍生品研究的重点，也是难点。

从知识到产品，表面上是从抽象到具象的显示过程，本质上则以提取特征、建立模型为基础。而竹刻工艺作为一种艺术类型，本身是一种具象化的呈现形式。这个过程中，我们依照逻辑层次依次演进，构建了衍生品设计的四个层次：直接宣传、二次加工宣传（竹工艺品开发）、竹刻元素提取与再设计、特定文化内涵衍生设计。以点带面，通过对嘉定竹刻非遗元素进行提取和转化，为文创衍生品注入创意，同时提升其文化附加值。随着设计思路的步步演进、日渐清

晰,非遗竹刻的宣传衍生方式也逐步落地,将非遗竹刻的特征、工艺与理念以衍生品的形式落到应用层面,同时增加了艺术衍生品与日常生活的关联,起到了较好的宣传效果。

这个阶段,两位学生的研究方向虽然不同,但在研究经历中又有颇为相似的部分——从系统到模型,从模型到应用。模型是简化的系统,反映了系统的主要特征。想要培养学生从形象思维到抽象思维的转变,需要持续的训练,让学生学会把系统中最主要的特征提取出来。孙同学在非遗竹刻的知识系统中提炼和转化了标志性的文化元素,归纳了四个层次的设计原则和方法;胡同学由脑中想象的情景演示,构建了信号感应的实物模型,强调了环节中每个装置在系统中的核心功能,通过这些功能,再找到符合功能特征的工具,如 RFID。即使是在射频识别技术中,由于特征不同,安全无感、体积小巧、无需充电的半有缘 RFID 成为最合适的工具选项,因为它结合了无源 RFID 和有源 RFID 的特点,并满足研究模型需求的核心特征。

研究后期阶段,最主要的工作是撰写论文以及汇报呈现。两位同学凭借出色的文字撰写能力,在学术写作方面得心应手。相比于理科实验研究,社科成果的呈现形式是比较多样的。如何呈现,取决于课题成果的性质。以两位同学的研究为例,胡同学由社会调研、形成模型和流程,到制作实物进行实验,再到呈现实验数据结果,是用理性科学的方法来研究社科议题,其研究成果侧重图表展示、数据说明、实验过程等;而孙同学从四个层面逐步落实设计原则,制作四类文创产品,以实物呈现的方式呈现研究结果,在汇报答辩过程中配合播放制作产品的视频来辅助呈现,增强直观感受。研究结果的呈现方式同样遵循"内容为目标服务"的原则。

三、小结

"研究性课题"是每位高中学生都必须完成的内容,是上海市普通高中学生综合素质中"创新精神与实践能力"的重要部分。同是高中生,学生之间起点的差异却很大,在科学研究方面的节奏与阶段也不同。

作为高中科创导师,应该是"引导"大于"指导","指导"方面当然有,但也有限,比如正规文书、研究报告的撰写技能,查阅文献的策略和技巧,科学研究方法中知识性内容的科普等。而"引导"则贯穿研究始终的工作。

(一)跨学科 QMCC 教学模式下,学生需要怎样的导师?

在选择导师之前,导师一般会给出个人专业背景和研究方向的介绍,这是便于学生从研究课题的大类去寻求合适的指导,但导师的指导是方法层面的引导。除去个别专业要求极高的研究外,大多数研究并不需要导师专精于某一领域内的知识,也不需要导师去回答学生的知识性提问,而是更鼓励学生提出导师回答不了的问题,然后双方一起去寻找问题的答案或者解决方式。学生可能由于没有方向,也可能由于投其所好,去寻找一个跟导师专业背景相关的课题,这背离了"以学生为中心"的初衷。学生选择研究方向时,导师的细分研究领域不是最重要的因素,在学生提出想法时,导师关注学生选择这个话题是出于怎样的好奇,相关内容的基础知识储备如何,这个过程中可以给出较为犀利的提问,如"你的研究中如何界定某个概念?""对于研究结果,你的预期是怎样的? 还有什么别的可能吗?"鼓励学生在陈述和自辩的过程中展现出研究意愿和热情。高中科创导师与大学导师的不同之处在于,我们面对的是初入研究的青少年学生,希望学生是开放地、好奇地迎接这个新世界,是学生有一个好奇的问题,然后导师引导其用科学方法去解构这个问题。所以高中科创导师往往不会"诱导"选题,而是像"陪练"一样站在学生的后方,但大学更加"术业专攻",导师领衔大课题,学生完成与之相关的子课题,在领域范围内不断深挖,形成学术亮点,这两者侧重有所不同。

社科研究与学生日常生活中遇到的情景、文化现象等紧密关联,这是学生们热衷探究的原因,而这份热情可能导向学生未来的生涯规划。导师需要有意识地关注学生期待的成长路径与课题研究路径之间的匹配,用愿景驱动实践研究,是在课题研究选题和过程方面另一个值得关注的点。用"奇迹问句"启发创造性思维,探索研究愿景,探讨"假如没有任何限制,我最终想要做出怎样的成果"。选择自己感兴趣、愿意探索的事物,呈现对专业浓厚的兴趣,并具备这个专业领域的研究能力,这也是一种潜力的展示;即使研究过程不顺利,或者中途发现自己真实的兴趣点,那么对于探索自我未来的可能性也同样极有价值。

(二) 跨学科 QMCC 教学模式下,导师需要关注哪些方面?

高中阶段做课题研究重在过程。学生以学术的心态来对待课题,保证科学严谨,数据真实,用理性思维进行科学分析和探究。

首先,要关注学生主动提问能力的激活。提出有深度和洞察力的问题是深度探究的必经之路。在科创课堂中创设鼓励提问的课堂文化,为了达到效果,在第一节课上可以设计 10 分钟的破冰环节,让不同班级的同学熟悉了解彼此;随后制定课堂准则,以真诚、开放、尊重、非批判为理念鼓励课堂讨论和交流。日常的科创课堂中,时常采用先"头脑风暴"再进行问题分类整合的方法。可以尝试以下提问方式,拓宽问题解决的思路,激发创造性思维。

【开放性提问】如"还有什么方法能够发挥推广的功能? 这个方法与其他方法相比有什么优劣之处?"

【动机性提问】"做这个研究最终想要达到怎样的一种状态,实现怎样的一种或者几种成果?"鼓励学生尽可能多地提出问题。

在提问阶段,避免停下来讨论、判断或回答任何问题,并相互做好提问记录。组内每位学生的研究想法都可以被放进课堂中进行提问训练,也鼓励学生在提问梳理的过程中,对课题形成更多的好奇,推动其进一步去查阅资料、深度学习。创新思维是可以培养和训练的,基础是改变原有的思维模式,学习提问、质疑与思辨。那些无法验证的猜想、无法解释的事实,会成为科学道路上最好的向导,指引他们前行。

其次,要关注科学逻辑、溯源本质等能力的培养。在科创课程中融入跨学科概念、科学方法论,并在日常引导中反复训练。在一般的概念、现象和问题中,都存在跨学科概念。通过多学科比较或者跨学科探究,帮助学生形成跨学科概念。通过跨学科概念让学生更直接地形成科学的世界观,了解自然现象背后的道理,学会处理问题的方法和模式。以案例中两位学生的研究经历为例，通过跨学科概念中的"系统与模型""结构与功能"，由形象思维向抽象思维转化，提炼系统中的关键概念和关键特征，并建立模型。这个模型在孙同学的研究中是文创衍生品设计层次的建构，而在胡同学的研究中是实物模型建立的基础和工具材料选择的依据。模型是简化的系统，反映了系统的主要特征，这是系统与模型的关系。鼓励学生通过研究过程不断训练和提炼自身能力，利用模型解释现象，增强对关键问题、关键特征的把握能力，培养解构问题、分析现象的能力，提升用科学方法解决问题的能力。

　　研究是一个长期的、由浅入深、由理论到实践、攻坚克难的过程。了解现象、定位问题、探索路径、应用呈现，是社会科学问题从现象调研走向实际应用的过程。胡同学由"认知症老人生活习惯"调研入手，结合原理研究，设计工具，进行实测，实现功能；孙同学着眼于非遗传承与推广，结合文献研究，提炼核心特征，并将其运用到产品设计和制作，实现功能。这都是从调研到应用，从理论到实践的转化。科研如同一颗种子，我们和学生一起埋下这颗种子，并鼓励他们去做感兴趣的研究。这个过程中有阳光、有雨露，也有导师的用心浇灌。静待花开，最是美好。

在当今社会快速变化的时代，科学教育正面临着前所未有的挑战与机遇。为了响应新时代科学教育改革的要求，培养具有创新精神和实践能力的人才，基于跨学科"思维工具箱"理念的科创课程应运而生。课程采用跨学科 QMCC 教学模式，其背景植根于新时代科学教育改革的深入发展和国家对创新人才的迫切需求。课程设计以学生为中心，基于项目驱动和问题导向的方法，让学生在真实的研究情境中学习和成长。通过这种教育模式，学生不仅能够获得知识和技能，更能够培养批判性思维、创新意识和团队协作精神，从而全面提升科学素养。

华二普陀科创课程以学生小课题研究为载体，根据课题研究进度，可以分为四个阶段：前置阶段（科创夏令营）、开题阶段（选择课题）、中期阶段（开展实验）、结题阶段（答辩展示）。本文以一个学生课题为例阐述我校科创课程的理念以及实施过程，小余同学选择的课题是一个与我们生活息息相关的环境保护话题——福寿螺的泛滥。她通过系统化学习福寿螺的相关研究后，聚焦于福寿螺的生物防治，最终得出了有价值的研究结果，在各科创大赛中取得不俗的成绩，获得大赛评委和专家的一致认可。通过本案例阐述，我们希望展示学生如何在跨学科 QMCC 教学模式下的科创课程中，自主提出科学问题，运用科学方法，理解并建构跨学科概念，研究生活中的真实问题。

一、探索之旅开启——基于"问题形成技术"的课题选择艺术

华二普陀每年在八月举办科创夏令营，是高一新生科创探索之旅的开端。这一活动为新生提供了一个沉浸式的科学体验，让他们在入校之初就能接触到科创的丰富世界。夏令营中，我们通常会邀请来自高校、科研院所的创新教育专家，本校科创辅导团导师以及往届优秀学生代表来主讲，通过讲座报告、科创课题案例分享、线上实操、线下参观等形式，分别从"什么是科学研究""为什么要做科学研究""如何做科学研究"等角度向学生介绍科创。通过夏令营的集中学习，学生们对科创形成整体了解，为高中阶段做出一项优秀的科创课题研究打下坚实的基础。

　　小余同学就是在夏令营课程的启发下，开始思考好玩且值得研究的课题。李教授，一位在微纳米气泡领域有着深入研究的学者，在夏令营课程中为学生带来了一场精彩绝伦的学术报告。在李教授的介绍下，学生们不仅了解到微纳米气泡的基本原理，还对其在环保领域的应用有了初步的认识。这场报告激发了学生们浓厚的兴趣，以至于讲座结束后大家仍在不断讨论。趁着学生高涨的讨论热情，在随后的导师个性化辅导的选题课堂上，笔者采用问题形成技术（QFT），引导学生们围绕"微纳米气泡与环保"这一核心议题展开提问和讨论，帮助学生深入挖掘话题背后的研究价值。在 QFT 课堂上，学生思路活跃，围绕问题焦点提出了很多有趣的问题，大部分问题都具有很强的发散性。例如，小余同学本身对福寿螺的泛滥问题比较感兴趣，当了解到微纳米气泡技术在农业和水处理领域有多种应用后，她提出是否能利用微纳米气泡技术来防治福寿螺的泛滥，这是一个非常有创意的想法。福寿螺是一种外来入侵物种，由于其快速的繁殖能力和较强的适应性，能迅速在入侵地扩散并建立起庞大的种群，对当地的农业生产和生态环境造成很大的破坏。现在有很多实验室都致力于研究如何防治福寿螺以减轻其危害，虽然有很多文献报道不同的方法，但是效果差强人意，或是防治效率不佳，或是对生态环境造成二次伤害。微纳米气泡技术对生态环境没有破坏作用，目前还没有将其应用到福寿螺防治研究中，如果该方法奏效那将会是一个非常有新意的防治策略。于是，笔者鼓励小余同学围绕福寿螺和微纳米气泡技术这两个关键词开展文献调研，先学习相关背景知识，再决定是否深入开展研究。

　　导师寄语：在科创课程教学过程中，我们常常惊喜地发现，学生们展现出非凡的创造力和想象力。这种现象或许可以归因于他们的思维尚未被传统教育和研究模式所固化。中学生已拥有一定的科学知识基础，而且正处于一个充满活力和好奇心的阶段，使得他们能够提出一些甚至比成年研究人员更具创新性的问题和想法，这值得我们深思。当前的教育体系中，高中三年的学习生活往往被繁重的背诵和记忆任务所占据，这在很大程度上限制了学生们的创新能力。历史上，许多伟大的人物都是在青少年时期就开启或取得了重大的科学发现或商业突破。例如，贝尔在 19 岁时开始研究声音传导实验，在 20 多岁时就发明了电话；雷伊诺在 18 岁时开始了投影动画机的发明历程，成为动画电影的先驱之一；布拉格在 19 岁时与他的父亲一起提出了布拉格定律，这一工作使他在 25 岁时成为最年轻的诺贝尔物理学奖得主；比尔·盖茨在 19 岁从哈佛大学退学并创立了微软公司。这类例子不胜枚举，充分说明了青少年时期的巨大潜力。如果我们继续将学生束缚在枯燥乏味的背诵和记忆中，无疑是对人才的巨大浪费和不尊重。在课程开展过程中，我们越来越觉得新时代科学教育有必要尊重每一位学生的个性和创造力，鼓励他们大胆提出自己的问题与想法，并为他们提供实现这些想法的机会和支持。

二、轻敲研究之门——借助"跨学科概念"初探研究奥秘

　　创新的一个重要途径是将看似毫不相关的领域或概念巧妙地结合在一起，创造出全新的

事物或解决方案,这种跨学科、跨领域的融合能够激发出前所未有的思维火花,推动知识的边界不断扩展。小余同学就是将福寿螺和微纳米气泡这两个看似不相关的事物组合在一起,发生了奇妙的化学反应。

在经过初步的文献学习后,她发现目前防治福寿螺泛滥的研究主要集中于福寿螺成螺,治理方法有物理、化学和生物方法。其中,物理方法是用工具将福寿螺捕捞后集中销毁,费时费力但对环境没有破坏;生物方法是用家禽等生物捕食福寿螺,效率较低且效果不稳定;化学方法是运用最广泛也是目前研究热度最高的,但问题在于现有的很多化学药剂有较大的毒性,对生态环境和人体健康存在安全隐患。在笔者的指导下,小余同学对这些研究结果做了详细的梳理和分析,她发现福寿螺不仅能在水陆两栖环境中生存,还拥有坚硬的外壳,这使得物理和化学方法对其防治效果有限。而微纳米气泡技术主要在液体中产生效果,如果将其直接应用于福寿螺成螺,可以预见效果一般。

通过查阅更广泛的文献,小余同学发现福寿螺的快速繁殖能力主要源于其高产卵率和卵的高成活率,目前的研究大多集中在成螺的防治上,而对卵块的抑制研究相对较少。在思维类课程的持续熏陶下,她从跨学科概念的系统思维出发,深入研究福寿螺在生态系统中的角色,意识到与其治理已经成熟的福寿螺成螺,不如从福寿螺卵块入手。因为相对于成螺,卵块更为脆弱,直接选择灭杀卵块不仅可以减少药剂用量,保护生态环境,同时也避免了成螺灭绝带来的生物多样性破坏。这启发了她:是否可以利用微纳米气泡技术来抑制福寿螺卵块的发育呢?为了验证这一想法,笔者建议她先进行一些预实验,观察微纳米气泡对福寿螺卵块的具体作用。通过初步实验,她可以更深入地了解微纳米气泡技术的运用原理与过程,并据此设计更为详细的实验方案,为后续的研究打下基础。

导师寄语:选题环节在整个科创课程中占有重要地位,它不仅是学生科学探索旅程的起点,更是展现创造力和创新精神的黄金时期。这个过程从问题风暴开始,学生们就此打开思维,提出各种可能的问题和想法。接着,进行细致的筛选,从众多的想法中挑选出最具研究价值且具可行性的课题。接下来,通过深入的讨论和分析,确立一个明确的研究方向和课题。在这个过程中,学生们不仅锻炼了自己的批判性思维和决策能力,还极大地激发了自身的创新潜能,更重要的是学生通过自主选题学会了如何从不同的角度审视问题,如何评估一个课题的可行性和重要性,提升了科学审美与品位,了解什么样的课题是值得研究和可以研究的,这对创新和科学素养的培育具有关键意义。通常,选题所用的时间在整个科创课程中占比是最高的,在我校实际执行过程中,这一比例可达30%—50%,需要学生们投入大量的时间和精力去思考、讨论和决策。根据笔者多年的实践经验,学生在选题过程中常常会遇到两类问题。第一类问题是学生可能会选择一些在现有实验条件或资源下难以实现的课题,例如,想要在太空中观察植物的生长发育,或者选择以人为实验对象。这种情况通常是由于学生对课题实施的具体过程和要求缺乏了解。第二类问题是学生会提出一些已经得到确定结论的成熟研究课题。面对这些问题,导师的角色至关重要,他们不仅是学生科研路上的引路人,更是学生创新思维的激发者和学术探索的坚强后盾。

三、航行实践之海——利用"科学方法"驾驭课题波涛

确定大致的课题方向后,接下来需要先做预实验,根据实验结果判断实验是否可行,如果可行则设计并优化详细的实验流程。小余同学从小区池塘中捕捞了新鲜的福寿螺卵块,并带到学校创新实验室中,尝试用微纳米气泡技术对卵块进行处理。微纳米气泡技术是利用气泡发生器生成尺寸在微米到纳米级别的气泡的技术,这些气泡通常由气体(如空气、氧气、氮气等)在液体中形成。当她将含有微纳米气泡的液体喷洒至福寿螺卵块表面时,她发现了一个新的问题:卵块表面非常光滑,呈现疏水性质,这导致含有微纳米气泡的液体在接触卵块后,无法有效附着,而是迅速滑落,液体中的微纳米气泡也随之消失。这一现象暗示,如果仅依赖于直接喷洒的方式,微纳米气泡液体则难以在卵块表面形成持久的控制效果,可能无法实现对福寿螺卵块的持续抑制,也就难以杀死卵块。

当实验结果不尽如人意时,学生可能会感到沮丧,甚至怀疑自己的研究方向。然而,正是在这些时刻,我们需要强调"预实验"的重要性和价值。作为一种初步的探索性实验,预实验的目的在于为正式实验提供方向和基础数据。虽然预实验的失败率可能较高,但每一次失败都是一次学习和进步的机会,提供了宝贵的信息,帮助学生优化实验设计。当预实验未能达到预期效果时,关键在于分析失败的原因,从中吸取教训,为后续实验的成功奠定基础。当小余同学在实验中获得"将微纳米气泡技术直接应用于福寿螺卵块表面并不可行"这一看似"失败"的实验结果后,她并没有气馁,这反而激发了她进一步的探究。她意识到,福寿螺卵块的疏水性质可能正是现有抑制药物效果不佳的原因之一,水溶性药物难以在卵块表面持久附着,而自然环境中的雨水冲刷进一步降低了药效。这一认识促使小余同学思考,是否可以开发一种具有疏水性质的药物,以更好地附着在卵块表面,从而实现长期有效的抑制作用。

于是,笔者建议小余同学进一步阅读文献研究结果,梳理并总结现有药剂的化学性质与特点。正如所料,氯化钙和血水草提取物等现有药物呈现亲水性质,难以附着在福寿螺卵块表面,且容易被雨水冲刷,因而药效一般,而一些药效良好但因毒性较大而无法广泛应用的药物如茶皂素,却具有一定的疏水性。这一发现帮助她打开了新思路,小余同学果断放弃利用微纳米气泡技术灭杀福寿螺的策略,转而寻找低毒、具有疏水性、容易附着在卵块表面的生化药剂。她通过查阅资料、实验验证,反复探索不同药物的化学性质和生物活性,力求找到最佳的药剂配方。在寻找具体药物的过程中,科创课程中的科学方法导论给小余同学带来了较大的帮助,笔者帮助她通过分类、归纳的科学方法设计了药物筛选策略,这大大缩短了筛选周期。虽然"缩短",但这个过程仍然是漫长而费力的。但很幸运,努力没有白费,经过无数次的尝试和失败,我们终于发现了一种疏水性药物,这种药物不仅毒性低,而且能够很好地附着在福寿螺卵块表面,对福寿螺卵块发育的抑制效果可以达到惊人的100%。

这一结果不仅对一个初入科研的高中生来说是可遇不可求的"阳性结果",对于科研界同

样是一个非常有价值的实验结果。于是,我们进一步根据药物的性质,不断进行不同配比、制备方法的调试,通过上百次的组合、调整,最终获得了效果良好、成本低廉的复合型药物,该药物能有效作用于大田的福寿螺卵块。至此,小余同学获得了课题的主要结论,在参加课题中期评审时也获得了导师团的一致好评。虽然,在此后的探索中,我们还是碰到了不少困难,例如跨学科合作、实验设备短缺等,但是有了"转败为胜"的经验,小余同学始终保持耐心和信心,各个击破。

导师寄语:在科研旅程的起步阶段,早期的成功体验对于学生自信心的建立至关重要。这些成功不仅激发了他们面对挑战的热情,而且在遇到难题时,也成为他们克服困难的动力源泉。因此,在科创课程中,课题的选择至关重要,既不能过于简单,也不能过于复杂,旨在为学生提供恰到好处的初始信心。通过这样的课题设计,学生能够在实践中学习,逐步培养解决问题的能力,并在科研之路上迈出坚实的第一步。科学研究中,失败和未达预期的实验结果是常态,但正是这些挑战促使学生学会灵活调整研究方向和策略。科学研究的魅力在于其探索之路永远充满未知和不可预测性。学生需要学会适应这种不确定性,保持旺盛的好奇心,并始终走在探索的大道上。华二普陀的科创课程特别强调培养学生的科研态度,教会学生如何勇敢面对实验中的意外和处理出乎意料的数据。通过近几年的实践和科学素养评估,我们发现科创课程最宝贵的价值在于教会学生如何应对实验中的不可预见性。这种能力在传统科学教育中难以获得,凸显了科创课程在新时代科学教育中的独特价值和重要性,与新科学教育的标准和要求相契合。

四、收获智慧之果——成果整理与研究展示的硕果

完成实验之后,学生们便可以着手进行数据整理、论文撰写,并准备参加结题答辩和各类科创竞赛。如果将课题研究比作培育果实的过程,那么讨论和展示课题则相当于收获果实的时刻。在这一过程中,我们对学生课题的评估方式是多样化的。

过程性评价贯穿整个研究过程,包括开题答辩、中期答辩以及"三创大赛"等,这些环节不仅帮助我们监测学生的研究进展,而且能够及时发现并指导学生调整研究方向,解决研究过程中遇到的难题。终结性评价则通常在研究结束时进行,如结题答辩和科创大赛等,它们用于评估学生课题的最终成果和课程的整体效果。当然,这些评价手段的核心目的并不仅限于评判学生的表现,更重要的是观察和衡量课程在提升学生科学素养方面的成效。我们的目标不是要求学生做出突破性的科学发现,而是希望他们能够通过这一过程,增强科学探究的能力,体验科研探索的乐趣,在他们的心里种下一颗科学的种子。

然而,科研之路并非总是一帆风顺。有时,课题的复杂性会导致学生们在参加比赛时尚未完全完成研究,小余同学的课题就遇到了这样的情况。尽管她在准备过程中付出了巨大的努力,甚至成功进入了一项重要的市级科创比赛的终评阶段,但不幸的是,由于身体突发状况,她不得不错过这场重要的比赛。这对于任何一个参赛者来说,无疑是一次沉重的打击。但是,她

并没有因此对课题失去信心或选择放弃。相反,她在高一第二学期继续投身于实验,补充和完善数据。她的行为展现了一种不为外界名利所动,纯粹追求真理的科学精神,这正是我校科创课程所倡导和推崇的。

  导师寄语:在积极推动学生参与科创大赛的同时,我们也观察到了一些现象。科创比赛往往由专家现场评审,缺乏类似于正式科学研究那样的严谨论证过程,这与发表专业论文需要经历的同行评审制度存在明显差异。我们注意到,部分学生可能会利用这一机制缺陷,在数据处理上表现出不够严谨的态度。因此,我们不仅鼓励学生参与科创比赛,同时也倡导学生在课题具有创新性且数据可靠的前提下,尝试发表专业期刊论文或申请国家专利。这样的过程不仅能够增强学生的自信心,更重要的是,它向学生们传达了一个信息:即便他们还是中学生,也已经具备了真正进行科学研究的能力。在过去几年的课程实践中,我校已有优秀的学生尝试发表专业期刊论文,小余同学正是其中之一。

五、小结

  本案例展示了华二普陀科创课程中学生开展课题研究的典型过程,这样的例子在实践中不胜枚举。通过深入的调研和访谈,我们发现,学生普遍认为科创课程带给他们的体验是一般学科所无法比拟的,这极大地深化了他们对科学和科研的理解。

  小余同学的故事尤其引人入胜,她在 QFT 课堂上获得了研究的灵感,跨学科概念的学习让她从系统的角度重新审视福寿螺及其卵块在生态系统中的角色,发现针对福寿螺卵块的灭杀策略可能比针对成螺进行灭杀更为有效。这种洞察力的培养,正是跨学科 QMCC 教学模式的成果之一。通过科学方法论课程的学习,小余同学掌握了分类和归纳的方法,这使她能够系统地梳理研究结果,发现现有研究的不足,并在此基础上实现新的突破。回顾整个科研历程,尽管小余同学最终采用的防治策略并非起初设想的微纳米技术,但这一探索过程却让她深刻理解了福寿螺卵壳的特性。这一发现虽然看似偏离了原定路径,却成为她最终找到有效防治方法的关键。科学研究的真正魅力在于,它允许我们在解决一个问题的旅途中探索未知的领域,经历各种挑战。正是这些挑战激发了人们的创新思维,引导人们以全新的视角和方法解决问题。这种研究历程有机会让学生亲身感知什么叫探索,什么叫创新——伟大和创新往往是不能被计划的。最后,通过不懈努力,小余同学找到了一种高效且对环境非常友好的绿色药剂配方,目前正在申请国家新型发明专利,从实验效果来看,该专利非常有潜力成为领域内新的突破,引领一场防控福寿螺泛滥的绿色革命。

  小余同学的研究成果不仅得益于她个人的努力,更得益于跨学科 QMCC 教学模式的支持。该模式鼓励学生在学习中提问、运用科学方法论,并整合跨学科概念,将这些技能应用于真实的研究项目中。在这个过程中,不同类型的课程发挥了关键作用。知识类课程为学生提供了必要的理论基础;方法论课程教授他们如何进行文献阅读、论文撰写、数据处理和分析;研究类课程则引导他们如何开启研究项目,进行实验设计和结果验证;态度类课程则教育他们如何认识和尊重科学研究的过程和价值。

通过这些课程的综合培养，学生们不仅学会了如何进行科学研究，更重要的是，提升了对科学研究的审美和品位，增强了科学素养。新时代科学教育背景下，跨学科 QMCC 教育模式的意义不仅在于知识的传授，更在于能力的培养和思维的启迪，它帮助学生在面对复杂问题时，能够运用科学方法论和跨学科知识与技能，进行深入的思考和创新的探索。

案例评析：兴趣是最好的老师

在当前科学教育改革的大背景下，跨学科的科创教育逐渐成为培养学生创新能力和实践技能的重要途径。上述案例完整展示了依托跨学科科创课程的学生课题研究从选题到结题的全过程，阐述了如何通过跨学科的教学设计和研究实践，帮助学生提升科学素养。

我校科创课程采用跨学科 QMCC 教学模式，致力于培养学生的提问能力、科学方法运用能力以及跨学科概念的理解与建构能力。该课程设计超越了传统的知识传授的范畴，专注于引导学生掌握提出问题、分析问题和解决问题的科学方法，并通过实践操作与实验探索，逐步塑造学生的科学思维体系。作为高一学年的校本必修课程，科创课程共计约 60 课时，分布于高一学年的起始与结束阶段的科创集训，以及每周一节的固定课时。课程采用导师制，课题方向涵盖物理、工程、化学、生物、信息科学、社会科学等多个领域，鼓励学生投身于科学性、前沿性、趣味性兼具的小课题研究。

科创课程的学习进程划分为四个阶段："选"课题、"做"课题、"写"课题、"谈"课题。其中，"选"与"做"课题阶段集中在第一学期，而"写"课题阶段则主要在第一学期期末与寒假期间进行，"谈"课题阶段则安排在高一第二学期。经过一学年的科创课程学习，学生在兴趣探索、文献调研、实验操作、问卷设计、论文撰写、数据处理、答辩技巧和课题展示等方面的能力显著提升，也完整体验了科学研究的全过程——从问题的提出到分析再到解决，乃至进一步发现新的问题。这些能力的培养有助于学生形成一套完善的科学方法论，深化科学素养的内涵。

从上述学生的课题案例中，可以清晰地看到我校科创课程的一个显著特点：高度重视对学生兴趣的引导和培养。我们鼓励学生根据自己的兴趣和未来发展方向，选择相应的研究课题。这种以兴趣为出发点的研究方式，不仅能够激发学生的内在动力，还能帮助他们在学术探索的道路上走得更远。

在这些案例中，我们可以看到胡同学对认知症老年人安全问题表现出了深切的关注，孙同学对非物质文化遗产——竹刻文化的推广充满了热情，余同学则对福寿螺泛滥的问题进行了深入研究。这些案例充分展示了学生如何将个人兴趣转化为具体的研究课题，并在此基础上进行深入探索。

这种兴趣驱动的研究方式，为学生的研究工作注入了持久的动力和深度。学生们不仅满足于对课题的表面研究，而且通过不断进行实验和实践，将理论成果转化为解决实际问题的方案。例如，胡同学通过不懈努力，最终构建了一个针对认知症老年人的安全预警系统，这一系统不仅提高了老年人的生活质量，也为他们的家人提供了安心的保障。孙同学则通过设计文化衍生品，成功地将竹刻文化推广到更广泛的受众群体，让这一传统艺术形式焕发了新的生命力。余同学则通过开发生物药剂，为福寿螺的防治提供了一种环保且有效的解决方案，这对于生态保护具有重要意义。

在课题研究的过程中，学生们不可避免地会遇到各种挑战和困难。然而，在兴趣驱动下，这些困难不仅不会成为他们前进道路上的绊脚石，反而能成为他们不断探索和进步的动力。学生们通过克服这些困难，既增强了自己解决问题的能力，也锻炼了坚韧不拔的意志。

综上所述，兴趣不仅是课题研究的最佳导师，也是推动课题研究不断深入的原动力。我校跨学科科创课程通过引导学生培养兴趣，不仅帮助学生找到自己的研究方向，还激发他们持续探索和创新的热情。这种以兴趣为导向的教育模式，为学生的全面发展和未来的职业生涯奠定了坚实的基础。

案例三
中红外吸收光谱探究水果腐败的过程
——物生跨学科实践

科创教育对于高中来说不可或缺,高中生在进行课题研究和相应方法论学习的过程中,不仅能夯实基础知识、拓展前沿知识、学会用思维工具箱的方法思考、掌握科学研究的方法和技巧,更加能培养自身科学严谨的做事风格。科创之路并不是一片坦途,有种种困难需要克服,学生也是在不断克服困难的过程中得以成长。以下案例主要介绍学生怎样以物生跨学科视角探究水果腐败的过程。

一、选题中提高对科创的认识,初步形成跨学科思维

科创是什么? 对于初中几乎没有接触过相关领域的 R 同学来说,"科创"这两个字足以让他非常迷茫,暑期夏令营的开展似乎让他对科创有了新的理解,但好像又多了更多的疑惑:我想做什么? 我能做什么? 我要怎么做? 经过反复思考,R 同学终于选择从自己最擅长的科目物理入手进行问题的研究。

"老师您好,我想从光污染的角度入手。我调查发现,光污染最根本的原因是采用反射率太高的玻璃,通过选用光透射比高的玻璃则可以减少定向反射光,以减少光污染。所以我们可不可以合成一种反射率很低、透射率很高的一种材料呢?"这是 R 同学第一次和导师沟通时表达的信息。可以看到这时的他对科创是有一些想法的,但是并不知道自己的科创到底可以落实到何处,也不知道自己对于问题的解决能力到底有多强,经过对文献的调研和与导师反复的讨论,他最终无奈放弃了最初的想法,即自己合成比市场现有材料性能更好的材料。调研、讨论、查阅文献,再次调研、再次讨论、再次查阅文献……多次探索之后,R 同学对科创又有了一些新的认识,他发现科创不是有想法就可以做,也不是自己想做什么就做什么,R 同学心里有一点沮丧,但是并没有就此丧失对科创的热情。在某一次科创课的讨论中,他听到其他同学开始研究食物,并且了解到通过气体的方式去监测食物是可行的,于是他深受启发,明白了"原来检验气体分子的浓度可以达到监测性成效",他也希望通过这种手段去解决生活中遇到的

问题。他想到自己一直比较关注的食品安全和食品浪费问题,怎样处理腐败的水果才能创造最大的价值,怎样处理才能使得浪费程度达到最小呢? 通过文献的阅读,他发现腐败水果的处理方法有很多,但是其中有一种让他眼前一亮——可以用腐败的水果制成工业酒精。经过和导师的讨论以及文献的检索,他终于确定了自己的课题:对腐败水果制酒精进行研究。

二、预实验中增加对课题的了解,挖掘课题深度

研究腐败水果制酒精遇到的第一个问题是去哪里找那么多腐败的水果呢,或者说凭什么就认为这些水果是腐败的呢? 因此,对水果腐败程度的监测也是一个需要研究的重要问题。对水果腐败程度的监测有哪些方法呢,R同学通过对文献的检索,发现对水果腐败产生的气体进行检测是一种有效的方法。于是R同学与科创老师讨论之后,最终决定先进行预实验,观察在水果腐败的过程中,各种气体的含量都有什么变化。经过所开展的预实验,R同学发现所有的气体中,二氧化碳和水的含量是变化最大的。为了确定这在生物学上是否合理,R同学马上去请教生物老师,生物老师从无氧呼吸和有氧呼吸的角度,肯定了该实验结果,因此R同学确定以探测二氧化碳气体为主,去监测水果腐败的程度。这便是他实验设计的第一个部分,第一部分的顺利进行让R同学对科创充满了信心,在获得充分的数据和图像之后,R同学开始了第二部分的计划和设计。

三、设计并进行实验时,跨学科思维得以实现

第二部分的设计却远没有第一部分进行得顺利,想要应用腐败水果制酒精,中间需要考虑的因素就多了起来,在第一部分的科创研究中,每一种水果在腐败过程中产生的二氧化碳浓度含量都是非常显著的,因此实验材料的选择是方便且容易的。但是在第二部分腐败水果制酒精的过程中,并不是所有的水果在制取酒精的过程效果都很明显,结合文献查阅、生活经验、经费考量等因素,R同学决定选择较为经济的橙子和较容易操作的草莓作为实验材料。同时,水果腐败的程度以及腐败水果的形态等因素都会影响腐败水果制酒精的效果,R同学又经过对文献的整理和与导师的讨论,终于决定以将腐败水果做成果汁的方式进行实验。在选择实验材料之后,R同学进一步通过预实验,确认选择的腐败水果的种类,以及腐败果汁的形态是否可以完成工业制酒精。然而预实验的结果并不理想,当R同学将制成的果汁与文献参考值中的酵母进行混合之后,肉眼可见的情况是,腐败果汁并没有进行发酵。到底是哪里出了问题呢? 是不是腐败橙子就是不容易发酵呢? 是不是预实验的时间太短了呢? 是不是将腐败水果以果汁的形式进行发酵的方式是错误的呢……种种问题困扰着R同学,经过反复查阅参考文献和与科创老师的讨论之后,最终确定并不是实验材料的选择存在问题,但是终究找不出问题出现的原因。这时,在实验中同样应用酵母的同学看到一脸沮丧的R同学,突然问道:"我怎么没有看到你对酵母溶液进行水浴加热呢?"原来是实验材料的温度并不能保持酵母的高活性,因此酵母没有很好地发生作用! R同学经过对酵母溶液的配比和温度进行调整后,实

验终于有了较好的结果。

接下来如何去探测影响酒精产量的因素呢？R 同学又一次找到生物老师交流，通过交流，R 同学惊喜地发现竟然有人通过二氧化碳的浓度与酒精相关联，去探究酒精的产率。这无疑给 R 同学带来了好消息，因此他决定真正探究二氧化碳的浓度与酒精的关系，同时他还想探究溶液的酸碱度对酒精产量的影响、温度对酒精产量的影响以及酒精的品质又会受到哪些因素的影响。这时他突然发现，他所思考的问题一直都不仅仅局限于物理这一方面，他去问化学老师关于酸碱度的调配以及检测，还去问生物老师产生酒精的同时二氧化碳浓度变化的本质性原因到底可以如何去分析。经过前期的学习与历练，他已经开始具备主动想办法去进行相关因素变化的控制，比如如何去采集腐败水果产生酒精的过程中所产生的二氧化碳、如何去采集腐败水果产生了多少酒精、可以用什么方式改变实验的温度，等等。

四、经验的合理利用与改进

在采集腐败水果所产生的二氧化碳的过程中，R 同学有较为丰富的经验，他将水果放在密闭的口袋里，该口袋有一个可自由闭合开关的导管，当需要探测二氧化碳浓度的时候，只要开启导管的阀门，口袋里的气体就会流入探测装置中，进而实现对袋子中的二氧化碳浓度进行探测。因此 R 同学最先想到的就是根据这种成功的经验，按照同样的思路去设计实验，他打算将腐败的水果汁放到口袋中，这时腐败的水果汁产生的二氧化碳也可以通过导管的开关进行控制，从而去检测腐败的水果汁产生的二氧化碳的浓度。但是实验却出现了新的困难，由于腐败水果和腐败水果汁存在固体和液体的差异，导致袋子上导管的阀门被打开时，腐败的水果汁会被二氧化碳的探测装置吸入装置中，这样不仅对实验结果产生了重大影响，而且对实验装置也有着非常大的破坏。为防止水果汁被二氧化碳的探测装置吸入，R 同学在其中加入了液体过滤装置，这样的实验设计虽然很好地规避了腐败水果汁被探测装置吸入的危险，但是液体过滤装置的气体密封性不是很好，导致二氧化碳的探测并不精准。因此，R 同学只能完全更改并重新设计探测装置，实现在二氧化碳浓度的探测中做到探测装置和二氧化碳以及腐败液体无接触。他选择将腐败水果汁放入容器中，对该容器进行密封，由于该容器侧壁是透明的，使得红外光可以通过侧壁进入盛放腐败水果汁的容器，从而打到腐败水果汁上方产生的腐败气体中，并且通过该容器另一侧的透明侧壁，进入光谱采集器中。这样的实验设计虽然解决了对二氧化碳气体浓度的探测，却没有办法达到在探测二氧化碳浓度的同时对腐败水果汁产生的酒精的含量进行探测，R 同学开始想到的办法是在探测二氧化碳浓度之后立刻倒出一部分腐败水果汁，应用酒精探测器对腐败水果汁产生的二氧化碳的浓度进行探测，但是却发现在倒出腐败水果汁的过程中，会对二氧化碳的浓度产生极大影响，使得下一次对二氧化碳浓度的探测并不精准，R 同学经过与科创老师的讨论，最终选取了一种极细小的导管插入盛放水果汁的容器中，该容器用保鲜膜密封，并且细小导管的另一端用密封胶与针管相连，以便按需抽出腐败水果汁，对其酒精含量进行测定。至此，实验设计基本上满足 R 同学对二氧化碳浓度的测定和对腐败水果汁产生酒精浓度测定的相关要求。

但是在实验进行数个小时之后,其结果却与预期相去甚远,经数据分析,R同学发现,二氧化碳的浓度和腐败水果汁产生的酒精含量几乎无变化。于是他提出了很多种猜测,R同学猜想是否因为该腐败水果汁产生的酒精含量已经足够多了,或者说该种腐败水果汁产生酒精浓度的能力已达上限,经文献查阅,R同学否定了此猜测。之后,经过R同学的反复思考,他发现此次实验所进行的实验室温度在18度左右,而此温度并不是腐败水果制酒精的良好温度,因此,他通过电热毯、给实验装置粘贴暖宝宝等方式对该实验进行了进一步的探究,而后得到了较好的实验结果。

五、科创成果展示与收获

从课题选择到进行实验再到分析数据得出实验结果的过程就此就告一段落,随之而来的是各种科创比赛,虽然R同学的科创成果较为良好,但是他是一个非常不善言辞而且不喜欢展现自己的人,因此他刚开始并不热衷于参加各种科创比赛。但是,他渐渐被周围同学参加科创比赛的热情所感染,在科创辅导老师的鼓励下,他积极报名了相应的科创比赛。然而科创比赛需要准备的材料也较为繁杂,R同学也没有相应的参加科创比赛的经验,这使得他在准备科创比赛的过程中也遇到了一些难题。比如说,R同学在最开始制作PPT时,并没有聚焦科创问题和得到的科创成果进行阐述,而将大量的时间和精力分配在背景介绍等部分。在科创老师的指导下,R同学终于了解到,在制作PPT和进行答辩的过程中,要抱着一种讲故事的叙述方式,将故事讲完整,即答辩者通过机缘发现了什么问题,为解决此问题答辩者设计了什么样的方案,设计这样的方案可以得到什么样的结论和成果去解决问题,同时在解决问题和发现结果的过程中有多少想法和方式是优于前人且具有创新性的。R同学经过反复修改,终于可以制作出一份重难点突出、清楚展示创新性和科学性的精美PPT。当然,对于R同学来说,参加科创比赛的困难不仅在于PPT的制作,还有PPT的答辩,本不善言辞的R同学在准备答辩的过程中显得非常的局促和不安,这时R同学尝试了采用手写答辩稿的形式,即将所有讲述的内容一字不差地写在纸上,反复阅读、反复背诵,直到脱口而出为止。在这样反复练习、熟能生巧的过程中,R同学终于对自己的答辩产生了自信,最终,R同学在科创比赛中也获得了较为良好的成绩。

基于科创指导经验,以下四点对做好科创是较为重要的。

第一,多请教科创辅导团的导师和有经验的同学。与多学科导师和同学交流的过程有助于形成跨学科思维并提高跨学科解决问题的能力。掌握正确提出问题的方法、在处理问题中合理应用跨学科思想是非常重要的,在提问的过程中要掌握沟通与提问的技巧,抓住问题的主要方面,带着解决问题的思路,基于自身的思考去请教。

第二,科学杂志和学术期刊是科研工作信息的主要来源,具有重要意义,多参加相关的科创活动可以更加了解科研前沿动态和前沿问题,也可以获得最新的研究进展信息。

第三,掌握基本的科研方法和研究技能,学习课题研究的科学方法,掌握课题研究中的跨学科思想都是科研过程中非常重要的。也要学习查阅资料的方法和用好搜索引擎的方法。要根据实验需要及时补充和吸纳所需要的研究技能。阅读文献不能全盘接收,要批判性地阅读,要有自己的独立思考和判断。阅读文献时要多问几个为什么,不能因循守旧。

　　第四,要有长期探索和不懈钻研的心理和体能的准备,科创充满了未知和不确定因素,其研究结果很可能与最初计划和预期并不一致。不到关键或最后时刻,我们都不能得到最终的结果和结论,在此过程中我们需要不断实验和反复验证。

在中学阶段，生物与化学是两个独立的学科。然而，在实际生产和生活中，两学科之间存在着千丝万缕的联系。近年来，随着生命科学的迅速发展。生化学科交叉的领域也越来越广泛。在科创课程中，跨生化学科的课题在理科课题占据着重要比重。笔者作为化学老师，将基于经典的案例分析，分享指导生化跨学科科创课题的实践与感悟。

一、选择一块合适的土壤：基于学科与课题研究方向的师生双向互选

在科创夏令营的导师介绍会上，导师们需要向学生们进行自我介绍，以及展示相关的专业背景和课题指导方向。笔者提供了读研期间的研究工作以及可以提供帮助与指导的研究方向等信息。简要概括笔者在研究生期间的工作，就是设计并合成一种化学材料，并根据其物化特性，将其应用于抗菌材料等生物方向的应用上。分享结束后，立刻就有学生联系我，并提出了他们对科创课题的初步想法。

导师的介绍，就像是向学生推开了一扇了解科研世界的门。孩子们在日常生活中总会有一些疑问和反思，也会有一些新奇的想法和观点。当他们看到真实的科研是怎么提出设想、推进结论和诞生结果时，他们也会好奇，自己能不能试试。笔者在大学期间的研究课题与工作具备了跨学科属性（主要为生物学与化学），因此，来咨询的基本上也是对生化跨学科课题具有探究欲望的同学。新材料的设计与合成在高中科创中较难实现，大部分同学希望基于常见易得的生化材料，对其进行筛选、提取成分或复合，从而达成一些有价值的应用。应用主题往往也围绕着常见的生化热词，例如抗菌消毒、灭虫、催化反应等。笔者的研究工作展现了材料的设计合成、性能测试、基于性能的应用探究以及应用效果检测等步骤，学生能够从中初步理解此类科创路线的设计逻辑。

在同学们初步提出的课题设想中，跨生化学科的课题主要分为两类。一类是探究已知化学成分对生物或者是生化反应的影响。例如，有同学想研究驱蚊药剂中不同菊酯对蚊虫生理活动的具体影响;有同学想通过调控水环境中的无机盐等成分,筛选出植物"地栽转水培"的优化条件。另一类则是研究生化反应中参与反应的化学物质,并探究其最佳应用条件与场景。例如,有同学想研究大蒜中的抗菌物质,并总结出保留其抗菌效果的最佳烹饪方式;有同学想提取出绿萝中有效的抗菌成分,并将其复合成具有生物相容性的材料。有趣的是,大家好像都对抗菌这一课题展现了浓厚的兴趣。抗菌成分和基质本身属于生化材料,对抗菌过程、效果的研究以及优化也包含了很多生物学、化学的学科知识。在笔者看来,很多同学选择该方向研究,一方面是考虑到导师跨学科的专业背景可以提供指导与支持;另一方面,在当下的社会环境中,抗菌一直是一个热点话题。同学们希望立足于实际需要来展开研究、探索创新应用,而这也展现了科创教育的真正意义。

二、种什么瓜果? 如何种? ——课题的初步确认与实验设计

在本组做跨生化学科课题的学生中,S同学的实验过程和科创结果具有一定的典型性,接下来将以其工作为主展开介绍。

S同学对课题的初步规划是基于乳酸菌对亚硝酸盐的降解作用进行研究,并探究以此制备简单抑制剂的可能。其课题来源于一次科普文章的阅读,S同学对此很感兴趣,并认为在中学科创中,该研究可行。在研究日志记录中,S同学写道:"目前已经有相关文献提供了一些阻断亚硝酸盐生成的方法,比如说使用天然植物提取物,而提取这些物质的步骤本身较为复杂。在对此课题进行搜索时,某一篇文章中提及了快速繁殖的乳酸菌可在一定程度上抑制部分杂菌的生长代谢,减少硝酸盐还原酶的生成,阻断亚硝酸盐的形成;另一方面,生成的乳酸也能对亚硝酸盐进行降解。乳酸菌及其衍生物的获取相较于桐花树提取物、山楂原花青素等植物提取物,操作较为简单,具有普适性。因此,我认为将乳酸菌作为研究对象,探索其对于亚硝酸盐的阻断作用以及影响因素有一定的理论依据和现实意义。"在科创课题的选取中,很多同学的灵感都来源于生活中偶然在互联网上获取的信息,或者是在听讲座时对嘉宾分享内容的一些感悟与启发。这个课题涉及了活性乳酸菌的孵育与使用,以及亚硝酸盐含量的标定与测试。按照S同学的设计思路,在证实乳酸菌的抑制效果后,还需要对其机理和影响因素进行进一步研究,讨论将其设计成抑制剂的可行性。该课题是典型的跨生化学科课题。经过初步讨论,笔者与该生一致认为该科创课题需要在生化创新实验室和化学实验室同步进行。后续,笔者从专业背景的角度,引导S同学使用正确的文献调研方法,去搜集关于本科创课题相关的文献与综述,判断方案实施的可行性,制定好初版实验计划。

万事开头难。在文献搜集上,学生们都会出现无从下手,以及搜寻的资料可信度低的问题。在这点上,导师的及时引导,可以帮助学生少走弯路,从而将更多精力放在熟练掌握正确方法上。笔者分享了常用的文献搜集方法,并指导S同学如何用最短的时间来确定一篇文献的可读性和对自己课题的参考价值。经过多次交流和修改,最终确定了课题的主要方向:探究乳酸菌对于亚硝酸盐生成的抑制作用及影响因素。

表1　S同学课题选择环节的日志记录

时间	操作	内　　容
2023-8-30	新增	先想到检测食品中亚硝酸盐的含量十分必要,由此产生课题"探究如何快速检测食品中亚硝酸盐含量的方法"
2023-9-11	修订	将课题"探究如何快速检测食品中亚硝酸盐含量的方法"改为"探究如何有效抑制食品中亚硝酸盐生成量的方法"
2023-9-18	新增	将课题"探究如何有效抑制食品中亚硝酸盐生成量的方法"修改为"探究蒜氨酸对亚硝酸盐生成的抑制作用"
2023-9-18	修订	经过文献调研,将课题"探究蒜氨酸对亚硝酸盐生成的抑制作用"修改为"探究乳酸菌对亚硝酸盐的抑制作用以及简易抑制剂的制作"
2023-9-19	新增	基于课题"探究乳酸菌对亚硝酸盐的抑制作用以及简易抑制剂的制作"新增要素,改为"探究乳酸菌对于亚硝酸盐生成的抑制作用及影响因素,设计简易抑制剂"

　　在确定好研究课题后,接下来便是实验设计。一开始,S同学的实验计划比较粗糙,虽然字里行间具有一定的逻辑性,但总体来看较为简略,难以追溯。于是,笔者便参考一些经典的实验设计模板,指导其完成了一篇相对较为清晰的实验计划。至此,一个高中生的科创挑战,慢慢展开了。

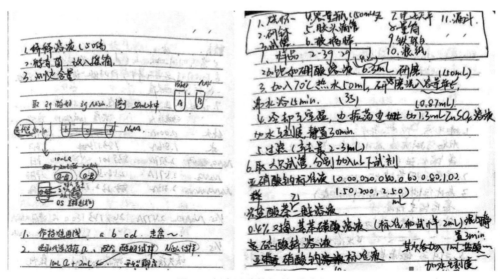

图1　实验手稿修正前后对比

三、辛勤耕耘,施肥与灌溉——科创实践经验螺旋上升

　　在顺利完成开题报告后,各位同学的实验正式启动。实验刚开始,"理想与现实"的冲突就

慢慢出现了。在此期间,笔者指导同学们时最常说的一句话,就是"不要想当然"。大多数的中学生,在初步接触化学和生物学科后,才开始慢慢将一些生活中的现象与学科知识相链接,他们大都缺乏一些常识性的思维。与此同时,面对实验室内五花八门的仪器与设备,很多学生手足无措,容易出现一些令人头疼的小插曲。

(一)打破实验"简单又有趣"的滤镜

在进行实验材料的预处理上,S同学需要对熟制后的菠菜叶进行研磨和榨汁,最终取其滤液进行汁液中亚硝酸钠含量的测定。这个实验听起来较为基础,涉及的研磨和过滤,甚至是课本上涉及的学生必做化学实验。然而真实操作起来,却差点让这个科创实验在第一步就翻车。由于菠菜并不是一种多汁的植物,本身汁液少,纤维多。即使是在适量添加纯水,稀释汁液的基础上,过滤操作还是比想象中要难得多。由于没有实际操作的经验,当过滤真正开始时,发现滤纸非常容易堵塞,导致过滤时长过长,汁液产量较低。在一开始,学生的解决方法就是不断更换滤纸和适当给予物理压力,但显然常压过滤已经满足不了实验需求。繁琐而低效的一段操作过后,笔者发现需要改进操作步骤以保证实验效率。在帮S同学分析了实验出现的问题后,笔者介绍了减压过滤的原理和操作方法,然后尽量在现实已完成的实验步骤上,优化、加快了进程。"过滤事件"虽然很快就解决了,然而在解决之前,学生在独自等待漫长过滤操作的过程中,已经逐渐感受到了,科研并不是想象中的那么顺利和理想化。不过令人欣慰的是,在问题解决后,S同学仍然表示,做实验还是很有趣的,虽然有些时候与想象得不太一样。

(二)失误不可避免,未尝没有收获

在经历过一些小小的实验失败和重复后,S同学逐渐进入了部分"科研人"的状态,在实验步骤的设计和操作上更加谨慎和有规划了。在对处理后的菠菜提取液进行亚硝酸盐含量的测定时,S同学认真绘制了实验表格,并把各个梯度浓度的亚硝酸盐标准液配制好,打算先绘制标准曲线,再进行菠菜提取液的测定。在一切都井然有序地进行到一半时,笔者突然想到一个问题,在进行溶液配制与测定时,有没有考虑到溶液背景吸光度的影响? 当笔者提出这个问题时,S同学一脸茫然,笔者意识到,接下来大量的补充实验将会让S同学对"控制变量"一词有更深的感悟。几次实验下来,S同学基本上能够独立完成实验操作,并不断地学会优化实验细节,找出适宜的实验节奏。

在指导学生的实验过程中,即使是有过科研经历的导师,也不可避免会出现在实验计划上的疏漏以及知识盲区,跨学科的课题尤其。而这些疏漏的解决、知识的拓展与补充,对导师同样也是一种锻炼。此外,这些疏漏的出现也提醒导师,不要成为学生科创实践的"保姆",处处以自身经验为学生铺好一条看似笔直通往结果的路,尽管学生走得顺畅,但这往往不是科创课程的初衷。一些意料之外的"遗漏和失误"往往是更有意义的教训与提醒。所以,要允许失误的出现,并正视失误的作用。

(三)异常数据也是"好数据"

从实验中获得相关数据往往并不是实验的结束。在分析实验数据时,出现了异常数据。

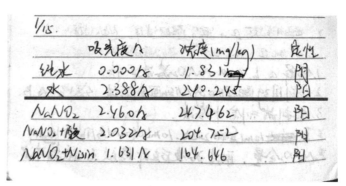

图 2　异常数据记录

从理论上来说,吸光度应该与实验中所配制提取液中亚硝酸盐的含量呈正相关。在图 2 中,"水"一栏数据,代表测试液中仅含有亚硝酸盐指示剂,并不存在亚硝酸盐及其他物质,吸光度应低于相同条件下其他含亚硝酸盐的处理液。而测试后发现数据出现了异常,反而高于其他测试液,令人费解。

在实际的科研过程中,出现这种情况非常正常,而找出异常数据出现的原因,未尝不是科创活动中重要的一环。据此,笔者与 S 同学从实验设计、实验操作、仪器因素等角度,讨论了异常出现的可能原因。

由于亚硝酸盐快速检测试剂盒中的试剂反应之后会使样品溶液出现一定的浑浊,考虑到该浑浊会对紫外检测有干扰,也为了探索上述异常数据出现的原因,在这之后将同组试剂样品再次放入更高转速的差速离心机(10 000 r/s)中离心 2 min,取上层清液放入紫外分光光度计中再次检测,得出的数据作为对照组,如表 1 所示。

表 1　524 nm 的波长下同组样品离心前后吸光度的对比

	离心前吸光度(A)	离心后吸光度(A)
纯水	0.000	0.000
空白溶液(仅含指示剂)	2.388	1.816
5 μg/L NaNO$_2$ 溶液	2.460	0.012
5 μg/L NaNO$_2$ 溶液和活菌酸奶	2.032	0.003
5 μg/L NaNO$_2$ 溶液和乳酸菌链球菌素	1.631	0.021

从表格中可以看出,离心之后,所有数据都出现了下降。证实溶液的浑浊会对紫外分光光度计的检测出现干扰。无论是离心前还是离心后,数据都可体现出乳酸菌/乳酸菌衍生物会对亚硝酸盐的检测具有一定的降解作用。然而,要想进行进一步的定量实验,现有实验条件误差

较大,必须进行优化。

基于实验室现有环境和条件限制,更深层次的探究与实验无法进行。不过,这次经历再次展示了科创课题的实践并非理想化、一帆风顺的,甚至会出现有些颠覆性的结论。而这些异常数据的出现,并不会成为学生继续探究的阻力,反而鼓励并提醒学生在接下来的实验过程中,要尽量避免这些干扰因素。另外,在对异常数据的分析过程中,通过对更多文献资料的搜集、分析与讨论,也让学生们有意外的收获。

四、及时疏苗,终迎硕果——精选数据与结题回顾

(一)实验数据的筛分与整合

实验数据的整理与分析也是科创实践中重要的一环。在科创课程相关讲座中,已经有老师为大家介绍了常见的数据处理以及图表绘制方法。然而,由于学生们初接触科创,缺乏实操经验,在数据处理方面,也有一些波折。比如说,怎样合理地从众多数据中筛选出支持性数据,如何让图表更加直观地展示出结论。学生会对自己测出的每一个数据都充满新鲜感和珍惜的心情,希望每一份数据都能在科创结果中平铺直叙地展示出来,而这往往不利于最终结果的展示。例如,在该课题的研究过程中,一开始学生就对菠菜提取液进行了较多次亚硝酸盐含量的测定,也尝试绘制出标准曲线。然而考虑到过浓溶液对吸光度的影响,后续使用的皆为稀释多倍后的溶液。这一部分的实验帮助 S 同学熟练使用紫外分光光度计。另外,数据并不需要在文章中有所体现,展现出来反而不利于后续有效数据的展示、结论的得出。在数据处理和分析的过程中,笔者也向 S 同学展示了合理安排数据出场顺序的必要性。比如,应先展示出乳酸菌及其衍生物对亚硝酸盐确实存在降解作用,再展示出将其应用于菠菜提取液后的实际效果。"先定性,再应用",符合常见的文章逻辑。再比如,标准曲线的测定属于定量环节,应该将数据放在定性结果之后讨论,"先定性,再定量",符合由浅入深的研究顺序。最终,这些花了相当多精力和时间获得的数据,以一种较为清晰、缜密的逻辑在论文中展示了出来。

(二)科创课题的结题回顾

这是一个经典的跨生化学科的课题。为了推进实验的进行,以及保护相关生化材料的新鲜度、数据的有效性,S 同学借用部分课间,穿梭于多个实验室,在生化科创实验室完成一部分生化材料的处理,又在化学实验室完成含量的测定与分析。在实验操作、数据分析整理以及得出结论的过程中,基于与笔者的讨论,S 同学也会主动请教其他的学科导师,从多学科的科创讲座和指导中获得灵感与支持。例如,关于乳酸菌菌种的筛选、保存与孵育,S 同学请教了生物学科的导师,学习了超净台、恒温摇床的使用以及菌种孵育方法。在对异常数据的处理上,通过文献分析,与多位导师交流,最终对数据进行了合理的分析与解释。

该课题主要探索了乳酸菌促进亚硝酸盐降解的机理以及影响亚硝酸盐分解速度的因素。在不同的数据展示方面,皆考虑到了生物学科以及化学学科行文展示的特点。另外,关于异常数据的处理与分析,笔者建议 S 同学以反思与分析的方式在论文中将其保留。并且鼓励其基

于讨论和思考，以及对相关文献的调研，尝试设计出避免异常数据的实验操作。这样对整个科创过程的回溯与分析，是更有意义的结题。

（三）跨学科科创的深远意义

S同学对生物与化学学科充满了兴趣，这也是其做跨生化方向课题的动力之一。在整个科创过程中，文献调研与动手实践都让其初步感受到了科研的有趣。她在感悟分享中这样写道：从文献的阅读，到现实实验的操作，是很奇妙的过程。将日常生活中食用的乳酸菌、菠菜与从化学学习中认识的致癌物亚硝酸盐这些元素链接在一起，设计出应用的过程，让人具有探索欲望……总而言之，科创课程从多角度培养了我的科研思维和分析问题的能力，也让我体会到，科研是严谨的，是以事实为导向的、对真理不断探索的过程。我目前所知甚少，通过实验过程中，"意外"结果不断地出现，而对其进行分析和讨论的过程，让我感受到了探索的妙趣。这大半年的科创活动，让我更深刻地体会到了生物、化学学科的有趣。因此，我认为科创活动的意义非凡。对于学生来说，科创夏令营中，导师的分享以及学长学姐的成果展示让他们初步对历时一年的科创有了一定的想法和规划；而科创课程上，导师基于相关专业资源的介绍、对通用技术的教程指导，则慢慢帮他们装备起施展科创实践的工具，让学生们更好地完成跨学科、综合型的科创研究；真实实验的操作与数据分析让他们切身打破对"理想科研"的滤镜，磨炼耐心与意志，使其慢慢培养出一定的科研思维和创新能力……正如S同学所说，科创意义非凡。

从科创导师的角度引导学生们做跨学科的科创，也是一个不断成长的过程。相比于中学生来说，教师已经具有了一定的学科知识和实验技能。教师自己做科研时，更多的是通过查阅文献，咨询专家相关方向的建议，然后自行摸索；而成为科创导师，要做的往往不止这些。学生就像是一张白纸，他们的脑海里尚未建立科学探究的路线，他们对科学是向往的、好奇的，对于科创实践是迷茫的、兴奋的。这时，在他们脑海里建立科创的框架，就是导师的任务之一。跨学科的科创对于导师的要求更上一层，在基于已有学科科研素质的基础上，导师还要学会对新的学科知识进行消化与转述。在这个过程中，导师的视野在不断拓展，经历和经验也在不断累积。在当前越来越丰富的信息背景下，更复杂、更有趣的跨学科课题已成为趋势，而科创导师也应更主动地接受新知识与新技能的武装。

五、结语

在对跨学科的课题进行研究的过程中，笔者认为应关注以下几点。

首先，在课题提出前，导师应该通过不同的方式激发学生的创新兴趣。比如，展示一些生产生活中的问题是如何链接多学科的知识、通过创新的方式有效解决的，这样可以引起学生对更多已有课题，或者是已有社会问题展开思考与探究。其次，导师应该通过直接或间接的方法，培养学生解决问题的能力。既要在适当的时间对学生的科创活动进行指导与纠正，提供多学科解决问题的视角与知识背景，也要避免"保姆式"教学，杜绝事必躬亲，让学生失去体验感，养成依赖性。最后,在科创实践中,导师要以身作则,自身要成为榜样,能主动强化自身学科的基础素养,并拓展出其他学科的新视角。这样,能让学生感受到科学研究的严谨,养成精益求精的处事态度,正视科创实践中出现的正反馈和消极反馈并及时调整,适应跨学科科创中所遇到的各种情境,接受不断更新的挑战。

案例评析:导师是课题的引路人

在我校科创课程中,导师制是课程成功实施的重要保障。通过导师的引导,学生能够在研究过程中获得及时的反馈和支持,特别是在选题方向、研究方法和数据分析等关键环节,导师帮助学生克服困难,保障课题研究顺利进行。

一、导师在学生选题中的作用

在案例三中,林雨菲老师指导的学生最初选择的是光污染相关课题。尽管学生对此十分感兴趣,但由于文献调研不充分以及实验的可操作性问题,课题最终未能继续推进。在导师的鼓励下,最终她重新调整方向,将目光转向食品安全问题。通过探索腐败水果的处理方法,学生找到了更适合自己的研究课题。这个过程展示了在选题阶段,导师与学生如何协作,最终确立研究方向。

同样,章艺漾老师的学生S同学对日常生活中的抗菌问题产生了兴趣,最终将研究重点缩小到乳酸菌对亚硝酸盐的降解作用。这一选题源于她从科普文章中得到的启发,经过与导师的多次讨论,S同学从广泛的抗菌话题逐渐聚焦到乳酸菌与亚硝酸盐关系的具体研究上。通过结合文献调研和实验室的实际条件,确立了一个可行性强的研究目标。这一过程展示了导师如何帮助学生缩小并优化选题范围,确保学生在实际问题的基础上找到适合自己能力的研究课题。

在这两个案例中,导师的引导发挥了至关重要的作用。导师们不仅帮助学生将个人兴趣与实际问题有效结合,还在选题过程中积极引导学生考虑实验的可行性和学科的交叉应用。选题阶段,我们常常面临的一个问题是学生容易选择范围过宽或操作性较差的课题,此时导师及时的反馈至关重要。他们通过不断讨论和引导,帮助学生缩小研究范围,确保选题既具备科学价值,也能够在实验中切实落地实施。在此过程中,导师们鼓励学生在文献调研中积累见解,结合实验室的实际条件,优化研究方向。例如,导师会在发现学生的选题过于抽象或脱离实际时,提供具体建议,帮助学生逐步调整研究课题,使其更具操作性和现实意义。导师与学生之间的多次讨论与反馈,不仅推动了选题的逐步优化,也帮助学生在整个研究过程中形成了更系统的思考模式。

此外,我们鼓励导师们在指导过程中采取"自上而下"的方式,主动建立跨学科研究机制。这意味着导师不仅限于本学科的引导,还会帮助学生从多个学科的角度去思考问题,拓展他们的知识体系。通过这种方式,学生可以从多学科的融合中获得更全面的视角,并逐渐形成系统的跨学科研究思维。这种机制不仅拓宽了学生的知识面,也培养了他们用综合性方法解决复杂问题的能力,为日后的研究工作奠定了坚实的基础。最终,在导师的持续引导和跨学科机制的帮助下,学生能够找到符合自身能力和实验条件的课题,也能够在课题研究的全过程中有效整合不同学科的知识,形成切实可行的研究方向。

二、导师在课题数据分析中的作用

数据分析是科创研究中不可或缺的关键环节,两个案例都展示了学生在数据分析过程中遇到的挑战,以及导师如何帮助他们通过实验改进和数据处理逐步找到解决方法的过程。

在林雨菲老师呈现的案例中,R同学遇到了实验材料的温度控制和二氧化碳检测过程中装置设计的难题。通过导师引导,学生意识到实验条件需要调整,例如酵母活性不足导致发酵不成功。经过多次实验和装置改进,学生成功解决了数据采集和实验设计中的问题。这一过程中,数据分析不仅帮助学生发现问题,也促使他通过数据反馈进行实验调整,体现了实验设计和数据分析之间的相互作用。

在章艺漾老师描述的案例里,S同学在对乳酸菌降解亚硝酸盐的研究中,同样遇到了异常数据的问题。在导师的指导下,通过分析离心操作对紫外分光光度计检测结果的影响,她最终找到了实验误差的来源,并通过修正数据和优化实验步骤,得出了合理的结论。数据分析帮助她验证了实验设计中的假设,并通过分析异常数据,进一步优化了实验条件。

科创课程特别鼓励导师引导学生形成科学的数据分析理念。通过指导学生如何利用数据揭示问题,并指导他们如何通过精心设计的实验来不断优化研究结果,能够促进学生的批判性思维和创新能力。面对数据中的异常现象,导师应鼓励学生深入探究其背后的深层次原因,而不是轻言放弃,这样的过程有助于培养学生面对挑战时解决问题的能力,培养良好的科研习惯。数据分析不仅仅是对结果的展示,更是对整个实验过程的深入反思和严格验证。导师应引导学生从数据中提取有价值的信息,并通过进一步的实验来验证这些信息,从而确保研究的科学性和严谨性。

在科创研究的征途上,导师不仅是知识的传递者,更是学生成长的引路人。通过提供适当的自由度和精准的指导,导师能够助力学生逐步塑造解决问题的能力,构建跨学科"思维工具箱",进而提升科学素养。

一、引言

高中生在开展跨学科科创课题的过程中,会融合不同学科的知识来解决问题,包含人文科学、自然科学等。其中,数学学科是科学的基础,同时在信息时代,信息技术的应用也涵盖了各行各业,因此本课题融合数学学科和信息学科的知识,再将其运用于生物领域,以此探究高中生科学素养的培育方式,促进学生了解科学知识、科学的研究过程和方法以及科学技术对社会和个人所产生的影响。

首先,培养高中生数学建模素养,是课程标准的要求,也是学生成长的需求①。数学建模在生产生活领域发挥着越来越重要的作用,是理论联系实践的桥梁。中学数学建模活动的开展为学生培养创造精神和实践能力提供了重要的途径。

其次,信息技术的应用既能促进学生思维的发展,也顺应了数据时代的热潮。大数据时代下,人工智能、机器学习等为许多行业,如金融、医疗、保险、制造等领域提供了算法的指导,高效地解决了许多真实问题,在社会生活中发挥了至关重要的作用。

最后,在与生物相关的课题中,学生需要运用数学知识和信息技术,解决真实情境问题,此过程能够促进学生进一步理解生命观念,增强社会责任意识。

本文以"数学建模""数字化学习与创新"等核心素养的培育过程为主线,指导学生完成生物学科的真实问题探究,并在该过程中突出学生逻辑思维的提升和学科交叉知识的融合、科学素养的培养②。

二、高中生数学建模课题案例分析——如何识别蜥蜴属性

课题背景来源于真实的生物学问题。许多近缘动物的种/物种的类别很难通过外观来区

---

① 蔡金法,徐斌艳.关于数学素养及其测评[J].全球教育展望,2017(9):13—24.
② 吴蓉,宋金锦,黄倩.PISA 关于数学素养的测评特点简析[J].数学通报,2014(7):10—14.

分,但基于一些关键特征,如色彩特征、尺寸特征等,可以大致判断生物的具体种类。

(一)查阅文献资料,提炼核心内容

学生通过搜索一组公开的蜥蜴数据集,获取包含 8 个种的 564 只蜥蜴的测量值。测量值包括蜥蜴身体不同部位的鳞片计数(鳞序特征)和蜥蜴身体部位的线性大小(形态学特征)。对于每只蜥蜴,都给出了其数字编码的生物物种和性别。学生研究的目标为基于生物、数学和信息技术,开发一套蜥蜴的物种、性别识别标准,帮助生物学家构建解释性理论①。

(二)提出问题,明确研究方向

在此课题中,学生进行了初步的资料查阅和数据分析,确定了研究的大致方向:主要研究内容为判断蜥蜴的性别和具体种类。物种的性别判断对生物学的研究有重要意义,因此需要建立一个目标,以尽可能准确的方式预测蜥蜴的性别(不考虑它们的生物物种)。涉及蜥蜴的具体种类识别时,学生发现某种蜥蜴在某一个特征上的表现和其他 7 种蜥蜴差异明显,则尝试建立一个标准,尽可能准确地将这种蜥蜴与其他所有蜥蜴区分开来;此外,并非所有的蜥蜴物种都出现在同一地点,在实践中最常遇到的任务是在某个确定的区域内,提高该区域内几个物种的识别准确率。

学生将问题进行概括和提炼,提出如下问题:

1. 如何精准高效地识别蜥蜴的性别?

2. 是否可以采取部分特征识别性别或物种,同时保证识别效果?

3. 如何识别蜥蜴的每一个品种并保证较好的分类性能?

(三)科学探索,建立算法模型

随后学生查阅资料,学习常见的机器学习分类器,包括 KNN 分类器、SVM 分类器等,并快速学习其算法原理②。

1. 分类器算法的选取和模型的建立

在此问题中,学生分别使用 SVM 和 KNN 分类器,对蜥蜴的种类进行识别,并分析模型识别的效果。学生发现基于 KNN 的分类器和 SVM 分类器的性能均十分优异。但是这两种分类算法也有各自的适用情形。如 KNN 对异常值不敏感,计算复杂度高;SVM 分类器在预测样本时计算复杂度低,能够有效地处理高维数据,不易受噪声影响③。结合这两种分类器的优缺点和当前任务特点,即需要提供快速、人工判断蜥蜴性别的方法,于是最终决定使用 SVM 分类器对蜥蜴的性别和种类进行识别。

---

① 杜卫国,林炽贤,寿鹿,等.四种利用不同生境蜥蜴运动能力的形态特征相关性[J].动物学研究,2005(1):41—46.

② 钟雨茜,陈传武,王彦平.中国蜥蜴类生活史和生态学特征数据集[J].生物多样性,2022,30(4):6.

③ Hao Z, Berg A C, Maire M, et al. SVM-KNN: Discriminative Nearest Neighbor Classification for Visual Category Recognition [C]//2006 IEEE Computer Society Conference on Computer Vision and Pattern Recognition (CVPR'06). IEEE, 2006.

2. 基于 SVM 的改进型蜥蜴性别算法

由于生物学家认为,蜥蜴的性别主要和某些形态学特征相关,在此先验信息下,师生共同挖掘信息,提出对模型进行优化:在保证分类器准确率的情况下,探寻对 23 维的特征进行"降维"、将模型轻量化。

在核心属性的选择中,需要先判断各个特征与性别关联性的强弱、并选择合适的指标进行量化表示。学生查阅衡量某特征和性别的关联程度的指标,分别以相关系数、互信息等指标量化考察蜥蜴特征和标签的关联程度。随后,学生根据关联程度的数值大小,选取了部分特征用于性别识别,既实现了模型的轻量,同时保证它的分类性能。

3. 基于 SVM 的蜥蜴种类识别算法

鉴于蜥蜴的 8 个具体种类,学生为蜥蜴物种的分类建立了 1 个八分类器。使用 SVM 模型分析每个物种被识别的准确率,但效果不甚理想,如某物种由于本身样本不平衡,其预测效果欠佳[①]。

学生探讨发现,判断物种为八分类中的哪一个时,八分类器算法将物种的预测值归结在 {1,2,3,4,5,6,7,8} 中,但是分类器的识别正确率低。因此学生提出,将物种的八分类问题转为 8 个二分类器问题,即对每一个物种建立判断是否为该物种的标准,逐个判断某物种的标签,将对某物种的预测值归结在 {是,不是} 中。

因此,学生基于 23 个特征建立了 8 个二分类器,逐一判断每个物种的是或不是。求解模型后,发现分类器对每个种类的识别正确率都大大提高。

(四) 检验模型,推理算法合理性

建模过程中,学生每选取一个算法或建立一个模型并及时检验,都要使得模型的每个部分能保持较高的性能。以蜥蜴的物种分类为例,模型数据表明,8 个二分类器的性能优于 1 个八分类器的性能,学生继续推理分析此模型的优点和实际意义。

首先,不同物种的样本量不同,模型训练不平衡样本的数据时,数据增广的难度大。其次,区别某 1 个物种时,该物种会有其自身的显著特征,即不同的物种所参考的特征并不相同,所以二分类器针对某个物种效果更好。最后,在现实生活中,往往已知某地方仅有 2—3 种蜥蜴分布,充分利用该先验信息,二分类器的物种识别比八分类器效率更高、正确率也更高,因此更有实用意义。

三、基于机器学习算法的数学建模素养培育案例分析

以上整理了学生在跨学科科创过程中"提出问题"的过程,主要包括研究内容、算法综述和可行性分析等方面。而为了解决问题,学生也要观察生活中的真实情境,对数据进行分析、将

[①] 吴洪兴,彭宇,彭喜元. 适用于不平衡样本数据处理的支持向量机方法[J]. 电子学报,2006(B12):2395—2398.

问题定性为分类问题,并融合信息技术、数学算法、生物学的知识。

在开展课题研究的过程中,学生确定使用机器学习算法后,以蜥蜴为研究对象,基于蜥蜴的重要多维特征,对其特征和标签数据进行信息挖掘。针对蜥蜴的性别和种类的识别,学生快速学习 KNN 和 SVM 等分类器的原理,将算法运用到真实数据之中,基于合适的指标以量化不同算法的性能,并从原理上比较不同算法的优劣,最终确定模型算法,为课题的实现奠定了理论基础。

建立了初步模型之后,学生对模型进行改进,即分析蜥蜴特征和分类结果的关联,通过指标的量化计算,严格论证了特征选取的依据和降维效果的合理性,实现了对特征属性进行降维,极大地改善了模型的量级。

学生对蜥蜴的 8 个种类进行分类时,猜想并构建八分类器,但为了提高模型性能,学生对八分类器和二分类器进行了合理的猜想和严格的论证,最终建立了识别蜥蜴种类的简洁高效的标准,为生物学专家提供了蜥蜴的性别和种类识别的参考依据。

学生将算法运用到案例数据之中,论证了模型的有效性。此次建模过程中,学生综合利用所学的数学知识和相关算法,并结合信息技术能力,实现了理论知识联系实践的构想。一方面,学生将问题层层推进、反复修正模型、提出改进型算法,充分锻炼了逻辑思维和数据分析能力,锻炼了创新思维等科学素养;另一方面,学生快速学习新知识,并结合信息技术解决真实问题,有利于培养学生的主观能动性并挖掘自身潜力,让学生充分感受到跨学科知识融合的魅力和理论联系实践的无穷乐趣。同时,该课题是基于真实问题的,学生通过小组合作的形式,在文献综述的查阅、算法模型的提出、计算机仿真求解、论文撰写等研究课题的重要环节中,充分锻炼了沟通交流的能力,提升了分工合作的意识。

四、融合信息技术和数学算法的蜥蜴种类识别案例总结

逻辑思维、数据分析能力、创新思维等科学素养,是在理论知识点学习和实践过程中逐步培养的,并随着学生掌握知识的程度、综合运用多个学科之间知识的能力而逐渐提高[①]。在开展课题和主动探索的过程中关注机器学习等热门的人工智能算法的应用,既顺应了数据时代的潮流,又激发了学生极大的热情和兴趣。因此,教师在跨学科的实际教学中,应当引导学生钻研适切的课题,指导学生加强阅读训练,培养阅读理解能力,为学生的研究提供不竭动力;同时强化对基础学科知识的理解,并提高求解模型的能力,最终解决真实情境问题。

在这一科创课题中,学生钻研机器学习算法中数学公式的含义,建立对应的算法模型,利用信息技术对模型求解、算法反复改进,实现了数学学科和信息学科的交叉融合。在课题开展至完成的过程中,学术研究的步骤被完整地呈现,包括课题的"研究意义""文献综述""算法提出""模型检验"等,在问题解决的过程中,强调对信息技术的运用及数据处理能力的培养,强调

---

① 赵林. 国外中学数学建模教学情况概述[J]. 课程·教材·教法,1995(8):56—57.

跨学科知识的理解,最终将模型运用到真实问题中。学生在此过程中开展了系列实验,结合严密的逻辑推理和创新的思想,符合"归纳猜想—严格论证—应用"的认识论规律。在数学学科上,学生的数学建模、数据分析等核心素养得到充分发展;在信息学科上,学生的信息意识、计算思维得到锻炼,并体会了数字化学习与创新对解决社会问题的重要意义。在问题解决的过程中,数学和信息学科相辅相成;在问题的提出和算法的应用过程中,学生又加深了对生物学科的认识。

在后续工作中,我们将进一步研究如何培养高中生的跨学科科学素养。

一方面,从问题的提出到模型的建立和应用,其课题难度和背景意义对高中生而言应当是适切的、可行的,并且要突出各学科应用的价值,充分激发学生的研究热情。因此,教师在引导学生开展跨学科的科创课题时,应尽可能地渗透到多个领域,并对相关领域的策略有整体把握。

另一方面,信息技术的使用要求高中生对计算机技术有一定的要求,如算法的理解和应用、数据分析工具的选择和使用、编程能力等,这些使得学生在数学建模过程中会遇到困难。师生可以共同探讨课题的推进方式,以学生为主体,教师以专业知识作为辅助,帮助学生培养自主学习、主动学习的能力。

因此,在高中生科学素养的课程建设过程中,我们将更加注重探索更多的跨学科案例,帮助学生将学科知识和生活实践相结合,以充分满足高中生科学素养的发展,培养其实践创新精神,促进学生领略科学之美。

一江一河一城市,江河水的水质是一座城市的灵魂。2025届和2026届连续两届学生自主提出的科创研究课题都与水污染治理有关,两组课题分别为"苏州河溢流污染问题""崇明河口微塑料污染问题",两组研究都具有跨学科的创新性。

两组学生结合"跨学科思维工具箱",在跨学科科创课程中自主提出水污染治理问题,批判性地思考已有治理成效和有关水污染的研究成果,借助物理、化学、环境工程、地理等多学科交叉知识,运用"尺度"等跨学科概念深化研究内容。

一、自主提出问题:神奇的"小气泡"开启跨学科视野

两个与微纳米气泡有关的课题均由学生自主提出,而他们提出问题的起点则各不相同。

2025届X同学从小住在苏州河边,他的初中学校也位于宝成桥河段附近,这让他对苏州河的水质十分关注。每到降雨多的季节,水体会明显变得黑臭,严重影响周边居民的生活质量,虽然经过上海市政府的努力,苏州河水体黑臭问题大致已经解决,但是溢流污染问题仍然没有得到完全改善。因此在查阅了水质污染的相关资料后,X同学初步提出了以"苏州河溢流污染治理"为方向的课题。

2026届L同学一开始并没有以上海河流污染为研究对象,她的关注点是城市日常塑料垃圾的回收与排放。通过初步的文献检索,她发现日常产生的塑料垃圾会被分解为粒径更小的塑料。它体积小,比表面积大,有很强的吸附污染物的能力。它能广泛地存在于陆地、海洋,甚至是空气中,还可以穿过人类细胞膜进入循环系统,并到达其他组织,对人类的身体健康以及环境产生很大危害。

两位同学在提出问题的初期并没有将研究目光聚焦于微纳米气泡。X同学在课题校内导师的指导下,知道了同济大学李攀教授的微纳米气泡团队在河流污染,特别是溢流污染治理上有探索,后又在夏令营专家讲座中进一步知道了"小气泡"在治理河流污染方面的"大能量",

进而确定了"微纳米气泡技术的苏州河溢流污染修复模拟方案研究——以苏州河宝成桥路河段为例"。同时,在导师的联系下,L同学和她的研究伙伴一起,到国家重点实验室"河口海岸研究所"进行考察,了解到微塑料在水体中富集带来的巨大危害,前期主要聚焦"上海河流的微塑料收集和处理"的研究方向,后期则介入"小气泡"的研究手段。

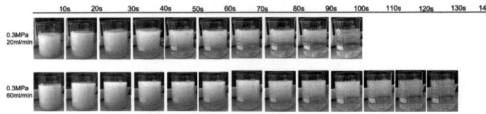

图1 学生与导师一起研究牛奶般的"小气泡"(左一 L 同学,左二笔者)

二、批判性思维:亲水环境的调查与辨析

任何创新都需要质疑精神。在水污染方面的两个课题中,两组学生均表现出"批判性思维"的特质。

L研究小组在确定"河流中的微塑料"研究对象后,对现有河流微塑料的处理方法进行调研。调研发现,上海作为长江中下游地区人口密度最高的地区,河道中的微塑料丰度相对偏高,长江口中的微塑料丰度达到 4.14 n/L,而在长江流域中,聚氯乙烯(PVC)的丰度最高,如果研究上海河流中的微塑料分离方法,可将聚氯乙烯作为待分离的主要微塑料种类。

目前主流微塑料采集方法有 Albatross(株式会社 Pirika)以及日本信州大学研究人员开发的一种微流控装置。但前者无法收集直径小于其孔径的颗粒,后者价格昂贵,都存在现实问题。在讨论微塑料的收集方法时,他们发现了"微纳米气泡的固液分离技术",即微纳米气泡可提供一种可能和高效的方法来富集微塑料污染,其优势包括比表面积、吸附相同尺寸微塑料的能力和疏水性,然后进一步吸附在更大的气泡上,并浮至水面,这表明微纳米气泡技术可以有效富集微塑料。因此,使用纳米气泡固液分离技术分离上海河流中的微塑料具有一定的可行性。

X研究小组通过实地考察以及与工作人员沟通交流,同时也借助问卷调查,在不同天气(晴天、溢流严重的雨天)分别取了苏州河水样进行水质验证,测试了COD低量程、氨氮浓度和总磷三个项目,发现虽然平时苏州河的环境有所改善,但在溢流污染时段,臭气和污染指标都有所上升。样品X(1)模拟的是自然净化水样;样品X(2)模拟的是即将经过微纳米气泡技术净化的水样,各个样品大类代表着不同程度的溢流污染问题的水样,由轻到重。

L小组的批判性思维体现在已有微塑料的处理方法上,X小组对生活环境和苏州河环境的治理成效的验证也体现了他们的科学质疑精神。

三、跨学科概念:"纳米"与"微纳米"气泡

跨学科概念——尺度(scale)在两个课题中均有体现,培养学生对尺度的感知能力被认为是科学教育中的一大挑战[①]。部分国外学者探究了影响学生尺度思想的因素,并基于学生心理发展特点提出了教学策略。学生从童年就开始发展空间感知能力,基于校内外的经验,他们会建构一系列空间尺度的概念锚点,如原子的大小、水的密度、身体部位的大小、天体的距离等,从而能够从一个尺度快速转换到另一个尺度[②]。杰诺瓦斯卡(Janowaska)等人发现,训练儿童开展创造性的视觉想象,有助于他们对天文概念的理解。奇克(Cheek)等人的研究则发现,学生对数学分数的掌握程度和比例推理能力越强,空间尺度思想就越强。基于此结论,奇克建议学生合作开发实物模型(object model)和事物模型(event model),通过时间、空间、数量等尺度的可视化来促进尺度的感知和对概念的理解。

L同学与X同学虽然研究的都是气泡,但两者在尺度上各有不同,"苏州河水质"使用的是"纳米气泡","崇明河口微塑料收集处理"使用的是"微纳米",两者在尺度(量级)上不容易感知。但两者的功能各不相同,一个应用了"水质净化",另一个使用了"固液分离"。有趣的是L同学的课题还有一个微观尺度"微塑料",与之相对应的稍大尺度是"塑料"。

可见,尺度不同,其功能不同,产生的"尺度效应"也不相同。两位同学在课题结束后均表示,微观尺度世界的现象影响着宏观世界的生活,尺度效应和尺度关联与生活息息相关。很显然,两组同学通过课题研究,特别是通过QMCC教学过程,更深入地感受了跨学科视野和思路。

---

① Jones, M. G., Taylor, A. R. Developing a Sense of Scale: Looking Backward [J]. Journal of Research in Science Teaching, 2009(46):460 - 475.

② Tretter, T. R., Jones, M. G., Andre, T., Negishi, A., Minogue, J. Conceptual Boundaries and Distances: Students' and Experts' Concepts of the Scale of Scientific Phenomena [J]. Journal of Research in Science Teaching, 2006(43):282 - 319.

表 1　不同尺度的微塑料、塑料对比表

	微塑料	塑料
体积	小	大
比表面积	大	小
吸附(污染物)能力	强	弱
与环境的关系	污染环境	生活中的重要材料

四、反思与小结:跨学科概念"尺度"融入科创指导

通过"纳米气泡"和"微纳米气泡"两个研究课题,不难发现,跨学科在研究中起到了不可忽视的作用。从初步的、自发的跨学科,到主动应用"跨学科思维工具箱",需要不断对经验进行总结反思,迭代升级。以下以"尺度"为例,初步提出一些对跨学科科创研究的策略,供实践探讨。

(1)"类比"(analogy)

"类比"是增强学生空间尺度思想的教学策略。雷斯尼克(Resnick)等人运用"等级对齐活动"(hierarchical alignment activity)的空间类比教学策略,设计了"地质年代"的教学干预实验。学生从日常生活体验出发回溯历史,绘制从人的一生(75年前),到人类发展历史(600万年前),再到冥古宙(46亿年前)的时间轴,让学生通过类比的尺度思想,更好地感知地球历史的时间跨度。

(2)对话

有专家在指导我们的科创活动中指出,创设"自由、平等、放松"的环境,让不同学科的老师,以及对不同领域感兴趣的学生,在没有明确目的的状态下自由对话,才是孵化创新课题的重要一环。笔者也认为,"咖吧"式跨学科科创环境的创设与对话策略十分有效。对话教学实践(dialogic teaching practices)有利于学生培养尺度等跨学科思维。对话思维(dialogic thinking)的一个特点是,学生在与同学或老师的对话中,通过对比发现彼此之间理解的不协调之处,在反思中巩固他们的概念模型。看似"没有目标"的自由对话让学生体验到其他同学所构建的认知模式,并表达和重构自己的认知模式。

特雷特(Tretter)等人强调了教师在课堂对话中的促进作用[1]。例如,教师可提示学生适时展开尺度转换(scale-travel),并告知他们很多尺度是超越人类日常感知的。

(3)运用数字化工具

科创教师可使用数字化教学工具阐释空间尺度上较微观和宏观的地理现象,展示时间尺

---

[1] Tretter, T. R., Jones, M. G., Minogue, J. Accuracy of Scale Conceptions in Science: Mental Maneuverings Across Many Orders of Spatial Magnitude [J]. Journal of Research in Science Teaching, 2006(10):1061 - 1085.

度上较短或较长的自然过程①。例如,分别用慢动作和延时摄影来放慢或加快时间,以有效地让学生观察和理解物质运动等自然过程。数字软件、GIS技术等专业工具提供了大量静态、动画和互动的视觉模型,学生可以通过自由缩放空间尺度、调整时间尺度等操作,更好地感知信息,培养尺度等跨学科思维,进而促进科创研究的深入。

案例评析:跨学科属性需显性化

在我校科创课程中,"跨学科"是一个核心的教学理念,它贯穿于课程设计和实施的每一个环节。我们鼓励学生探索真实世界的跨学科问题,通过课程的各个环节,将跨学科概念与科学方法的教育自然地融入学生的科创学习周期中。这种教学策略意在增强学生的实践能力,同时提升他们解决复杂问题的综合素养。

在现代科学教育中,跨学科思维已经成为培养学生解决复杂问题、促进创新的核心工具。NGSS提出的跨学科概念为学生提供了一个综合性的视角,使他们能够从不同学科的角度分析和解决问题。这些概念包括但不限于结构与功能、稳定与变化、尺度、数量和比例、系统与模型、物质与能量、因果关系、模式等。通过这些概念的理解与重新生成,学生能够在物理学、生物学、数学和信息科学等不同学科中游刃有余地应用所学知识,形成更为系统化的解决方案。

在案例五中,学生在数学建模和信息技术的指导下,运用机器学习算法攻克了蜥蜴物种与性别识别的生物学难题。这一案例凸显了跨学科思维工具的高效运用,尤其是在将数学建模和计算机技术融入生物学研究的过程中,学生们从实际的生物学问题着手,通过文献调研,获取蜥蜴身体各部位鳞片计数和尺寸等关键特征,并探索这些特征与蜥蜴的物种和性别之间的潜在联系。学生们进一步通过数学建模、数据分析技术,实现对蜥蜴性别和种类的精确识别,这充分体现"结构与功能"的跨学科概念。

学生们对不同的机器学习分类算法进行比较,包括KNN和SVM,最终选择基于SVM的算法来识别蜥蜴的性别和种类。这一过程中,学生们掌握了分类算法的含义和原理,通过数学建模和计算机编程语言深化对模型的理解,并对模型逐步改进,尤其是如何通过特征选择和降维等方法来提高分类算法的性能。学生们通过有针对性的数据处理和特征筛选,优化了对大规模数据集的处理效果。课题的研究不

---

① Skarstein, Frode, Lili-Ann Wolff. An Issue of Scale: The Challenge of Time, Space and Multitude in Sustainability and Geography Education [J]. Education Sciences, 2020(2):28.

仅限于理论算法的分析,学生们还通过实际数据对模型进行了验证。在模拟实验中,学生们发现八分类器识别蜥蜴种类的局限性,因而创新性地提出基于多个二分类器的模型,显著提升了种类识别的准确率。总体而言,案例五展现了跨学科教学模式下,如何引导学生通过结合数学和信息技术的手段,解决生物学领域中的复杂问题。

在案例六中,学生通过物理、化学、地理和环境工程学科的交叉融合,利用微纳米气泡技术尝试解决苏州河溢流污染和崇明河口微塑料污染的问题。该案例展示了教师如何引导学生运用跨学科概念解决环境科学中的复杂问题,尤其强调"尺度、数量和比例"等跨学科概念的应用。学生理解纳米气泡与微塑料的尺度差异,运用气泡的吸附和固液分离原理探索微塑料的收集效果。同时,他们研究气泡与污染物的相互作用,认识到微纳米气泡的比表面积和吸附能力能够有效富集微塑料。这一过程帮助学生理解微观与宏观世界的关联,并显示了教师如何引导他们观察现象背后的结构与功能。最后,学生通过批判性思维分析现有微塑料收集技术的不足,提出使用微纳米气泡作为创新的固液分离工具。教师引导学生提出问题、分析局限性,并鼓励结合多学科知识提出新方案,激发了他们的创新思维。这一案例体现了跨学科教学在培养学生批判性思维和创新能力方面的重要性。

通过这两则案例,不难发现,跨学科教学能够有效促进学生将理论与实践相结合,培养他们的科学素养和创新能力。数学建模和微纳米气泡技术的应用解决了生物学和环境科学中的复杂问题,也为学生提供了跨学科思维训练的机会。在教学实践中,教师可以进一步强化学生对跨学科概念的理解,特别是在问题提出、模型建立和解决方案优化的过程中,鼓励学生从多个学科角度思考问题。同时,通过引导学生进行数据分析、模型验证,以及结合现代技术手段解决现实问题,能够更好地培养学生的跨学科能力和科学素养。

总的来说,我校跨学科课程的设计通过外显化跨学科属性,引导学生在解决复杂问题时能够融会贯通跨学科概念、知识和方法,实现从理论到实践的全面提升。这种教学模式不仅使学生在学术上有所突破,也为他们未来的科学探究和创新实践奠定了坚实的基础。

高中通用技术学科的内容非常宽泛，具有天然的跨学科性、综合应用性、竞技性和创新性。既有理论，如技术的性质、人机关系、设计原则等，又有实践，如计算机辅助设计、木工、金工、电工电子等；既有传统工艺实践，又有现代制造体验，如3D打印、激光切割等；既有硬件设计与组装，如无碳小车、创意结构等，又有软件编程控制，如智能循迹小车、无人机飞行、数字孪生等；既有工程与技术原理，又有人文与科学知识；既有常规学科教学，又有竞技竞赛，如通用技术学科赛、劳动技能与智能设计赛、电子制作锦标赛、科技创新大赛等。由此也可以看出，高中的通用技术学科是个很好的育人平台，具有其他学科不可比拟的优越性。

但就上海的情况来看，因为通用技术既不是高考学科，也没有市级和区级统考，在当前高考重视程度高、课业负担非常重的情况下，学校、老师、家长、学生都有主动或被动选择不重视通用技术学科的情况。如课时安排不足，通用技术师资力量不足，老师备课不精，学生在通用技术课堂上埋头做其他学科作业等。

面对这种情况，学校的通用技术教师只能另辟蹊径去创新。一般来说，很多学校的做法是，一方面减少通用技术课的课时，另一方面则安排科创课、社团课、选修课等。作为通用技术课教师，完全可以积极争取科创课、社团课、选修课，将通用技术课的相关内容延展到这些课上，充分挖掘通用技术学科的独特功能和特色。特别是将高中通用技术学科教学与科创活动指导相结合，可以很好地创设高中通用技术中的跨学科科创课程实践，实现技术与科创的融合，提高学生的核心素养。

一、理念：技术与科创的融合

（一）高中通用技术学科与科创活动同频于创新

高中通用技术学科教学与科创活动指导，在注重创新这一点上是同频的。

1. 创新在高中通用技术学科教学中的体现

通用技术学科旨在培养学生的技术素养，而创新是技术发展的核心动力。在教学中，教师通过引导学生进行技术设计、制作和评价等活动,激发学生的创新思维。

(1) 课程内容设计

通用技术课程涵盖了技术设计、技术试验、技术产品制作等多个方面,这些内容都为学生提供了创新的空间。例如,在设计制作一个多功能书架的项目中,学生需要考虑书架的结构稳定性、功能多样性、材料选择等问题,通过不断地尝试和改进,创造出具有创新性的作品。

课程中还引入了先进的技术理念和案例,如计算机辅助设计与仿真、3D打印、激光切割、单片机编程、FPGA设计等,让学生了解技术创新的前沿动态,激发学生的创新热情。

(2) 教学方法运用

采用项目式教学法,让学生在实际项目中体验创新的过程。学生以小组为单位,共同完成一个技术项目,从问题提出、方案设计到制作实施和评价反思,每个环节都需要学生发挥创新能力。

鼓励学生进行自主探究和合作学习。教师提供一定的问题情境和资源支持,让学生自主探索解决问题的方法,培养学生的创新思维和解决问题的能力。同时,通过小组合作,学生可以相互启发、交流创意,进一步促进创新的产生。

2. 创新在科创活动指导中的核心地位

科创活动是培养学生创新能力的重要平台。在科创活动中,创新贯穿始终,是活动的灵魂所在。

(1) 活动主题选择

科创活动的主题通常围绕着现实生活中的问题或前沿科技领域展开,鼓励学生提出创新性的解决方案。例如,针对环境保护、能源短缺等全球性问题,学生可以通过科技创新来寻找可持续发展的途径。

活动主题具有开放性和挑战性,能够激发学生的创新潜力。学生可以根据自己的兴趣和特长选择不同的主题,充分发挥自己的创造力。

(2) 活动过程指导

教师在科创活动中扮演着引导者的角色,注重培养学生的创新思维和实践能力。在活动初期,教师帮助学生明确问题、确定研究方向,引导学生从不同角度思考问题,提出创新性的想法。

在活动实施过程中,教师鼓励学生尝试新的技术和方法,不怕失败,勇于创新。同时,教师还为学生提供必要的技术支持和资源保障,确保学生的创新实践能够顺利进行。

3. 通用技术学科教学与科创活动指导在创新方面的同频体现

(1) 目标一致

两者的共同目标都是培养学生的创新能力和实践能力,使学生能够适应未来社会的发展需求。无论是通用技术学科教学还是科创活动指导,都注重激发学生的创新热情,培养学生的创新思维和解决问题的能力。

(2) 方法互补

通用技术学科教学为科创活动提供了理论基础和方法指导。学生在通用技术课程中学习到的技术设计、制作和评价等方法,可以应用到科创活动中,提高科创项目的质量和水平。

科创活动则为通用技术学科教学提供了实践平台和创新案例。学生在科创活动中的创新实践和成果,可以丰富通用技术学科的教学内容,激发学生的学习兴趣,促进教学方法的改进和创新。

（3）资源共享

通用技术学科教学和科创活动指导可以共享教学资源和师资力量。学校可以整合通用技术实验室、科技创新工作室等资源,为学生提供更好的创新实践环境。同时,教师可以相互合作,共同指导学生的创新活动,提高指导效果。

（二）高中通用技术学科与科创活动共振于跨学科

1. 通用技术学科教学的跨学科特性

通用技术学科本身就具有显著的跨学科特点。它涵盖了技术设计、工程学、材料科学、信息技术等多个领域的知识和技能。在教学过程中,学生需要综合运用数学、物理、化学等基础学科知识来解决实际的技术问题。例如,在设计制作一个简单的结构模型时,学生要运用力学原理计算结构的稳定性,同时还可能涉及材料的选择和加工工艺,这就需要化学和工程学方面的知识。

2. 科创活动指导的跨学科本质

科创活动更是跨学科性的集中体现。科创项目往往源于现实生活中的复杂问题,这些问题的解决需要多学科的知识和方法共同作用。比如,一个关于智能交通的科创项目可能涉及电子工程、计算机科学、城市规划、物理学等多个学科。学生在参与科创活动的过程中,需要不断整合不同学科的知识,进行创新思考和实践探索。

3. 二者跨学科性的共振表现

（1）知识融合共振

在通用技术学科教学中融合的多学科知识,为学生参与科创活动提供了坚实的基础。学生可以将在通用技术课堂上学到的知识和技能灵活运用到科创项目中。

科创活动中对跨学科知识的深入探索和应用,反过来也会丰富通用技术学科的教学内容,使教学更加贴近实际,激发学生的学习兴趣。

（2）方法与思维共振

通用技术学科注重培养学生的设计思维、工程思维和创新思维,这些思维方式在科创活动中同样至关重要。学生通过通用技术学科的学习,掌握了问题分析、方案设计、模型制作等方法,这些方法在科创活动中会得到进一步的锻炼和提升。

科创活动中的团队合作、项目管理等方法也可以为通用技术学科教学提供借鉴,培养学生的综合能力。

（3）目标与价值共振

通用技术学科教学的目标是培养学生的技术素养和创新能力,而科创活动的指导也旨在激发学生的创新精神,提高学生的实践能力和综合素质。二者在目标上具有高度的一致性。

跨学科的通用技术学科教学和科创活动指导都强调培养学生适应未来社会发展的能力，使学生具备跨学科解决问题的能力和创新思维，为学生的未来发展奠定基础。

二、实践：高中通用技术的跨学科科创课程实践

在我校，高一新生入学后首先要参加的活动就是科创夏令营。在科创夏令营的导师与学生双向互选见面会上，作为高中通用技术老师，在进行课题指导的过程中，必须回答如下问题：在通用技术学科方向，高中生科创课题有哪些？什么样的课题才是值得高中生去做的课题？应用现有的技术和材料做应用，创新在哪里？高中通用技术学科能为学生开展科创课题做什么？怎么做？

基于这些问题，经过多年探索，我们力图实现技术与科创的融合，形成一系列基于高中通用技术新课标的跨学科科创课程实践。

（一）实践目标

1. 培养学生的跨学科工程思维能力

让学生能够运用不同学科的知识和方法来解决实际问题，打破学科界限，形成综合性的工程思维模式。

2. 提高学生的技术意识、创新设计、图样表达、物化能力

引导学生发现问题、提出创新解决方案，并通过实践将其转化为具体的成果。

3. 增强学生的团队合作意识

在跨学科项目中，培养学生与他人协作、沟通和分工合作的能力。

（二）实践内容

1. 整合多学科知识的项目主题

（1）抛石机比远

项目活动组照见图1。

图1　抛石机比远组照

抛石机是一种利用杠杆原理或弹力将石块等重物抛射出去的装置。它主要由机架、抛射臂、牵引装置等部分组成。通过人力或机械力拉动牵引装置，使抛射臂快速转动，将放在抛射臂一端的石块以较大的初速度抛出。

通过抛石机比远项目的设计与实施，可以让参与者在实践中学习工程设计和团队协作的知识和技能，同时也能够增强他们的竞争意识和创新能力。

项目目标及要求：

① 用 20 根圆筷子制作筷子抛石机，配重用 20 个 M8 螺帽，抛石端用塑料勺，加上适当的辅料。结构设计合理，稳固不倒。

② 尽可能抛得远，以远近评定成绩，抛石机倒下则成绩为零。

③ 评分标准如表 1。

表 1 "抛石机比远"项目评价

评价内容	评价标准与分值								得分	
	☆☆☆☆☆		☆☆☆☆		☆☆☆		☆		自评	他评
抛石距离 50 分	5 米及以上	50	[4,5)米	40	[2,4)米	30	[0,2)米	10		
设计图 20 分	有标准的草图、标注尺寸，附带文字等展示设计思路	20	有标准的草图、标注尺寸	15	有粗略的草图	10	无图	5		
问题探究 10 分	有试验，有记录，能提出问题，记录想法，并合作优化、解决问题，最终形成完整的试验报告和改进后的图纸	10	有试验，有记录，能提出问题，记录想法，并合作优化、解决问题	8	有试验，有记录，能提出问题，记录想法	6	无试验记录	1		
展示表达 10 分	表达清晰，展示精彩	10	表达清晰	6	表达不清晰	3	无展示表达	1		
分工合作 5 分	分工好，合作好	5	分工好，合作不够	4	有分工，但分工不合理	3	无分工，独自活动	1		
材料整理 5 分	整洁且整齐有序	5	较好	4	一般	3	杂乱	1		

（2）无碳小车比远

项目活动组照见图 2。

图 2　无碳小车比远组照

设计一辆无碳小车，驱动其行走的能量是根据能量转换原理，由给定重力势能转换来的。给定重力势能为 1.6 焦耳（取 $g=10\,m/s^2$），由质量为 400 g 的重块（Φ50 mm，普通碳钢）重锤下降获得，落差 400 mm，重锤落下后，须被小车承载并同小车一起运动，不能从小车上掉落。

① 要求小车行走过程中所需的能量均由此重力势能转换获得，不可使用任何其他的能量来源。

② 利用给定的材料和工具在 90 分钟的时间内现场协同设计并制作智能无碳小车。

③ 小车规格：小车体积有一定限制，长宽高分别不超过 30 cm、30 cm、70 cm，小车自重和车轮数量不限。

④ 评价标准：小车行驶距离（L）以小车车头（即小车整体最前端）为计分标准，L＝小车在规定轨道上行驶的最高点距离（m），详细评价如下表 2。

表 2　"无碳小车比远"项目评价

项目名称	评价指标	分值
1. 基础检测	小车尺寸（30 cm×30 cm×70 cm）	合格/不合格
2. 制作过程（总分 10 分）	团队协同、组织分工	2.5 分
	安全意识、操作规范	2.5 分
	节约环保、桌面卫生	2.5 分
	文明礼貌、遵守纪律	2.5 分
3. 测试结果（总分 X 分）	小车行驶的有效距离（Lcm） 例如：小车行驶的有效距离 L 为 200 cm，本环节得分为 200 分	X 分

（3）创意结构比承重

项目制作仿真分析见图3，项目活动组照见图4。

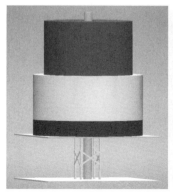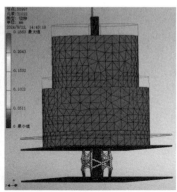

图3 创意结构比承重模型与仿真分析

图4 创意结构制作组照

① 创意结构的设计、制作及调试

利用现场提供的工具及材料在60分钟的时间内现场协同设计并制作团队的创意结构。

结构规格：结构重量≤3.0克；结构高度自上而下为10 cm—11 cm；结构必须是一个单一个体的整体结构；结构必须能静止在结构测试器底座内芯上且不与安全柱接触；结构必须有且只有一个由上而下的开口，并可以自上而下垂直且自由贯穿一根外围直径5.0 cm的圆柱。

② 测试流程

第一步：测试开始之后，测试队员将监测记录装置安装到结构测试器的指定位置。

第二步：将结构自上而下穿过安全柱并放置在测试器底座内芯上，不允许结构与安全柱接触，一旦结构与安全柱接触视为比赛结束。

第三步：调整结构位置，放置承重板。

第四步：放置第一个杠铃片，调整结构位置。

第五步：2秒钟延时后放置第二个杠铃片，第二个杠铃片放好后，参赛选手不允许接触承重板、结构和已放置好的杠铃片。

第六步：放置第三个杠铃片，以及第四个、第五个、第六个、第七个杠铃片。

③ 评价标准

结构测试环节计分原则：承重比（A）＝最终承重量（kg）÷结构自重（g）×10。

具体评价标准见表3。

表3 "创意结构比承重"项目评价

项目名称	评价指标	分值
1. 基础检测	结构规格	合格/不合格
2. 制作过程（总分10分）	团队协同、组织分工	2.5分
	安全意识、操作规范	2.5分
	节约环保、桌面卫生	2.5分
	文明礼貌、遵守纪律	2.5分
3. 测试结果（总分X分）	承重比（A）＝最终承重量（杠铃片总质量kg）÷结构自重（g）×10。例如：25kg÷2.5g×10＝100分	X分

（4）智慧农场——基于 Arduino 绿植生态控制系统的设计与制作

项目活动组照见图5。

图5 基于 Arduino 绿植生态控制系统的设计与制作组照

利用 Arduino 平台构建一个绿植生态控制系统，实现对农场中绿植生长环境的智能监测和调控，提高绿植的生长质量和产量。系统功能有：

① 环境监测。实时监测绿植生长环境的温度、湿度、光照强度等参数。

② 自动调节。根据环境参数自动调节水泵、风扇、补光灯等执行机构，为绿植提供适宜的生长环境。

③ 远程监控。通过网络连接，实现远程监控和控制，方便用户随时随地了解绿植生长情况。

④ 数据记录。记录环境参数和系统操作日志，为绿植生长分析提供数据支持。

本设计基于 Arduino 平台构建了一个绿植生态控制系统，实现了对绿植生长环境的智能监测和调控。该系统具有成本低、功能强大、易于制作和扩展等优点，可广泛应用于家庭、学校、农业园区等场所，为绿植生长提供良好的环境保障。

（5）智能运输

项目活动组照见图 6。有关主题活动内容详见后面的案例分析，此处略。

图6　智能运输比赛组照

（6）挑战无人驾驶——基于树莓派 OpenCV 视觉与手机 Transformer 训练模型的赛道识别项目场景见图 7。

图7　基于树莓派 OpenCV 视觉与手机 Transformer
训练模型的赛道识别场景

无人驾驶技术是当今科技领域的热门研究方向之一。本项目旨在利用树莓派和OpenCV视觉技术,结合手机Transformer训练模型,对赛道进行识别,挑战无人驾驶任务,为未来的智能交通提供新的解决方案。系统功能有:

① 环境感知。通过摄像头采集车辆周围的图像,利用OpenCV和手机Transformer训练模型识别道路标志、车辆、行人等目标,获取环境信息。

② 路径规划。根据环境感知结果,制定车辆的行驶路径,避免碰撞和危险。

③ 车辆控制。根据路径规划结果,控制车辆的前进、后退、转向等动作,实现无人驾驶。

本项目利用树莓派和OpenCV视觉技术,结合手机Transformer训练模型,对赛道进行识别,实现无人驾驶的基本功能。虽然目前的系统还存在一些局限性,但通过不断优化和改进,有望在未来的智能交通中发挥重要作用。同时,本项目也为爱好者提供了一个有趣的挑战和学习机会,让大家更好地了解无人驾驶技术的原理和实现方法。

2. 学科知识在项目中的应用

(1) 抛石机比远涉及的学科知识有:杠杆原理(涉及物理);重力势能转化为杠杆转动动能和抛物动能(涉及物理);抛物最大速度(涉及数学、物理);怎么实现将尽可能多的能量转化为抛物动能(涉及物理、通用技术);最佳抛物角(涉及数学);怎么实现最佳抛物角(涉及通用技术);结构怎么搭建(涉及通用技术),才能不翻倒;限定20根筷子(每根长20 cm、重2.5 g)、配重为20个M8螺母(每个5g)、抛物为1个M8螺母的情况下,最佳设计(涉及通用技术);筷子需怎么连接才牢靠(涉及通用技术)。

(2) 无碳小车比远涉及的学科知识有:重锤重力势能转化为车子(含重锤)的运动动能(涉及物理);运动动能再转化为摩擦消耗能或重力势能(涉及物理);落地速度与轮子及绕线轴的大小有关(涉及物理、数学);重锤下降速度应该与障碍物坡度匹配,否则上坡力量不够(涉及物理、通用技术);绕线轴半径、轮子半径、坡度应该怎么匹配(涉及数学、通用技术)。

(3) 创意结构比承重涉及的学科知识有:结构力学(涉及物理);计算机辅助设计(涉及计算机);计算机仿真应力分析(涉及计算机);木工(涉及通用技术)。

(4) 智慧农场涉及的学科知识有:感知环境(涉及物理、通用技术、生物);智能控制装置(涉及物理、计算机、通用技术);结合物联网的数字孪生系统(涉及计算机)。

(5) 智能运输涉及的学科知识有:波浪线行走算法(涉及物理、计算机);直角、十字、钝角、锐角的判断及行走算法(涉及物理、计算机);红外遥控按键的消抖(涉及物理、计算机);超声波检测与红外遥控信号检测延时的合理处理(涉及物理、计算机)。

(6) 挑战无人驾驶涉及的学科知识有:赛道识别(直线、弯道、直角、十字、停止线、车库线、斑马线、障碍物等)(涉及物理、计算机);差速算法(根据角点及斜率计算差速)(涉及物理、数学)、训练模型(涉及计算机)等。

（三）活动组织形式

1. 小组合作学习

将学生分成小组，每个小组承担一个具体的项目任务，小组成员分工协作，共同完成项目。

2. 项目式学习

以项目为驱动，让学生在完成项目的过程中学习和应用多学科知识。

（四）活动资源开发

1. 教材的选择与改编

挑选涵盖多学科知识的教材，并根据实际项目需求进行改编和补充。

2. 实验室设备与工具的配备

购置相关的实验设备和工具，如电子元器件、模型制作材料等，为学生的实践操作提供条件。

3. 网络资源的利用

引导学生利用网络获取最新的科技资讯、学术论文等，拓宽知识视野。

（五）案例分析（以智能运输项目为例）

1. 项目情景

我国首台基于5G网络的无人驾驶型矿山车已经于2019年亮相世界VR产业大会，并已经在实际的生产中投入了使用。无人驾驶矿用车有利于调度中心更加准确地掌握车辆状态，可有效降低矿方的安全生产责任风险、提高矿企的生产效益，具有广阔的市场前景。与无人驾驶汽车应用相比，矿区采矿道路条件较差，无固定的清晰路标，还可能出现某些不可预测的障碍物，路面循迹避障的算法设计是无人矿车驾驶系统的难点之一。此外，采矿工作是系统工程，矿区会有多辆无人驾驶矿车同时作业，涉及多条采矿线路，为了高效安全作业，协调工作设计也是重难点。

请你扮演一名矿山车设计工程师的角色，为我国的某山区矿场设计一款能够完全根据程序设计，自动行驶并完成矿区任务的智能矿山车。

2. 项目任务

用给定的底板和轮子，加上自购的控制板和感应元件，组装一部矿山车，实现地图样图中起点到终点的循迹行走，2分钟内，走得越远、完成规定的中途任务越多，比赛成绩越高。

（1）矿山车首先需具有智能巡线行驶的功能，即沿着白底黑线向前行驶的能力，途中黑色线可能出现各种直线、绕弯等路段。巡线地图见图8。

（2）红外控制：对外界给出的红外信号作出反应。

（3）避障控制：对前方的障碍物做出反应。

（4）物联网功能：通过物联网实现无线发送报文功能。

图 8　智能运输项目比赛地图及赛车调试

（5）芯片设计：使用数字芯片设计思路（如使用 FPGA、CPLD 或者逻辑电路组合），实现矿山车的行驶指示灯功能。

3. 项目准备

包括购置材料、喷绘比赛地图、备好电子学习资料包。

4. 项目实施

（1）项目介绍、材料介绍、基本组装（1 课时）。

（2）米思齐图形编程学习，基本循迹功能实现的编程（1 课时）。

（3）优化结构、优化控制程序（1 课时）。

（4）补充物联网功能、指示灯功能（1 课时）。

（5）模拟比赛及答辩（1 课时）。

5. 跨学科知识应用分析

（1）物理：运用红外传感器检测黑线和接受遥控信号，实现小车的循迹行走和接受遥控指令，运用电路的高低电平及其占空比，控制指示灯的亮灭和轮子的速度与方向。

（2）数学：通过统计计算和决策优化循迹行走的算法，提高正确率和速度，以保证获得高分成绩。

（3）信息技术：编写控制程序，实现系统的自动化运行和数据采集。

（4）工程与技术：设计循迹小车的结构、检测和传动装置，保证智能循迹小车系统的稳定性和可靠性。

6. 项目的核心素养分析与落实

详见表 4 所示。

表4 "智能运输"项目评价

核心素养	评价指标	评价方式		
		自评	互评	师评
技术意识	能结合项目背景,分析材料、技术对当前及今后的社会、文化、经济、环境等可能产生的影响			
	能领会人的需求是技术产生和进步的原动力			
	能在焊接、组装的过程中,恰当处理"人技关系",形成规范、安全的技术习惯			
工程思维	通过元件、材料选择的过程,初步进行赛车方案的多因素分析,了解比较、权衡、优化等系统分析方法			
	会自觉应用结构、流程、系统、控制等技术原理认识和分析技术存在的问题并加以改进和优化			
创新设计	能尝试用适当的硬件和软件方法解决矿山车调试中出现的问题			
	能完美实现项目要求的功能并获得高分			
图样表达	能识读简单的电子元件接线图、控制流程图,正确实现元件的连接、焊接			
	能看懂资源包里的底板与轮子的装配图			
	能读且能绘制控制流程图、电子线路图			
物化能力	能分析项目要求,并根据项目要求选择合适的元件和材料			
	能结合实验室现有条件,掌握电子元件焊接、插拔等加工方法			
	能确定项目要求的功能,实现结构、流程、控制逻辑等			
	实现智能车的基本循迹			
	让智能车行走更流畅、更快			
	实现赛车的物联、指示功能			

三、反思

在科创课程实践的知识类课程方面,不再拘泥于课时和教材,更着眼于聚焦新课标,从培养学生核心素养的角度来选择适合我校校情的竞技竞赛项目、科创项目来进行项目化教学,这些项目往往也是跨学科的。这样的安排明显引起了大家的兴趣和重视。有学生主动请教我们通用技术老师,"大学里有什么专业是既学计算机辅助实体设计,又涉及电子信息的",也有学生主动问,"有什么适合我特长的通用技术类竞赛",更是有越来越多的学生选择通用技术老师来担任自己的科创导师。

在科创活动比赛和科创课题孵化方面，基于通用技术课堂教学，我们创造性地成立了通用技术竞赛社团，吸引了一批对通用技术类竞赛感兴趣的学生，在社团课时间，对赛题进行分析、实践、演练、优化和突破，努力在赛场赛出好成绩。强调对赛题实践的优化和突破，赛出好成绩也是一种创造，把这种实践创造整理成论文，就能成就科创课题。

在学生科创指导方面，结合学校科技夏令营和冬令营的通识培训，选择机械结构设计、电子制作、编程控制、人工智能类科创课题进行引导，强调运用现有的材料和技术做出一些有一定意义和实用价值的装置或算法，也是一种创新，有创新，就是一个好的科创课题。

自2022年9月开始，我校通用技术教研组推行高中通用技术中的跨学科科创课程实践。该实践孵化出众多科创课题，如"阳台智能晒衣架系统的设计与实现""多功能可折叠学生宿舍床的创新设计""基于陀螺仪传感器技术辅助提升花样滑冰动作完成度""基于内窥镜的牙齿真实排列成像方案的研究""基于离线式智能语音识别控制LED转向灯的骑行服装设计""基于图像识别算法的盲人辅助眼镜设计与实现""基于智能OCR技术的食品添加剂提醒软件""斜腿框架承重结构模型设计与制作——以全国青少年劳动技能与智能设计大赛挑战项目创意结构为例""基于Arduino的专为居家养老设计的智能马桶""可自动调节的智能课桌椅设计""关于汽车在高速公路上实现无线充电的研究""食品新鲜度及变质情况在线定时检测与实时提醒系统探究""全自动杀菌智能电动牙刷"等，均获得较好的评价。特别是2025届赵同学运用高中通用技术跨学科科创课程实践中习得的OpenCV图像识别知识，做了"抖动影像的自动检测与删除"的科创课题，获得了2023年上海市青少年科技创新大赛二等奖。2024年，2025届赵同学与2026届赵同学、郭同学组团参加了全国青少年体育科技活动——电子制作锦标赛，获得了智能运输项目全国第一名的好成绩。

总之，高中通用技术中的跨学科科创课程实践为学生提供了一个培养创新能力和实践能力的平台。在指导科创课题的过程中，我们致力于引导学生从生活实际出发，选择合适的课题，进行跨学科知识学习和实践探究，培养学生的创新意识和团队合作精神，提高学生的核心素养。

案例评析：多课程融合促进"跨·学科"

跨学科理念贯穿于我校科创课程的全过程，学生借助跨学科的知识和技术，解决现实生活中的实际问题。这些问题的提出，既来自学生的日常观察和独立思考，也得益于科创课程中的系统引导。科创课程通过教授提问技巧、科学方法以及跨学科概念等内容，帮助学生构建分析和解决问题的框架。在跨学科的基础上，我们进一步拓展思路,通过与其他课程内容的融合,实现"跨领域"。本案例即在科创课程中巧妙融合了通用技术课程内容,这种融合不仅拓展了学生的思维视角,还为学生提供了更多学科资源。通过这种方式,学生能够将一般学科课堂中的知识提炼、整合,进而形成可以深入研究的小课题。

在一般学科课堂中,许多知识点为学生的科创课题提供了宝贵的灵感。例如,案例中的"抛石机"和"无碳小车"是通用技术课程中常见的工程学和物理学案例。在课堂中,学生通常会学习这些概念的理论基础,但在科创课堂上,他们能够通过动手实践,将这些理论知识转化为可见的实体作品,真正体验到从设计到制作的全过程。通过这种方式,学生不仅加深了对知识的理解,还通过跨学科应用进一步提升了自身的创新能力。

不仅仅是通用技术,其他学科如数学建模和信息技术课程内容也常被巧妙地融入科创课程中,以拓宽学生的研究视野。结合数学建模课程,导师可以对建模大赛中的赛题进行改编,引导学生从这些题目中发现新的课题研究方向。例如,一道关于优化交通路径的建模题目,可能在常规课堂上只停留于解题的层面,而在科创课堂上,学生可以结合信息技术、数据分析以及城市规划的知识,深入研究如何通过创新技术提高交通系统的效率。这样,他们不仅学会了在数学层面上解决问题,还能通过实际应用找到更有意义的解决方案。

在常规课堂上,科学知识通常以理论讲解为主,学生很少有机会深入应用这些知识,实践也多为表面性、短期的尝试。然而,科创课堂为学生提供了宝贵的中长期实践机会,使他们能够将课堂知识真正应用于实际项目中,并在相对较长的研究周期中提炼并解决更为综合的研究问题。科创课堂的独特性在于,它让学生全程参与从提出问题、分析问题到解决问题的完整流程。这不仅提升了他们的实践能力,还通过持续的研究实践,帮助他们重新构建并加深对所学知识的理解。

例如,学生在设计和制作抛石机或无碳小车时,不仅学会了力学原理,还通过实验不断优化设计,提升了效率。这种跨学科的整合式学习体验为学生提供了在真实情境中应用知识的机会,极大地提升了他们的学术素养和创新能力。同样,在数学建模大赛中,学生通常只能通过理论计算解决问题,但如果能够在科创课程中进一步通过实践操作验证理论研究结果,则会大大增强他们的学习体验和参与感,令整个学习过程更加完整与富有成效。

通过这种跨学科、跨领域课程融合的教学模式,毋庸置疑可以使学生的思维更加开阔。他们能够从现实生活中的问题出发提炼出研究课题,并将课堂中学到的理论知识与实际应用相结合。这种连贯性和深入的实践体验,既丰富了学生的学习内容,也让他们在科创研究中具备了多维度思考问题和解决问题的能力。

　　总之,科创课程不仅是课堂知识的延伸和拓展,更是学生自主探索和创新实践的舞台。其通过整合常规课堂上的理论知识与实践操作,赋予学生更广阔的跨学科研究空间。科创课堂让学生能够真正将所学知识融会贯通,形成一种持续的学习和创新能力,使他们在未来面对复杂情境时具备更强的问题解决能力和创造力。